Cuba Sí, pero aSí NO!

Nat Neumann

www.natneumann.net

Bilder: Privatarchiv der Autorin
Cover/Umschlagsgestaltung: Jeannette Petrik
Buchsatz/Layout: Florian Koßmann (Koßmann Buchgestaltung)

Druck und Vertrieb im Auftrag der Autorin:
Buchschmiede von Dataform Media GmbH, Wien
www.buchschmiede.at - Folge deinem Buchgefühl!

Besuche uns online

ISBN:
978-3-99165-555-8 (Hardcover)
978-3-99165-827-6 (Softcover)
978-2-99165-556-5 (E-Book)

PRINTED IN
AUSTRIA

Cuba Sí, pero así NO!

Kubas Realität jenseits von

Sonne, Strand und Salsa

Nat Neumann

Den politischen Gefangenen in Kuba und anderswo

Vengan a bailar con los payasos
El pasito del fracaso
Regalando una sonrisa y vendiendo abrazos
Vengan, para hacernos una foto
A todos nos volvieron locos
Esperando por un sueño, por un sueño roto

Y esperando por un viejo sueño roto

Kommt und tanzt mit den Clowns
Den Schritt des Scheiterns
Ein Lächeln schenkend und Umarmungen verkaufend
Kommt, um ein Foto von uns zu machen
Sie haben uns alle verrückt gemacht
Als wir auf einen Traum warteten, auf einen geplatzten Traum

Wartend auf einen alten zerbrochenen Traum

Carlos Varela
La Feria de los Tontos

INHALTSVERZEICHNIS

Vorwort

Ich wurde in Kuba geboren, drei Jahre nachdem Fidel Castro Batistas Diktatur beendet hatte, um seine eigene zu installieren. Erst Jahrzehnte später wurde mir klar, dass die meisten jungen Menschen meiner Generation, wie auch ich, einer Gehirnwäsche unterzogen worden waren. Wir wurden jahrelang mit einer ideologischen Keule geschlagen, die uns gegenüber der regelmäßigen Verletzung der fundamentalen Menschenrechte in Kuba blind und taub machte. Die Schläge hatten zur Folge, dass wir blindlings Castros System folgten und eine angepasste und grenzenlose Treue an den Tag legten. Unsere Kurzsichtigkeit schien unheilbar zu sein. Unser Gesicht war das Antlitz der Revolution: das Gesicht eines Landes, das seine Zukunft in die eigenen Hände nahm, ohne sich vor dem US-Imperium zu fürchten. Es war David gegen Goliath, Sozialismus gegen Kapitalismus. Eine revolutionäre Bewegung, die von einem ganzen Volk getragen wurde. Das Bild, das ins Ausland gelang, war nur die halbe Wahrheit. Das neue Regime wusste, wie es seine Gegner zum Schweigen bringen konnte. Es verkaufte sich geschickt und polierte sein Image auf, um seine ungerechte und totalitäre Strategie als eine Politik zum Wohle aller Kubaner darzustellen. Die Desinformation war schon immer eine wichtige Waffe der Castro-Diktatur.

Seit mehr als vier Jahrzehnten lebe ich in Deutschland. Wenn ich heute in mein Geburtsland schaue, sehe ich im Vergleich zu den Jahren, in denen ich dort gelebt habe, nur Rückschritte. Die wirtschaftliche Situation hat sich verschlechtert, das Land ist inzwischen zusammengebrochen. Fidel Castro hat nicht nur die vielversprechende kubanische Wirtschaft zerstört. Das Regime war durch die Einführung der sozialistischen Planwirtschaft nicht in der Lage, der Bevölkerung einen angemessenen Lebensstandard zu garantieren. Mit dem Verbot jeglicher privater Unternehmungen hatte es sich diese Aufgabe selbst auferlegt.

Die politische Situation in Kuba hat sich seit der gewaltsamen Machtübernahme durch Fidel Castro im Jahr 1959 nicht verändert. Das Volk hat keine Möglichkeit, seine Regierung zu wählen. Bereits 1960 brach Castro sein Versprechen, demokratische Wahlen abzuhalten und distanzierte sich mit der rhetorischen Frage „Wahlen, wozu?“ von diesem Vorhaben.

Auch 65 Jahre später werden die Menschenrechte in Kuba systematisch verletzt. Es gibt weder Meinungs- und Demonstrationsfreiheit noch Religionsfreiheit. Noch immer sitzen viele Andersdenkende aus politischen Gründen im Gefängnis. Damals wussten wir nicht, dass Menschen wegen ihrer Überzeugung inhaftiert werden. Ihre Haft wurde uns als gerechte Strafe für (vermeintlich) kriminelle Machenschaften verkauft. Heute wissen wir, dass ihr einziges Vergehen darin bestand, eine Meinung zu äußern, die sich gegen die Staatsideologie und damit gegen die machterhaltenden Doktrinen Castros richtete.

Derzeit befinden sich mehr als tausend Menschen wegen ihrer politischen Überzeugung in kubanischen Gefängnissen, darunter Minderjährige, Alte und Kranke. Die Haftbedingungen sind unmenschlich und werden von einer repressiven Polizei unterstützt, die ohne rechtliche Handhabe agiert, aber den Auftrag hat, jede Aktivität Andersdenkender im Keim zu ersticken. Angesichts dieser Repression und der Perspektivlosigkeit sehen viele Kubaner, vor allem die Jüngeren, nur noch einen Ausweg: das Land zu verlassen, egal wie, egal wohin.

Wir leben in unruhigen Zeiten. Es gibt viele Krisenherde, die die Aufmerksamkeit der Weltgemeinschaft erfordern. Der russische Einmarsch in die Ukraine hat den scheinbaren Frieden in Europa erschüttert und Politik und Wirtschaft haben mit den Folgen zu kämpfen. Die Inflation macht uns Sorgen, Hunger und Perspektivlosigkeit zwingen Menschen zur Flucht aus ihrer Heimat. Viele sind überzeugt, dass dies das Ende der Welt ist, wie wir sie kannten. Ignoriert die Weltgemeinschaft deshalb die Probleme Kubas? Sind Kubas Probleme vergleichsweise klein? Viele Kubanerinnen und Kubaner sehen das logischerweise anders. Wenn die Welt auf Kuba schaut, scheint sie nur die Sonne, die Strände und die Salsa-Rhythmen zu interessieren, die das Land einst berühmt gemacht haben.

Damit werden wir uns nicht abfinden, denn für die Mehrheit der in Kuba lebenden Kubaner gibt es weder Sonne noch Salsa. Wir Kubaner können nicht akzeptieren, dass die internationale Linke, die in demokratischen Verhältnissen lebt und frei sagen kann, was sie denkt, das Problem Kuba tabuisiert, das kubanische Volk de facto als „Laborratte" für das Experiment Sozialismus betrachtet und immer noch die Vorstellung hat, die kubanische Regierung handele im Interesse ihres Volkes, Kuba sei ein lebenswertes Land. Dem ist nicht so.

Cuba Sí, pero aSí NO! Diesen Titel habe ich für meinen gleichnamigen Blog in Anlehnung an den Namen der Arbeitsgemeinschaft „Cuba Sí" beim Parteivorstand der Partei „Die Linke" gewählt, die sich *die politische und materielle Solidarität mit dem realsozialistischen bzw. staatssozialistischen Kuba* zum Ziel gesetzt hat[1]. Ohne Wenn und Aber versucht „Cuba Sí", dieses Ziel zu erreichen. Kritik am mehr als kritikwürdigen kubanischen Regime und am „Sozialismus" sparen sie sich. *Die kubanische Revolution wird dabei*, so Klaus Meschkat, *religiös überhöht*[2].

Ich behaupte, dass die meisten Kubaner wie ich unser Geburtsland lieben. Deshalb wünschen wir uns ein Land, in dem die Menschenrechte an erster Stelle stehen, in dem das Volk in legitimen Wahlen die Regierung wählt, in dem es keine politischen Gefangenen gibt, in dem die Meinung Andersdenkender respektiert wird. Die Kubanerinnen und Kubaner sollen frei leben, ohne ideologischen Zwang und ohne staatliche Bevormundung, in einem Land, in dem alle Bürgerinnen und Bürger wirklich gleich sind. In diesem Sinne sagen wir „Nein" zu einem Kuba, wie wir es seit 1959 bis heute kennen. Wir sagen „Ja" zu einem freien Kuba, also: Kuba ja, aber nicht so! **Cuba sí, pero así NO!**

1 https://cuba-si.org/2/ueber-cuba-si (26.01.2024).
2 Klaus Meschkat: Verzicht auf das eigene Urteil – Kuba-Kontroverse (Memento vom 21. August 2011 im Internet Archive), Sozialistische Positionen, zuerst erschienen in: z3w - blätter des informationszentrums 3. welt. Nr. 270 Juli/August 2003.

Kuba, ein ewiger Sommer?

Ich habe das Gefühl, dass dieses Land meine Jugend beendet hat, meine Jugend und die vieler junger Menschen … Die jungen Kubaner haben das Letzte verloren, was man verlieren kann: die Hoffnung. Der Kubaner lebt nicht, er überlebt. Der Kubaner lächelt, um sich vorzumachen, er lebe in einer Komödie, einer sehr guten noch dazu … Kubaner arbeiten nicht, sie kämpfen. Kubaner sehen ihre Familien nicht jedes Jahr, sie verabschieden sich von jedem, weil immer jemand geht … Kubaner stehen auf und werden geschlagen. Die Kubaner fordern ihre Rechte und bekommen Stromausfälle und Elend … Die Kubaner wissen nicht mehr, was sie tun sollen, außer weiter von der Ausreise zu träumen.

… Ich hasse es, dass es so viele gibt, die so tun, als seien sie blind, und die Schuld auf das imaginäre Embargo schieben … Ich hasse es, dass wir keine Stimme haben, dass wir nichts zu sagen haben … Ich hasse es, den Mangel zu sehen, der hier herrscht … Ich hasse es, mich so zu fühlen, denn es wird nichts ändern … und es wird auch nicht die Freude in die Familien zurückbringen, nicht die Kinder, nicht die Geschwister, nicht die Nichten und Neffen, die eingesperrt wurden, weil sie versucht haben, etwas zur Verbesserung der Situation zu tun. Ich hasse es, dass hier alles so hoffnungslos ist[3].

Diese Worte einer unbekannten Kubanerin, die ich auf Twitter fand, haben mich tief berührt. Was ist aus meinem Land geworden? Was ist aus dem Land geworden, das 1940 eine der fortschrittlichsten Verfassungen seiner Zeit hatte?[4] Was ist aus dem Land geworden, das 1953 ein höheres Pro-Kopf-Einkommen hatte als Spanien, Italien und Japan? Was ist aus dem Land geworden, das sich 1958 selbst mit Fleisch versorgen konnte? Was ist aus dem Land geworden, das vor 1959 reicher war als Singapur, mit einer florierenden Tourismusindustrie, reich an Tabak, Zucker und Kaffee?[5]

Und: Wo ist der Fortschritt, den Fidel Castro versprochen hat? Wo ist die Gleichheit, die er herstellen wollte?[6], wo der Respekt vor den kubanischen Bürgern und die Anerkennung ihrer Rechte?

3 https://t.co/DKATWUQHVr (30.09.2022).

4 https://dewiki.de/Lexikon/Kubanische_Verfassung_von_1940 (02.01.2023).

5 https://profesorcastro.jimdofree.com/el-fracaso-de-la-econom%C3%ADa-en-la-cuba-castrista/ (02.01.2023), https://www.cubaencuentro.com/txt/cuba/cuba-en-la-prensa/cuba-y-singapur-fabula-de-dos-dictaduras-cincuenta-anos-despues-73151 (02.01.2023).

6 https://biblioteca.clacso.edu.ar/clacso/se/20191017035145/primera_declaracion_habana_2-09-1960.pdf (02.01.2023).

Ich hasse es, dass hier alles so hoffnungslos ist. Diese Worte der unbekannten Kubanerin, die mich traurig gemacht haben, mögen klischeehaft und übertrieben klingen. Aber wussten Sie, dass die sozialistische Regierung den Kubanern die Menschenrechte verweigert? Wussten Sie, ...

... dass entgegen Artikel 5 der Allgemeinen Erklärung der Menschenrechte der Vereinten Nationen Menschen in Kuba Folter oder grausamer, unmenschlicher oder erniedrigender Behandlung oder Strafe ausgesetzt sind?

... dass entgegen Artikel 9 der Allgemeinen Erklärung der Menschenrechte der Vereinten Nationen Menschen in Kuba willkürlich verhaftet, inhaftiert oder des Landes verwiesen werden?

... dass entgegen Artikel 10 der Allgemeinen Erklärung der Menschenrechte der Vereinten Nationen Menschen in Kuba keinen Anspruch auf ein öffentliches Verfahren vor einem unabhängigen und unparteiischen Gericht haben, das über ihre Rechte und Verpflichtungen oder über irgendeine gegen sie erhobene strafrechtliche Beschuldigung entscheidet?

... dass entgegen Artikel 12 der Allgemeinen Erklärung der Menschenrechte der Vereinten Nationen die Polizei und andere Staatsorgane in Kuba willkürlich in das Privatleben der Menschen, ihre Familie, ihre Wohnung oder ihre Korrespondenz eingreifen und dass Kubanerinnen und Kubaner Angriffen auf ihre Ehre und ihren Ruf ausgesetzt sind? Dass Kubanerinnen und Kubaner in Kuba keinen Anspruch auf Rechtsschutz gegen solche Eingriffe oder Angriffe haben?

... dass entgegen Artikel 13 der Allgemeinen Erklärung der Menschenrechte der Vereinten Nationen die Kubanerinnen und Kubaner kein Recht auf Freizügigkeit und freie Wahl ihres Wohnsitzes innerhalb des kubanischen Staates haben? Dass nicht jeder Kubaner das Recht hat, das eigene Land zu verlassen und in sein Land zurückzukehren?

Wussten Sie, dass entgegen Artikel 18 der Allgemeinen Erklärung der Menschenrechte der Vereinten Nationen Kubanerinnen und Kubaner kein Recht auf Gedanken-, Gewissens- und Religionsfreiheit haben?

… dass entgegen Artikel 19 der Allgemeinen Erklärung der Menschenrechte der UNO die Kubanerinnen und Kubaner kein Recht auf freie Meinung und Meinungsäußerung haben?

Wussten Sie, dass Kuba laut der Interamerikanischen Menschenrechtskommission die höchste Gefangenenrate der Welt hat?[7] Am 30. März 2021 wurde die Zahl der Personen, denen die Freiheit entzogen wurde, in Kuba auf 882 pro 100.000 Einwohner geschätzt[8]. Die Kommission informierte außerdem darüber, dass in den kubanischen Gefängnissen die gleichen Haftbedingungen herrschen, wie sie von der Kommission bei verschiedenen Gelegenheiten analysiert wurden: Überbelegung, Vernachlässigung der medizinischen Versorgung, unzureichende Ernährung, Mangel an Wasser für die Körperpflege, fehlende Belüftung und andere prekäre hygienische und sanitäre Bedingungen.

Wussten Sie, dass die Polizei in Kuba demonstrierende Bürger, auch Kinder, schlägt und misshandelt? Dass einige verhaftet werden und tagelang verschwinden?

Wussten Sie, dass in Kuba unzählige Menschen im Gefängnis sitzen, weil sie für ihre Rechte auf die Straße gegangen sind? Dass in Kuba Minderjährige im Gefängnis sitzen, weil sie auf der Straße Freiheit gefordert haben? Dass politische Gefangene in Kuba zu drastischen Strafen verurteilt werden, die wir hier, unter demokratischen Verhältnissen, nur für Kapitalverbrechen kennen?

Wussten Sie, dass die letzten demokratischen Wahlen in Kuba im Jahr 1952 stattgefunden haben?

Wussten Sie, dass Kuba Ärzte exportiert, während auf der Insel Menschen wegen mangelnder medizinischer Versorgung sterben?

Wussten Sie, dass zwischen Oktober 2021 und Juli 2022 von den ca. 11 Millionen Einwohnern der Insel 178.000 in die USA ausgewandert

7 https://www.oas.org/es/cidh/docs/anual/2021/capitulos/IA2021cap4B.Cuba-es.pdf (6 Nr. 120 ff) (26.01.2024).
8 Den Veröffentlichungen von „Statista" nach, hat Kuba 2023 die zweithöchste Gefangenen-quote weltweit, mit 794 Inhaftierten pro 100.000 Einwohner. Die höchste Quote hat El Salvador mit 1.086 pro 100.000 Einwohner, sicherlich durch die Kampfansage des Präsidenten Bukele an die Organisierten Kriminalität.

sind? Wussten Sie, dass sie einen beschwerlichen Weg durch den Dschungel von Darién und den Río Bravo auf sich nehmen? Dass viele dabei ihr Leben verloren haben?

Und nein, das alles geschieht nicht wegen des US-Embargos, das die kubanische Regierung als Ursache allen Übels bezeichnet. Diese menschenverachtende Politik hat nichts mit dem Embargo zu tun. Übrigens hat Kuba in den letzten 20 Jahren – trotz des Embargos – zum Beispiel Hühnerfleisch im Wert von 2.368 Millionen Dollar aus den USA importiert[9]. Im Jahr 2022 belegte Kuba mit einem Gesamtexportwert von 319,43 Millionen US-Dollar den 51. Platz unter den Agrarexportmärkten der USA, wie aus den offiziellen Zahlen des US-Landwirtschaftsministeriums hervorgeht[10].

Zweifellos sind in Kuba genügend Mittel vorhanden, um den Tourismus und die staatlichen Repressionsorgane auszubauen. Und während immer neue Hotels gebaut werden und die Polizei mit modernen Fahrzeugen und Ausrüstung ausgestattet wird, ersticken die Kubaner in Armut und Hunger.

Wussten Sie, dass Kuba von einer Elite regiert wird, die mit ihren Familien in Saus und Braus lebt? Sie glauben es nicht? Suchen Sie im Internet nach Sandro Castro oder Raúl Guillermo Rodriguez Castro oder El Cangrejo. Sie werden das süße Leben der Enkel von Fidel und Raúl Castro entdecken. Das süße Leben, das auch viele andere „Castroligarchen" abseits des täglichen Überlebenskampfes der kubanischen Normalsterblichen genießen.

Kuba, ein ewiger Sommer?

September 2022

9 https://amp.14ymedio.com/economia/EE-UU-Cuba-superar-toneladas_0_3256474321.html (26.01.2024).
10 USDA Foreign Agricultural Service, https://fas.usda.gov/regions/cuba (26.01.2024).

For sale

Auf dem Foto ist es vielleicht nicht zu erkennen, aber es steht drauf: „Se vende“, zu verkaufen.

Vor allem jüngere Kubaner sehen keine andere Alternative, als auszuwandern. Im August dieses Jahres kamen so etwa 20.000 Kubaner illegal über die Grenze in die USA. In den letzten Monaten sind 211.515 Kubaner in die USA emigriert, das sind schätzungsweise 2 % der Bevölkerung, durchschnittlich 641 Immigranten pro Tag[11]. Diese nicht enden wollende Migrationsbewegung ist eine Katastrophe: Die Gruppe der über 60-Jährigen macht rund 21,5 Prozent der Bevölkerung des Landes aus. Die meisten Auswanderer sind zwischen 20 und 40 Jahre alt[12]. Das bedeutet, dass Kuba die aktiven Arbeitskräfte verliert, die für den Wiederaufbau

11 https://observatoriocubano.com/2022/09/23/en-11-meses-emigraron-a-211515-cubanos-casi-el-2-de-la-poblacion-total/ (26.01.2024).
12 Ebenda.

der ausgelaugten Gesellschaft und der maroden Wirtschaft unverzichtbar sind. Eine Katastrophe für das Land.

Se vende, steht auf der ersten Zeile, und kleingeschrieben: *este edificio con sus 11 apartamentos y espacios utilizables* (dieses Gebäude mit seinen 11 Wohnungen und weiteren Nutzräumen).

Die Kubaner sehen (und haben) keine Perspektive, keine Zukunft. 63 Jahre sind mehr als genug für das sozialistische Unterfangen, ein gescheitertes Experiment. Doch der „Laborant" versucht es weiter, wohl wissend, dass es nicht gelingen wird.

Es ist nicht leicht, von einer Insel wie Kuba zu fliehen. Und es ist teuer. Deshalb wird alles verkauft. Mobilien und Immobilien. Altes und Neues. Funktionierendes und Kaputtes. Wer bleibt, kann alles gebrauchen. Und wer geht, sieht zu, dass er möglichst viel Geld zusammenkratzt. Denn er muss – im besten Fall – einen Flug bezahlen, um sich dann auf den mehr als beschwerlichen Weg in die USA zu machen, auf dem unzählige „Helfer" bezahlt werden wollen.

Einige wagen die gefährliche Flucht über das Meer mit selbst gebauten Transportmitteln. Viele kommen nicht an oder werden von der US-Küstenwache aufgegriffen und zurück nach Kuba gebracht. Für andere ist der Weg in die USA furchtbar lang, weil sie von irgendeinem Ort in Südamerika aufbrechen. Ihnen steht eine unvorstellbare Reise durch die Selva de Darién bevor.

Die als „Darién Gap" bekannte Region an der Grenze zwischen Nord- und Südamerika liegt auf dem Gebiet von Panama und Kolumbien. Im Spanischen wird sie „Tapón del Darién", Darién-Pfropfen, genannt, weil das bergige und sumpfige Regenwaldgebiet die lange Panamericana, die Straßenverbindung zwischen Alaska und Feuerland, unterbricht. Dennoch gibt es ein ausgedehntes Netz von Wegen und Pfaden, die eine Durchquerung zu Fuß ermöglichen. Nicht nur natürliche, sondern auch vom Menschen verursachte Gefahren begleiten die Reise durch die „Selva de Darién". Denn kriminelle Banden haben den Urwald des Darién für sich entdeckt und terrorisieren die ohnehin schon erschöpften Migranten. Überfälle, Raub, Vergewaltigung und Mord gehören zu den kalkulierbaren Risiken.

Die Kubaner nehmen das alles hin, als würden sie lieber dort sterben, als in Kuba den täglichen Kampf ums Überleben zu führen. Aber es ist nicht nur das tägliche Brot, das ihnen in Kuba fehlt. Es fehlt ihnen auch die Freiheit. Die Freiheit, zu sagen, was sie denken, und ihr Leben so zu gestalten, wie sie es für richtig halten. Offensichtlich sind sie davon überzeugt, dass all das in ihrem eigenen Land nicht möglich ist. *Patria o Muerte?* Sie ziehen die Muerte der Patria vor.

September 2022

Die 1 363

Wenn man heute auf Kuba schaut, kann man kaum glauben, dass es vor 1959 ein fortschrittliches Land war. Wenn man Kuba heute mit seinen Verkehrsproblemen, seinen überfüllten Bussen, seiner kaum vorhandenen Eisenbahninfrastruktur betrachtet, wird man kaum glauben, dass die Insel das erste Land Lateinamerikas, das zweite in Amerika und das siebte weltweit war, das eine Eisenbahn besaß. Sie wurde am 19. November 1837 in Betrieb genommen.

1851 wurde in Yaguajay, einem Ort in der Nähe des Meeres im Zentrum des Landes, die Zuckerfabrik „Vitoria" gegründet, die bis 2002 bestand. Historische Dokumente belegen, dass zu Beginn des 20. Jahrhunderts neun Lokomotiven auf der kilometerlangen Schmalspurbahn verkehrten. Sie zogen unter anderem die Waggons, in denen das Zuckerrohr transportiert wurde. Auch die 1917 von den „Baldwin Lokomotive Works" in Philadelphia, USA, gebaute Lokomotive, übrigens die auf der Insel am meisten vertretene Marke, kam hier zum Einsatz. In der Zeit nach der Revolution sollen elf Lokomotiven für die Zuckerrohrernte im Einsatz gewesen sein. Eine davon soll heute noch existieren: eine originale Flachschieber-Dampflokomotive der Baureihe 46 768[13].

13 https://www.escambray.cu/wp-content/uploads/2022/04/pag-6.pdf (30.09.2023).

Der Revolutionäre Nationalrat für das Kulturerbe Kubas hat die alten Dampflokomotiven 2004 zum Kulturerbe der Nation erklärt. Verteilt auf Museen und öffentliche Plätze zeugen sie von der Eisenbahngeschichte Kubas. Man bemühte sich, die richtigen Standorte für sie auszuwählen, wo sie unter der Aufsicht staatlicher Institutionen stehen sollten, die angeblich in der Lage waren, die Maschinen bestmöglich zu pflegen und zu erhalten. So gelangte die „Nummer 1 363" in die Zuckerfabrik „Uruguay", wo sie aufgrund ihres Aussehens und ihres schlechten Zustandes sicherlich weder gepflegt noch besonders beachtet wurde. Im Jahr 2016 wurde bekannt, dass in „Uruguay" in den Jahren 2019-2020 ein Biokraftwerk gebaut werden sollte, und zwar genau an der Stelle, an der die besagte Lokomotive stand, weshalb sie nun in ein Busdepot im benachbarten Jatibonico gebracht wurde. Wie lange sie dort blieb, weiß niemand so genau, denn eines Tages entdeckte ein Arbeiter zufällig, dass die „1 363" nicht an ihrem Platz stand.

Wie *Vox Populi* versichert, war sie innerhalb von nur drei Tagen zerlegt worden, nachdem man zu dem Schluss gekommen war, dass sie zu viel Platz beanspruchte und keinen Zweck erfüllte. Dies wurde durch eine Untersuchung bestätigt. Die Fahrer des genannten Busunternehmens hatten zuvor in einer Versammlung beschlossen, dass die Lokomotive als Schrott für die Rohstoffverwertungsgesellschaft nützlicher sei als als Kulturgut. Anfangswert der alten Lokomotive: 22.140, letzter Buchwert: 3.545 kubanische Pesos.

Dieser Betrag soll dem Preis eines Wasserhahns, eines Tennisschlägers, eines Dachziegels, eines Paars Flip-Flops oder eines 10-Liter-Joghurtkanisters auf dem digitalen Marktplatz „Revolico" entsprechen.

Der „Mord" an „1 363" blieb ungesühnt. Nach Artikel 8.2 des kubanischen Strafgesetzbuches wird eine Handlung nicht als Verbrechen eingestuft, *wenn sie zwar Elemente eines Verbrechens aufweist, aber aufgrund des geringen Ausmaßes ihrer Folgen und der persönlichen Umstände des Täters keine Gefahr für die Gesellschaft darstellt.*

Da die Lokomotive mit ihrer 105-jährigen Geschichte so viel wert war wie ein Paar Flip-Flops, war das Missgeschick ihrer Entsorgung genau das: ein Missgeschick.

So war die „1 363" ihre letzte Reise angetreten.

September 2022

Vaterland oder Tod

Ich kannte ihn nicht. Aber sein Tod, von dem ich gerade erfahren habe, hat mich getroffen, als wäre er ein Bruder gewesen. Andy Cruz war sein Name. Wie ich im Internet gelesen habe, war er einer der Menschen, die am 11. Juli 2021 für ihre Rechte auf die Straße gegangen sind. Er war wohl einer der Mutigen, die nach Freiheit riefen, einer, der es satthatte, auf das Wunder zu warten, das sein Leben lebenswert machen sollte. Ein Wunder, auf das seine Eltern und Großeltern seit fast 63 Jahren warten. Ich suchte im Internet nach weiteren Informationen über ihn und fand nur, dass er wegen seiner Teilnahme an den Protesten inhaftiert worden war und sich seit zwei Monaten im Hungerstreik befand. Ich fand Berichte über einen Mann namens Andy Cruz. Aber dieser Andy Cruz ist ein Namensvetter, ein Boxer, der es offensichtlich auch leid war, auf das alte Wunder zu warten, und der es wagte, aus Kuba zu fliehen. Und es gelang ihm. Unser Andy Cruz hat es nicht geschafft. Er starb mit 27 Jahren. Auch er hat die *Muerte* der *Patria* vorgezogen. Er wollte mit seinem Hungerstreik Widerstand leisten, etwas bewegen, ein Zeichen setzen gegen die Ungerechtigkeit, die so viele junge Männer und Frauen hinter Gittern hält. Und verlor dabei sein Leben. Ruhe in Frieden.

September 2022

Déjà-vu

Manche Bilder der Wirklichkeit täuschen. Man sieht leere Straßen, als seien die Menschen in ihren vier Wänden so zufrieden, dass sie nur dort bleiben wollen. Andere Bilder – die das Ausland erreicht haben, obwohl die Regierung das Internet landesweit abgeschaltet hat – zeigen die Realität: Die Kubaner sind wieder auf der Straße. An vielen Orten, vor allem in und um Havanna, trauen sich die Menschen, ihre Rechte einzufordern. Man sieht und hört sie *Libertad* rufen. Sie stellen sich entschlossen einer aggressiven Polizei entgegen, die sie bedroht. Manch ein Polizist gab angesichts der Unerschrockenheit der Menschen auf und zog sich zurück, nicht ohne eine letzte Drohung in Richtung der Menge auszustoßen. Andere wagten es wohl nicht, die Menschenkette zu durchbrechen, die die Demonstranten gebildet hatten, um ein Vorrücken der Repressionskräfte zu verhindern. Auf Bildern sah ich viele Frauen, die Hand in Hand die Straßen blockierten. Auch Kinder, die eifrig eine Straßenblockade aus Ästen und Zweigen bauten, als würden sie sich auf ein Spiel vorbereiten. Ich habe auch erlebt, wie der kubanische Präsident Díaz-Canel ein Stadtviertel besuchen wollte, aber die Bewohner ihn mit Beschimpfungen und Beleidigungen zum Weiterfahren zwangen. Manch einer glaubt deshalb, das Ende der Diktatur sei nahe, ein freies und blühendes Kuba für alle Kubaner.

Aber andere Bilder erinnern mich an Chile im September 1973. Ich war damals elf Jahre alt. Wir litten mit dem chilenischen Volk. Das Militär hatte am 11. September 1973 geputscht, nachdem Salvador Allende demokratisch zum Präsidenten gewählt worden war. Die Medien in Kuba waren in der Hand des sozialistischen Staates, und so hatten wir in diesen Tagen ständig die Bilder vor Augen: ganze Straßen voller Soldaten und Militärfahrzeuge. Wir waren entsetzt. So wie ich heute entsetzt bin. Ich musste an Chile im September 1973 denken, als ich einige leere Straßen in Kuba sah. Eigentlich waren sie nur fast leer. Denn es waren kaum Menschen zu sehen, dafür aber unzählige große, bedrohlich wirkende Militärlastwagen in Reih und Glied. Oder zahlreiche weiße, harmlos wirkende zivile Polizeifahrzeuge, quasi eingerahmt von Beamten der sogenannten „Policía Nacional Revolucionaria", als warteten sie auf den Befehl von Díaz-Canel, auf den gleichen Befehl wie im Jahr 2021. Vor bald 15 Monaten hatte er im Rahmen der Proteste vom 11. Juli 2021 den Befehl zum Widerstand gegen das Volk (auf der Straße) gegeben: *La orden de combate está dada* (Der Befehl zum Kampf ist erteilt). Auf diesen Bildern sah ich unzählige Soldaten in Kampfmontur.

Vor allem die Bilder, auf denen ihre mit Helmen geschützten Köpfe zu sehen sind, erinnerten mich an Chile im September 1973. Ich bin mir sicher, dass die Bilder von der Ankunft der Busse, aus denen die „Ordnungskräfte" von Díaz-Canel aussteigen, bewaffnet mit Holzknüppeln und Metallstöcken, den Waffen, mit denen sie die Demonstranten angreifen werden, noch kommen werden. Genau wie damals, am 11. Juli 2021. Es ist wie ein Déjà-vu.

Ein Déjà-vu kann von einer Sekunde bis zu mehreren Minuten dauern. Meins dauert noch an.

Oktober 2022

Potencia médica?

Ich war entsetzt, als ich heute ein Foto gesehen habe, auf dem quasi die Nieren des Freundes einer Freundin zu sehen sind. Ich weiß nicht, wie solche Dialysegeräte aussehen, denn mir ist nicht klar, ob die Bilder aus dem Internet, die moderne, saubere und funktionierende Geräte zeigen, der Realität entsprechen. Ich kenne die kubanische Realität. Die Realität eines Landes, das sich einst rühmte, eine „Potencia médica", eine medizinische Macht zu sein. Die Realität eines Landes, in dem medizinische Versorgung und Medikamente kostenlos waren (und es theoretisch immer noch sind). Die Realität eines Landes, das seit jeher Ärzte exportiert und dies auch heute noch tut.

Der Freund meiner Freundin war chronisch krank, seine Nieren versagten und er musste regelmäßig an eine Dialysemaschine angeschlossen werden. Als er zum letzten Mal sein Leben einer solchen Maschine – und den Ärzten – anvertraute, besuchte sie ihn im Krankenhaus. Sie war entsetzt über den Zustand der Maschine, die das Leben ihres Freundes verlängern sollte. Einige Zeit zuvor hatte er eine Spenderniere erhalten. Die Organtransplantation musste jedoch verschoben werden, da er sich bei den Voruntersuchungen im Krankenhaus mit einem Virus infiziert hatte. Als er geheilt war, hieß es, er sei zu alt für eine Transplantation. Er war damals 65 Jahre alt.

Meine Freundin hatte bereits Erfahrungen in Krankenhäusern der „Potencia médica" gesammelt. Ihr Neffe musste vor ein paar Jahren operiert werden. Die miserable Hygiene im Krankenhaus machte sie sprachlos. Bakterien und Viren gediehen dort prächtig: Exkremente klebten an den Toilettenschüsseln wie Muster an einer Teetasse. Toilettenpapier gab es nicht. Unter dem Waschbecken stand ein Eimer, um das Abwasser aufzufangen, denn der Abfluss war undicht. Der Putz war von den Wänden abgefallen, und was davon noch zu sehen war, war durch jahrelangen Schmutz und mangelnde Instandhaltung abgenutzt. Glücklicherweise hatten die Eltern ein Bettlaken für ihren kranken Sohn mitgebracht, denn die Krankenhausbettwäsche schien schon lange nicht mehr gewaschen worden zu sein. Der Boden des Zimmers bedurfte einer gründlichen Reinigung, und so wandten sie sich an das Krankenhauspersonal, um Reinigungsgeräte zu bekommen: Kein leichtes Unterfangen.

Das waren keine Ausnahmen. Kuba ist keine „Potencia médica". Es ist eine *Potencia,* was den Bau von Hotels und die Ausrüstung der Repressionsorgane betrifft. Für den Export seiner Ärzte kassiert der kubanische Staat stattliche Summen – die Ärzte selbst sehen davon wenig. Diese Einnahmen werden jedoch nicht in das marode Gesundheitssystem investiert, sondern in den Tourismus – mit dem Bau unzähliger Hotels – und in die polizeiliche und militärische Infrastruktur.

Die Hilferufe von Müttern, deren Kinder in den Krankenhäusern keine Hilfe erhalten, und von Ärzten, die nicht wissen, wie sie diese Hilfe leisten sollen, weil ihnen die Mittel fehlen, häufen sich. Bilder, die von Patienten und ihren Angehörigen ins Internet gestellt werden, bestätigen, was meine Freundin über den Zustand der kubanischen Krankenhäuser und des einst hochgelobten Gesundheitssystems erzählt. Herzzerreißende Geschichten von Bekannten, deren Angehörige gestorben sind, weil ihnen Medikamente oder medizinischer Sauerstoff fehlten. Bilder von leeren Regalen in Apotheken. Berichte, dass keine Medikamente mehr zu bekommen sind. Fotos von alten Pferdekarren, die zu Rikschas für den Krankentransport umfunktioniert werden, auf denen Menschen liegen, die eher den Eindruck erwecken, als würden sie zu ihrer eigenen Beerdigung gebracht. Oder wie alte Kartons und Pappen als Gipsersatz für Knochenbrüche „recycelt" werden.

Und auf der anderen Seite die Bilder von Straßen voller moderner Polizeifahrzeuge, wenn das Volk auf die Straße geht, um seine Rechte einzufordern. Und von gigantischen Hotels, die immer weiter in den Himmel wachsen.

Es gibt immer noch Menschen, die glauben, Länder wie Deutschland könnten sich ein Gesundheitssystem wie das kubanische zum Vorbild nehmen. Sie haben offensichtlich geschlafen, als das kubanische Gesundheitssystem vorzeigbar war.

Und es gibt immer noch Leute, die glauben, der Zusammenbruch des Gesundheitssystems in Kuba sei auf das US-Embargo zurückzuführen. Solange in Hotels und Repression investiert werden kann, ist dieses Argument obsolet.

Kuba, *potencia médica?*

Oktober 2022

La Cabaña

Die „Real Academia de lengua española", die „Königliche Akademie für Spanische Sprache", definiert das Wort „Cabaña" als ein kleines, rustikales Gebäude aus bescheidenen Materialien, das als Unterkunft oder Wohnung dient. Oder als ein kleines, einstöckiges Haus, das gewöhnlich an Orten errichtet wird, die der Erholung dienen. Oder als ländlicher Betrieb zur Haltung reinrassiger Nutztiere[14]. Eine *Cabaña* ist einfach eine Hütte. Die bekannteste *Cabaña* in Kuba ist die „Fortaleza de San Carlos de la Cabaña". Sie wird auch „La Cabaña" genannt. Dabei handelt es sich keineswegs um eine Hütte, sondern um eine Verteidigungsanlage, deren Bau 1763 vom spanischen König Juan Carlos III. angeordnet wurde, nachdem Großbritannien im Rahmen des „Pariser Friedens" Havanna gegen Florida eingetauscht hatte. Großbritannien hatte 1762 die damalige spanische Kolonie Havanna erobert und fast ein Jahr lang besetzt.

An „La Cabaña" musste ich heute denken, als ich die Werbung des deutschen Hemdenherstellers ETERNA sah. In der aktuellen Kollektion dieser Marke entdeckte ich ein Herrenhemd, dessen Design mich beschäftigte. Das schwarz-weiße Dekor des Hemdes besteht – in gleicher Regelmäßigkeit – aus kleinformatigen Konterfeis von Ernesto Guevara und dem Zigarre rauchenden Fidel Castro. Auch der Name meiner Heimatinsel und meines letzten Wohnsitzes dort, Havanna, kleine Palmen und nicht näher zu definierende Zeichen versuchen das Hemd zu „schmücken".

ETERNA bestätigt damit, was ich in Deutschland und Europa immer wieder feststelle: Man lebt hier immer noch mit der alten Illusion, die Fidel Castro mit dem Sieg seiner Revolution gebracht hat. Inzwischen sind mehr als 60 Jahre vergangen, und in der Tat ist dieser Zukunftstraum von einer gerechten und freien Gesellschaft für alle Kubaner ein Traum geblieben.

Ob ETERNA bei der Reproduktion des berühmten Bildes von Herrn Guevara etwaige Urheberrechte berücksichtigt hat, ist für mich kein Thema. Auch was es für viele Kubaner bedeutet, eine solche Werbung für

14 https://dle.rae.es/caba%C3%B1a?m=form (30.09.2023).

Fidel Castro zu sehen, auf dessen Konto die andauernden Menschenrechtsverletzungen auf der Insel gehen, will ich hier nicht weiter ausführen. Weit entfernt von einer ideologischen Wertung, sachlich und unaufgeregt, habe ich mich in meinem kürzlich erschienenen Buch „Ein kleines Stück Himmel“[15] damit beschäftigt.

Heute möchte ich über Ernesto Guevara schreiben, besser bekannt als Che Guevara oder auch als der „Schlächter von La Cabaña“, *el Carnicero de La Cabaña*. In den letzten Tagen tauchten in den sozialen Medien alte Videos von ihm auf, auch weil sich Anfang Oktober sein Todestag jährte. In einer dieser Aufnahmen hören wir noch einmal, was er 1964 vor der Generalversammlung der Vereinten Nationen gesagt hatte: *Fusilamientos, sí. Hemos fusilado, fusilamos y seguiremos fusilando mientras sea necesario. Nuestra lucha es una lucha a muerte*[16]. Wörtlich übersetzt: *Erschießungen ja. Wir haben erschossen, wir erschießen und werden weiter erschießen, solange es nötig ist. Unser Kampf ist ein Kampf auf Leben und Tod.*

Gemeint sind die Morde an politischen Widersachern, ehemaligen Batista-Anhängern und „Gegnern der Revolution“.

Nein, die Gedanken waren (und sind) in Kuba nicht frei.

Ich sehe den Hochmut, der die menschenverachtenden Worte des Mediziners Ernesto Guevara begleitet, als ob der Wert des Lebens eines Menschen an seiner Ideologie gemessen werden könnte.

Ich zitiere aus dem Artikel „Falsche Vorbilder: Ernesto Che Guevara“ der Konrad-Adenauer-Stiftung: ... *Dabei war „Che“ nicht nur Freiheitskämpfer, sondern auch Wegbereiter für den kubanischen Überwachungsstaat und unerbittlicher Inquisitor. Die Verklärung macht ihn zu einer idealen „Einstiegsdroge“ in den Linksextremismus*[17].

Cuba libre steht übrigens auch auf den Hemden von ETERNA. Wenn es nicht der alkoholische Cocktail ist, dann hoffe ich, dass ETERNA das von mir erfährt: Das ist genau das, was sich viele Kubanerinnen und Kubaner wünschen, ein *Cuba libre*. Ein Kuba frei von Repression. Ein Kuba, wo die Kubanerinnen und Kubaner ihre Regierung in freien Wahlen wählen

15 erhältlich bei https://www.natneumann.net/Shop bzw. Amazon, libros.cc, Tagus, Casa del Libro, Agapea, Libelista und im Rahmen von Präsentationen.

16 https://www.youtube.com/watch?v=VC8fW1xu0Ks (30.09.2023).

17 Konrad-Adenauer-Stiftung e.V. Linksextremismus- Portal 2014 / 2015.

können. Ein Kuba, wo Meinungsfreiheit herrscht. Ein Kuba, wo die Menschenrechte respektiert werden. Ein Kuba ohne politische Gefangene. Ein Kuba, wo das Leben lebenswert ist. Ein Kuba, das seine Bürger nicht ins Exil schickt. Und ein Kuba, das auf der richtigen Seite der Geschichte steht und nicht auf der (Kriegs-)Seite Russlands.

Und noch etwas: Wenn ETERNA den freiheitsliebenden Kubanern einen Gefallen tun will, dann empfehle ich, für die Hemden die Konterfeis der politischen Gefangenen zu wählen. Es sind so viele, dass es nur übergroße Hemden geben wird. Vielleicht können wir uns auf die Minderjährigen einigen. Oder auf die Frauen. Oder auf die, die willkürlich verhaftet wurden. Oder auf die, die zu unverhältnismäßig langen Haftstrafen verurteilt wurden. Oder auf die, die seit vielen Jahren in Haft sind. Oder auf die, die mehr tot als lebendig in einer Zelle gehalten werden.

Oder, oder, oder …

Die Kubanerinnen und Kubaner werden ETERNA danken. *Eternamente.*

Oktober 2022

Dreisatz

Gestern las ich den Tweet eines Kubaners, der zur Lösung einer Aufgabe aufrief. Gegenstand dieser quasi schulmathematischen Aufgabe war der kubanische Präsident Díaz-Canel, ganz in Blau gekleidet, auf einem Foto ernst dreinschauend, den Blick zur Seite gewandt, seine Frau an der Hand. Sie, eine kleine vollschlanke Frau mit einem Lächeln und einem unvorteilhaften Kleid, schaut direkt in die Kamera. Der Verfasser des Tweets nannte Díaz-Canel mit dem Schimpfwort, mit dem ihn das Volk seit einiger Zeit bezeichnet, und stellte die Frage: „Wenn er drei Leute braucht, um einen Ast zu tragen, wie viele Leute braucht er dann, um die Dame zu tragen?" Er bezog sich dabei auf ein Bild, das wenige Tage zuvor in der Zeitung „Granma", dem offiziellen Organ der einzigen in Kuba zugelassenen Partei, der Kommunistischen Partei Kubas, erschienen war. Es zeigt Herrn Díaz-Canel bei angeblich freiwilligen Aufräumarbeiten in einer vom Hurrikan „Ian" betroffenen Region in Pinar del Río. Er trägt ein blaues T-Shirt mit der Aufschrift CUBA in der Mitte, rechts davon eine kleine kubanische Flagge, links den typischen Puma, der die Marke seines T-Shirts verrät, und eine blaue Baseballkappe mit rotem Schirm. Mit leicht geöffnetem Mund und konzentriert nach unten gerichtetem Blick wirkt er erschöpft, vielleicht von der ungewohnten Arbeit. Er trägt einen Ast. Man könnte vermuten, dass er nicht allzu schwer ist. Denn der keineswegs überdimensionale Ast wird nicht nur von ihm, sondern auch von drei weiteren Männern getragen.

Der Tweet des Kubaners hat mir nicht gefallen, vor allem nicht, als ich die vielen bösen Antworten auf die Frage las, wie viele Leute Díaz-Canel brauche, um seine Frau zu tragen: *Dafür gibt es Kräne. Er muss sie nicht tragen, sondern schieben und rollen. Für eine Frau braucht man eine einzige Person, für die Kuh, die er trägt, braucht man einen Kran vom Schlachthof.* Und andere beleidigende Kommentare.

Nein, der Tweet hat mir nicht gefallen. Mir gefällt Artikel 1 des deutschen Grundgesetzes: „Die Würde des Menschen ist unantastbar". Auch Diktatoren sind Menschen, auch wenn das manchmal schwer zu glauben ist. Wie alle Menschen haben sie eine Würde. Das Menschsein kann man Diktatoren nicht absprechen, natürlich auch nicht ihren Frauen, natürlich haben auch Diktatorenfrauen eine Würde, auch die Frau des für viele verabscheuungswürdigen Díaz-Canel.

Man könnte den Tweet und die Kommentare dazu für frauenfeindlich halten. Man könnte annehmen, dass die Verfasser von einer maßlosen Misogynie getrieben waren, solche verächtlichen Kommentare zu schreiben. Aber ich glaube nicht, dass das der Grund war. Vielmehr glaube ich, dass diese hässlichen Zeilen auf die Eigenart vieler meiner Landsleute – Männer wie Frauen – zurückzuführen sind, über „jeden" und „alles" zu lachen. Möglicherweise interpretieren Besucher meines Heimatlandes diese Eigenschaft der Kubaner als ihre gefeierte „Lebensfreude". Schon immer haben Reisemagazine Kuba als einen Ort beschrieben, an dem man *von der Lebensfreude und der Mentalität der temperamentvollen Kubaner fasziniert ist*. Und schon immer haben sich die Kubaner über „Gott und die Welt" lustig gemacht. Sei es über Castros *Barbudos*, die früher abfällig „Mau Mau" genannt wurden, in Anlehnung an einst bekannte Figuren eines fiktiven kämpferischen Volksstammes aus einem beliebten Hörspiel im Radio. Sei es über Fidel Castro, als er nach einem Unfall regelmäßig unter sein Hemd greifen musste, um den Verband um seine verletzte Schulter hochzuziehen; dann hieß es, er richte seinen Büstenhalter. Ob über Raúl Castro, den die Leute spöttisch „La China" nannten, weil sie in seiner Physiognomie asiatische Züge erkannten und ihm Homosexualität nachsagten. Oder über die dickbäuchigen Männer in der kubanischen Regierung. Der Kubaner lacht über viele andere. Und jetzt auch über Díaz-Canels Frau.

Die hässlichen Zeilen über die sogenannte erste kubanische Dame hat sie einerseits dem aggressiven Humor vieler meiner Landsleute zu verdanken, andererseits dem Hass und der Wut auf die Regierenden. Das ist die Art und Weise, wie sich einige Kubaner wehren, wie sie die verhasste, aufgezwungene Regierung lächerlich machen. Denn sie sind es leid, ohne Rechte zu leben. Sie haben die Repression satt, für die Díaz-Canel verantwortlich ist und die seine Frau billigt. Und sie benutzen Spott und Demütigung als Waffe gegen sie und gegen alle, die die Würde so vieler Kubaner angetastet haben.

Oktober 2022

Los niños nacen para ser felices

Wer mein kürzlich erschienenes Buch „Ein kleines Stück Himmel“[18] gelesen hat weiß, wie oft darin von José Martí die Rede ist. Ich behaupte, dass jeder Kubaner José Martí kennt. Zum einen, weil seine wunderbaren Schriften und herrlichen Gedichte ein Muss für jedes kubanische Kind waren (und wahrscheinlich immer noch sind). Ich war noch keine drei Jahre alt, als ich sein berühmtestes Gedicht „Los zapaticos de rosa“ auswendig kannte; mit seinem Buch „La Edad de Oro“ lernte ich damals lesen. Zum anderen, weil Fidel Castro José Martí zum „intellektuellen Urheber“ seines Angriffs auf die Moncada-Kaserne in Santiago de Cuba 1953 machte. Wer Martí – übrigens ein glühender Kämpfer für die Unabhängigkeit Kubas von Spanien – gelesen hat, kann sich vorstellen, dass er sich heute auf die Seite der Dissidenten, Demonstranten, politischen Gefangenen und der ins Exil Verbannten – wie er einer war – stellen würde.

Los niños nacen para ser felices, schrieb José Martí. Kinder werden geboren, um glücklich zu sein.

Als ich mein Buch „Ein kleines Stück Himmel“ schrieb, kam mir eine Geschichte in den Sinn. Ich habe sie darin aufgeschrieben. Und ich verband sie mit einem schrecklichen Unglück: Im Februar 2020 stürzte in Havanna wieder einmal ein Gebäude ein und vergrub drei Mädchen. Nach einer Veröffentlichung im digitalen Magazin „El Estornudo“ ging eines der Mädchen für ihre Mutter einkaufen. Dabei traf sie zwei Freundinnen, und während sie sich unterhielten, passierte es: Lisnavy, Rocío und María Karla starben unter den Steinen eines alten Hauses im Stadtteil „Jesús María“, schon lange ein Armenviertel der dicht besiedelten und mit abbruchreifen Gebäuden verunstalteten „Habana Vieja“. Sie waren zehn und elf Jahre alt.

In diesen Tagen ist wieder ein Mädchen gestorben. Im Netz steht, sie sei drei oder vier Jahre alt gewesen. Das Foto im Internet zeigt ein hübsches

18 erhältlich bei https://www.natneumann.net/Shop bzw. Amazon, libros.cc, Tagus, Casa del Libro, Agapea, Libelista und im Rahmen von Präsentationen.

Mädchen mit zwei Zöpfchen und einem Lächeln, das so breit ist, dass die Mundwinkel das kleine Gesicht fast einzuklemmen drohen. Ein scheinbar glückliches Kind, dessen Leben unter den Trümmern des baufälligen Hauses, in dem es mit seiner Familie lebte, ausgelöscht wurde. Ich fürchte, es wird nicht das letzte Kind sein, das auf diese Weise stirbt. Denn der Zahn der Zeit nagt auch an den einst majestätischen Gebäuden, die vor Jahrzehnten errichtet wurden, und der kubanische Staat, der ein Monopol auf alle Bereiche des öffentlichen und privaten Lebens in diesem Land hat, ist nicht in der Lage, für die Instandhaltung und Sanierung des alten Gebäudebestands aufzukommen. Die knappen Staatsfinanzen scheinen nur für den Bau von Hotels auszureichen.

Ich muss José Martí widersprechen: *Los niños* ***no*** *nacen para ser felices*. Zumindest nicht diese Mädchen und die vielen anderen Kinder, die Opfer des kubanischen Wirtschaftsmodells geworden sind.

Oktober 2022

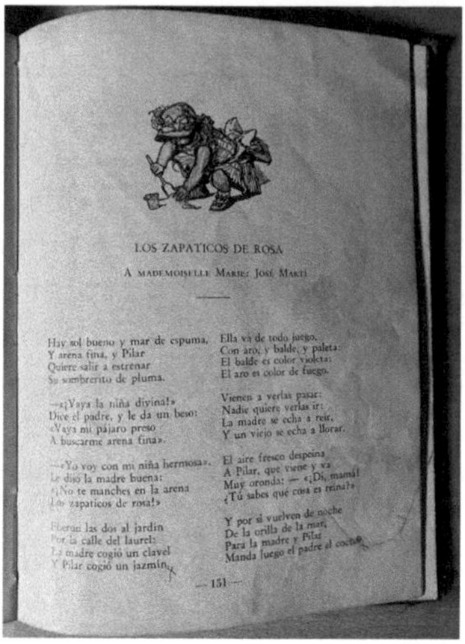

Los zapaticos de rosa

So abgegriffen sieht heute mein erstes Buch aus, mit dem ich vor 57 Jahren lesen gelernt habe, nachdem ich das Gedicht „Los zapaticos de rosa" von José Martí auswendig gelernt hatte. Man sieht die Markierungen (kleine Kreuze), mit denen ich die gelernten Abschnitte gekennzeichnet habe. José Martí begleitet uns Kubaner seit unserer Kindheit. Die sozialistische Regierung vereinnahmte ihn als Vordenker der Revolución. Tatsächlich warnte Martí vor der Vorherrschaft der USA in Lateinamerika. Er setzte sich nicht nur für die Unabhängigkeit Kubas ein, sondern auch für soziale Gerechtigkeit und die Einheit der lateinamerikanischen Staaten, weshalb er als Sozialist wahrgenommen wurde. Aber gerade weil er für soziale Gerechtigkeit eintrat, weil er selbst die Grausamkeit des Exils erfahren hatte, weil er die Konsequenzen seines Handelns als Kämpfer gegen das Unrecht erfahren hatte, wäre er im sogenannten sozialistischen Kuba ein Dissident gewesen. Er wäre es spätestens geworden, wenn er die Situation der Menschenrechte in unserem Land erlebt hätte. Davon bin ich überzeugt.

José Martí wurde 1853 in Havanna geboren. Zusammen mit dem Nicaraguaner Rubén Darío war er Mitbegründer der lateinamerikanischen

LOS ZAPATICOS DE ROSA

Está la playa muy linda:
Todo el mundo está en la playa:
Lleva espejuelos el aya
De la francesa Florinda.

Está Alberto, el militar
Que salió en la procesión
Con tricornio y con bastón,
Echando un bote a la mar.

¡Y qué mala, Magdalena
Con tantas cintas y lazos,
A la muñeca sin brazos
Enterrándola en la arena!

Conversan allá en las sillas,
Sentadas con los señores,
Las señoras, como flores,
Debajo de las sombrillas.

Pero está con estos modos
Tan serios, muy triste el mar:
Lo alegre es allá, al doblar,
En la barranca de todos.

Dicen que suenan las olas
Mejor allá en la barranca,
Y que la arena es muy blanca
Donde están las niñas solas.

Pilar corre a su mamá:
—«¡Mamá, yo voy a ser buena:
Déjame ir sola a la arena:
Allá, tú me ves, allá!»

—«¡Esta niña caprichosa!
No hay tarde que no me enojes:
Anda, pero no te mojes
Los zapaticos de rosa».

Le llega a los pies la espuma:
Gritan alegres las dos:
Y se va, diciendo adiós,
La del sombrero de pluma.

¡Se va allá, donde ¡muy lejos!
Las aguas son más salobres,
Donde se sientan los pobres,
Donde se sientan los viejos!

Se fue la niña a jugar,
La espuma blanca bajó,
Y pasó el tiempo, y pasó
Un águila por el mar.

Y cuando el sol se ponía
Detrás de un monte dorado,
Un sombrerito callado
Por las arenas venía.

— 152 —

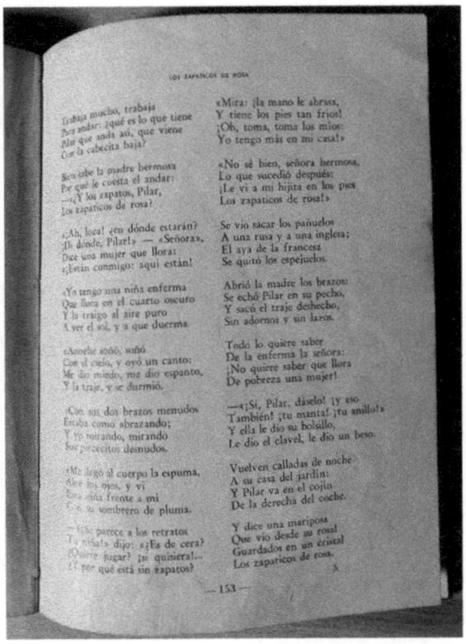
LOS ZAPATICOS DE ROSA

Trabaja mucho, trabaja
Para andar: ¿qué es lo que tiene
Pilar que anda así, que viene
Con la cabecita baja?

Bien sabe la madre hermosa
Por qué le cuesta el andar:
—«¿Y los zapatos, Pilar,
Los zapaticos de rosa?

«¡Ah, loca! ¿en dónde estarán?
¡Di dónde, Pilar!» — «Señora»,
Dice una mujer que llora:
«¡Están conmigo: aquí están!

«Yo tengo una niña enferma
Que llora en el cuarto oscuro
Y la traigo al aire puro
A ver el sol, y a que duerma.

«Anoche soñó, soñó
Con el cielo, y oyó un canto:
Me dio miedo, me dio espanto,
Y la traje, y se durmió.

«Con sus dos brazos menudos
Estaba como abrazando;
Y yo mirando, mirando
Sus piececitos desnudos.

«Me llegó al cuerpo la espuma,
Alcé los ojos, y vi
Esta niña frente a mí
Con su sombrero de pluma.

—«¡Se parece a los retratos
Tu niña!» dijo: «¿Es de cera?
¿Quiere jugar? ¡si quisiera!...
¿Y por qué está sin zapatos?

«Mira: ¡la mano le abrasa,
Y tiene los pies tan fríos!
¡Oh, toma, toma los míos:
Yo tengo más en mi casa!»

«No sé bien, señora hermosa,
Lo que sucedió después:
¡Le vi a mi hijita en los pies
Los zapaticos de rosa!»

Se vio sacar los pañuelos
A una rusa y a una inglesa;
El aya de la francesa
Se quitó los espejuelos.

Abrió la madre los brazos:
Se echó Pilar en su pecho,
Y sacó el traje deshecho,
Sin adornos y sin lazos.

Todo lo quiere saber
De la enferma la señora:
¡No quiere saber que llora
De pobreza una mujer!

—«¡Sí, Pilar, dáselo! ¡y eso
También! ¡tu manta! ¡tu anillo!»
Y ella le dio su bolsillo,
Le dio el clavel, le dio un beso.

Vuelven calladas de noche
A su casa del jardín:
Y Pilar va en el cojín
De la derecha del coche.

Y dice una mariposa
Que vio desde su rosal
Guardados en un cristal
Los zapaticos de rosa.

— 153 —

Literaturbewegung „Modernismo“. Aufgewachsen in einem spanisch geprägten Elternhaus – seine Eltern waren aus Spanien in die Kolonie Kuba eingewandert – sympathisierte er früh mit der kubanischen Widerstandsbewegung gegen die spanische Kolonialherrschaft. Wegen seines offenen Patriotismus wurde er 1871 zu Zwangsarbeit verurteilt und nach Spanien deportiert. Nach seiner Rückkehr 1878 wurde er kurze Zeit später erneut ins Exil geschickt, diesmal nach Mexiko. Danach lebte er in Guatemala, bevor er 1881 nach New York übersiedelte, wo er seine politische Arbeit fortsetzte. Vom Exil aus organisierte Martí auch den militärischen Kampf gegen die Kolonialmacht, gründete die Kubanische Revolutionspartei, „Partido Revolucionario Cubano“, und wirkte auf die Anführer des 1868 begonnenen zehnjährigen Krieges, Máximo Gómez und Antonio Maceo, ein, den Kampf gegen Spanien wieder aufzunehmen. Um am Unabhängigkeitskrieg gegen Spanien teilzunehmen, kehrte er 1895 nach Kuba zurück und fiel am 19. Mai desselben Jahres bei den Kämpfen in Dos Ríos.

José Martí war ein großer Dichter. Gedichte aus seinem Gedichtband „Versos sencillos“ wurden als Text für das bekannte Lied „Guantanamera“ verwendet. Verse wie *„Ich will mein Los mit den Armen dieser Erde teilen …“* zeugen von seinem humanistischen und mitfühlenden Geist.

Sein Gedicht „Los zapaticos de rosa“ ist für mich sein schönstes.

Oktober 2022

Die kleinen rosa Schuhe[19]

Es gibt guten Sonnenschein und ein Meer aus Schaum,
und feinen Sand, und Pilar
möchte ausgehen und einweihen
ihren kleinen Federhut.

„Geh, mein göttliches Mädchen!",
sagt der Vater und gibt ihr einen Kuss:
„Geh, mein gefangener Vogel,
mir feinen Sand holen."

„Ich gehe mit meinem schönen Mädchen",
sagte ihr die liebe Mutter:
„Verschmutze nicht im Sand
deine kleinen rosa Schuhe!"

Die beiden gingen in den Garten
entlang der Straße des Lorbeers,
die Mutter pflückte eine Nelke
und Pilar pflückte einen Jasmin.

Sie mag allerlei spielen
mit Reifen, Eimer und Kelle:
der Eimer ist violettfarben
der Reifen hat die Farbe des Feuers.

Sie kommen, um sie vorbeiziehen zu sehen,
niemand will sie weggehen sehen:
Die Mutter bricht in Gelächter aus,
und ein alter Mann fängt zu weinen an.

19 Erstmal erschienen 1889 in der dritten Ausgabe der Monatszeitschrift „La Edad de Oro", Übersetzung v. Nat Neumann.

Die frische Luft zerzaust
    Pilar, die kommt und geht,
    sehr stolz: „Sag mir, Mutter!
    weiß du, was eine Königin ist?“

Und für den Fall, dass sie abends zurückkommen
    von der Meeresküste,
    für die Mutter und Pilar
    schickt der Vater dann den Wagen.

Der Strand ist sehr schön:
    Alle sind am Strand;
    Sonnenbrille trägt das Kindermädchen
    der Französin Florinda.

Da ist Alberto, der Soldat
    der an der Prozession teilnahm
    mit einem Dreispitz und einem Gehstock,
    ein Boot ins Meer zu werfen.

Und wie böse Magdalena,
    mit so vielen Bändern und Schleifen,
    die armlose Puppe
    im Sand zu vergraben!

Sie reden da drüben auf den Stühlen,
    bei den Herren sitzend,
    die Damen, wie Blumen,
    unter den Schirmen.

Aber es ist mit diesen Manieren
    so ernst, so traurig das Meer:
    Die Freude ist dort drüben, um die Ecke,
    In jedermanns Schlucht.

Man sagt, dass die Wellen klingen
    besser dort in der Schlucht,
    und dass der Sand sehr weiß ist,
    wo die Mädchen allein sind.

Pilar läuft zu ihrer Mutter:
„Mama, ich werde brav sein;
lass mich allein in den Sand gehen;
dort, du siehst mich, dort!"

„Dieses kapriziöse Kind!
Keinen Nachmittag, an dem du mich nicht verärgerst:
Geh, aber lass nicht nass werden
deine kleinen rosa Schuhe."

Der Meerschaum erreicht ihre Füße,
fröhlich schreien sie beide;
und sie geht und verabschiedet sich,
die mit dem gefiederten Hut.

Sie geht dorthin, weit weg,
wo die Gewässer brackig sind,
wo die Armen sitzen,
wo die Alten sitzen.

Das Mädchen ging spielen,
der weiße Schaum kam,
und die Zeit verging, und flog
ein Adler über das Meer.

Und als die Sonne unterging
hinter einen goldenen Berg
ein stilles Hütchen
auf dem Sand gelaufen kam.

Es kostet ihr viel Mühe, Mühe,
zu gehen: Was hat sie denn,
Pilar, die so geht, die kommt
mit gesenktem Kopf?

Das weiß die schöne Mutter,
warum es ihr so schwerfällt, zu gehen:
„Was ist mit deinen Schuhen, Pilar?
die kleinen rosa Schuhe?

Ach, Närrin, wo sind sie?
Sag wo, Pilar!“ – „Meine Dame“,
sagt eine Frau, die weint:
„Sie sind bei mir, hier sind sie!

Ich habe ein krankes Mädchen,
das im dunklen Zimmer weint
und ich bringe sie an die frische Luft,
um die Sonne zu sehen und um zu schlafen.

Letzte Nacht träumte sie, sie träumte
vom Himmel, und hörte ein Lied,
ich war erschrocken, ich fürchtete mich,
ich brachte sie hierher und sie schlief ein.

Mit ihren zwei kleinen Armen
war es, als würde sie umarmen;
und ich schaute und schaute
ihre kleinen nackten Füße.

Der Schaum kam zu meinem Körper,
ich hob meinen Blick und sah
dieses kleine Mädchen vor mir
mit ihrem gefiederten Hut.

Es sieht aus wie die aus den Porträts,
dein Mädchen, sagte sie: Ist es aus Wachs?
Möchte es spielen? Ach, wenn es wollen würde!
Und warum trägt sie keine Schuhe?

Sieh, seine Hand verbrennt sie!
und seine Füße sind so kalt!
Oh, hier, nimm, nimm meine,
ich habe noch mehr zu Hause!

Ich weiß nicht recht, schöne Frau!
was dann geschah,
ich sah an den Füßen meiner kleinen Tochter
Die kleinen rosa Schuhe!“

Man sah, wie sie ihre Taschentücher zückten
eine Russin und eine Engländerin,
das Kindermädchen der Französin
nahm ihre Brille ab.

Die Mutter öffnete ihre Arme,
Pilar warf sich auf ihre Brust
und nahm die aufgerissene Kleidung heraus,
ungeschmückt und ohne Bänder.

Sie will alles wissen,
über die Kranke, die Dame
sie will nicht wissen, dass weint
aus Armut eine Frau.

„Ja, Pilar, gib es ihr! Und das auch!
deine Decke! deinen Ring!"
Und sie gab ihr ihre Tasche,
die Nelke, sie gab ihr einen Kuss.

Schweigsam kehren sie abends zurück
zu ihrem Haus mit dem Garten;
und Pilar sitzt auf dem Kissen
auf der rechten Seite im Wagen

Und ein Schmetterling sagt,
dass sie von ihrem Rosenstrauch aus sah,
unter einem Glas aufbewahrt,
die kleinen rosa Schuhe.

José Martí

Recht haben und Recht bekommen

Dass Recht und Gerechtigkeit nichts miteinander zu tun haben, hat schon so mancher erfahren. Das scheint überall so zu sein. Aber in Kuba kann man in diesen Tagen sicher sein, dass Justitia endgültig ausgewandert ist. Dort gilt eher der Aphorismus „Recht haben und Unrecht bekommen" oder „Unrecht haben und quasi Recht bekommen".

Schon vor Monaten wurde ein bekannter Musiker aus Havanna – ein Sympathisant des Regimes – von Dutzenden Frauen des sexuellen Missbrauchs und der Vergewaltigung beschuldigt. In den unabhängigen Medien des Landes war sogar von einer kubanischen „Me-too-Bewegung" die Rede[20]. Nach dieser öffentlichen Beschuldigung meldeten sich viele Frauen, die ähnliche Erfahrungen mit dem prominenten Sexualstraftäter gemacht hatten.

Man wunderte sich, dass der Mann, der die Vorwürfe mit seinen Verdiensten um die Revolución konterte, trotzdem seiner Tätigkeit nachgehen konnte und auf der Bühne weiterhin mit unsäglichen Sprüchen die Öffentlichkeit betörte. Vor wenigen Tagen stellte sich heraus, dass der pathologische Sexualstraftäter in aller Seelenruhe und unter Aufrechterhaltung seines Alltagslebens auf seinen Prozess gewartet hatte. Letzte Woche war es dann soweit. Er wurde schuldig gesprochen, mindestens 30 Frauen und minderjährige Mädchen sexuell missbraucht zu haben. Sein Urteil: fünf Jahre Hausarrest.

Die kubanische Öffentlichkeit ist empört. Mehr als tausend Menschen sitzen aus politischen Gründen in den Gefängnissen des Landes. Die meisten warten in Untersuchungshaft auf ihren Prozess, willkürlich und ohne Anklage. Ihr Vergehen? Allenfalls Sachbeschädigung im Zusammenhang mit den Protesten vom 11. Juli 2021. Vor allem aber hatten sie von ihrem legitimen Menschenrecht auf freie Meinungsäußerung Gebrauch gemacht und auf der Straße nach Freiheit gerufen. Und nach dem Ende des Systems. Sie wurden zu hohen mehrjährigen Haftstrafen verurteilt.

20 https://www.ipscuba.net/genero/condena-a-trovador-cubano-profundiza-polemica-en-redes-sociales/ (02.01.2023).

Ein Beispiel ist der Fall der Aktivistin Diasniurka Salcedo, die wegen „Schändung patriotischer Symbole“ und „Anstiftung zu einer Straftat“ zu acht Jahren Haft verurteilt wurde. Sie hatte Díaz-Canel direkt und öffentlich in sozialen Netzwerken kritisiert. Außerdem war bei ihr eine kubanische Flagge mit der Aufschrift „Patria y vida“ gefunden worden.

Recht haben und Unrecht bekommen, Unrecht haben und quasi Recht bekommen.

Oktober 2022

Cosi fan tutte

Wir kennen die Bedeutung des Spruchs, auch wenn wir des Italienischen nicht mächtig sind. Dank Mozart und seiner Oper, in der die Offiziere Ferrando und Guglielmo mit dem erfahrenen Don Alfonso um die Treue ihrer Geliebten Dorabella und Fiordigili wetten. Cosi fan tutte, zu Deutsch: So machen es alle.

So machen es alle. Manchmal muss ich an Mozarts Oper denken, denn genau das höre ich manchmal, wenn mich das Handeln der kubanischen Regierung – oder das, was in ihrem Namen geschieht – empört, wenn ich die Bilder sehe und die Zeugenaussagen höre, wie die „Policía Nacional Revolucionaria" – so nennt sich die Polizei im sogenannten sozialistischen Kuba – übergriffig wird und friedliche Demonstranten misshandelt. Zuletzt war im Netz ein Video zu sehen, in dem ein Mann eine ältere Frau niederschlägt. Er, ein großer, kräftiger Mann mit einer Zigarette zwischen den Lippen. Selbst auf dem statischen Bild sieht man, mit welcher Wucht er zuschlägt. Der Fotograf hat den Moment festgehalten, in dem die Hand dieses Mannes die Tat ausführt. Man sieht die Bewegung, die seine Wut auslöst, die Bewegung einer Hand, die strafen soll, den kleinen Finger und den Ringfinger abgespreizt. Wie auf den alten Bildern, auf denen der Sklavenhalter seine Sklaven mit der Peitsche bestraft, aus welchem Grund auch immer. Diese ältere schwarze Frau hat sicher nicht damit gerechnet, geschlagen zu werden. Ihr Weg zu Boden verdeutlicht die Wucht des Schlages. Sie fällt breitbeinig, ihre nackten Füße scheinen in den gelben Gummilatschen steckengeblieben zu sein, der rechte Fuß ist verdreht, sie stützt sich mit einer Hand ab. Könnte man ihre Augen sehen, würde man Überraschung und Angst erkennen, glaube ich. Neben ihr steht ein Mädchen, das ebenso überrascht zu sein scheint und versucht, den Mann aufzuhalten. Die anderen Menschen um sie herum scheinen nichts zu bemerken, bis auf zwei Männer, die gleichgültig zuschauen, als wäre es das Normalste der Welt. Die Frau soll dort auf dem Bürgersteig gestanden haben, weil sie an einer Protestaktion teilgenommen hat. Es sieht eher so aus, als wäre sie nur Beobachterin gewesen. Der Mann sei ein Polizist in Zivil.

Es vergeht kaum ein Tag, an dem ich nicht ähnliche Nachrichten aus Kuba höre. Der kubanische Staat scheint Krieg gegen seine Bürger zu führen.

Jedes Mal, wenn ich Bilder und Videos von solchen Polizeieinsätzen sehe, bin ich aufs Neue entsetzt.

In einer undurchsichtigen Situation auf einer Straße in Havanna zum Beispiel liegt eine Frau auf dem Boden und wird von zwei uniformierten Polizisten mit Fußtritten gequält. Man hört die Schreie der Umstehenden: *Es ist eine Frau, es ist eine Frau …!* Andere Bilder zeigen zum Beispiel einen wehrlosen jungen Mann in Handschellen, der von dem Polizisten, der ihn festgenommen hat, ins Gesicht geschlagen wird. Wieder andere zeigen, wie ein kubanischer Polizist einen Jugendlichen verbal angreift und mit Drohgebärden und vulgären Sprüchen schikaniert.

Meine Empörung über diese polizeilichen Übergriffe trifft sich mit der Empörung anderer, die das aber in Kuba relativieren, indem sie sagen, das passiert überall. In Spanien passiert das. In Frankreich auch. Und aus Deutschland kennen wir ähnliche Gewaltausbrüche der Exekutive. Also auch in den Ländern dieser Welt, in denen die Regierenden demokratisch gewählt sind. Zweifellos scheint der Drang, Macht über andere auszuüben, menschlich zu sein. Ist der Mensch ein geborener Sadist? Aber in diesen Ländern ist es verboten, willkürlich zu handeln. Dort gibt es den verfassungsrechtlichen Schutz der Meinungs- und Demonstrationsfreiheit. Und dank der demokratischen Ordnung gibt es dort eine Gewaltenteilung, die über die Einhaltung der Gesetze wacht. Und das Gesetz selbst erlaubt es uns, jede Willkür zur Anzeige zu bringen. Diese Möglichkeit haben die Kubaner nicht. Weder das Recht, ihre Regierung zu wählen, noch das Recht auf Meinungsfreiheit, noch das Recht zu demonstrieren. Und in Kuba ist es sinnlos, Fälle von Polizeigewalt anzuzeigen.

Der Präsident des Landes, Díaz-Canel, hat sich schon damit gebrüstet, dass es in Kuba keine Gewaltenteilung gebe. Und stolz behauptete er, in Kuba gebe es stattdessen die „Unidad de poderes“[21].

Nach solchen Nachrichten dachte ich, schlimmer kann es nicht mehr kommen. Aber es kam noch schlimmer: Vor wenigen Tagen rammte ein Schnellboot der kubanischen Küstenwache ein Boot mit mehreren Menschen an Bord, die – wie so viele – der Perspektivlosigkeit des Lebens auf der Insel entkommen wollten. Mindestens sechs Menschen starben,

21 https://www.cibercuba.com/noticias/2021-10-23-u199955-e199955-s27061-miguel-diaz-canel-admite-publicamente-cuba-existe (30.09.2023).

darunter ein Kleinkind. Die Mutter des Kindes und andere Überlebende bezeugten, dass es sich um einen vorsätzlichen Angriff handelte: *Wir stiegen in das Boot, und als wir losfuhren, verlangsamte der Steuermann das Tempo, weil es blockiert war, ein anderes Boot kam. Als wir an ihm vorbeifuhren, sagte ein Grenzer: „Jetzt schneide ich euch in zwei Hälften“, und dann rammte er uns und schnitt uns in zwei Hälften.*

Cosi fan tutte. China, Belarus, Iran, Nicaragua, Nordkorea, Russland, Syrien, Venezuela …

Cosi fan tutte …

November 2022

Happy Birthday?

Heute ist der Geburtstag von Luis Frómeta Compte. Sicher hat er sich schon bei seinem letzten Geburtstag überlegt, wie er diesen, seinen 60. Geburtstag, feiern will.

Der 60. Geburtstag ist immer etwas Besonderes. Manche geben ein großes Fest. Kinder und Enkelkinder überlegen, wie sie den Tag gestalten, der für das Geburtstagskind unvergesslich werden soll. Nicht so die Kinder und Enkel von Luis Frómeta Compte, denn er wird diesen besonderen Tag nicht mit ihnen verbringen. Gastgeber seines 60. Geburtstages wird der kubanische Staat sein. Ungefragt hat er sich selbst dazu bestimmt. Ohne Wenn und Aber hat er die Rolle der Lieben von Luis Frómeta Compte übernommen. Es wird keinen Geburtstagskuchen geben, kein Festessen, keinen Wein, keine fröhlichen Freunde, keine Geschenke. Luis Frómeta Compte wird dieses Fest nicht genießen. Er wird seinen 60. Geburtstag nie vergessen, so wie wir Glücklichen unseren. Er wird seine Familie vermissen. Er würde den Tag lieber mit seinen Töchtern verbringen als mit den Tyrannen, die ihn festhalten, die ihn gewaltsam verhaftet haben, weil er die Demonstrationen vom 11. Juli 2021 mit seinem Handy gefilmt hat, und die ihn behandeln, als wäre er ein Schwerverbrecher.

Luis Frómeta Compte lebt seit vielen Jahren in Deutschland. Er hat hier geheiratet und eine Familie gegründet. Er hat die deutsche Staatsangehörigkeit angenommen. Der kubanische Staat entlässt seine Bürger nicht aus der Staatsbürgerschaft, wenn sie eine andere annehmen, auch nicht, als die eigene Verfassung dies vorsah. Luis Frómeta Compte brach nicht mit seinem Geburtsland. Er freute sich auf das Wiedersehen mit seiner Familie und seinen Freunden. Er nahm die hohen Kosten der langen Reise gerne in Kauf und akzeptierte – womöglich widerwillig –, dass er mit seinen Reisen zum Erhalt des Systems beitrug. Und das wurde ihm zum Verhängnis.

Luis Frómeta Compte wird seinen 60. Geburtstag in einer Zelle des berüchtigten kubanischen Gefängnisses „Combinado del Este“ verbringen. Feiern wird er nicht. Weil er weiß, dass er noch viele Jahre hinter kubanischen Gittern verbringen wird, ist ihm nicht nach Feiern zumute. Ob ihm seine Mitgefangenen wohl das in Kuba übliche Geburtstagsständchen singen werden?

Felicidades Luis en tu día
que lo pases con sana alegría
muchos años de paz y harmonía
Felicidad, Felicidad, Felicidad!

(Glückwunsch, Luis, zu Deinem Ehrentag
möge er mit gesunder Freude verlaufen
viele Jahre in Frieden und Harmonie
Glück, Glück, Glück!)

November 2022

El que no sabe es como el que no ve

Das hat meine Mutter immer gesagt. Meine Mutter war eine weise Frau. Meine Mutter, die mich inspiriert hat, „Ein kleines Stück Himmel“[22] zu schreiben und deren selbstverfasste Lebensgeschichte in mein Buch eingeflossen ist. Ich denke oft an sie. Kürzlich fiel mir wieder ihr Spruch ein: *El que no sabe es como el que no ve:* „Wer nicht weiß, ist wie der, der nicht sieht“. Er kam mir nach einem kurzen Austausch auf Twitter mit einem Südamerikaner in den Sinn. Er hatte erzählt, wie gerne er nach Kuba reist, Kuba sei ein schönes Land. Das stimmt, erwiderte ich, ein schönes Land, nur schade, wie dort die Menschenrechte mit Füßen getreten werden. Worauf er schrieb: *Wenn wir danach gehen, fahren wir nirgendwohin in Urlaub.*

Das ist nicht nur seine Einstellung, sondern die vieler Touristen. Aber ist das vertretbar? Ist das richtig? Ich weiß es nicht. Ich selbst würde nicht dorthin in Urlaub fahren, wo Menschenrechtsverletzungen institutionalisiert sind. Mein Gewissen würde sich melden, wenn ich in einem heimischen Hotel das Leben genieße, wissend, dass in den Gefängnissen des Landes Menschen aus politischen Gründen sterben, dass ich mit meinem Aufenthalt eine Diktatur stütze. Aber offensichtlich sehen viele Menschen das anders.

Ich habe die Besuche in meinem Geburtsland eingestellt, als mir klar wurde, dass ich mit dem Geld, das ich dort ausgebe, (indirekt) Polizisten bezahle. Polizisten, die ihre Rolle als Freund und Helfer gegen die Rolle des Unterdrückers eingetauscht haben. Polizisten, die friedliche Demonstranten verprügeln, Demonstranten wie die „Damas de Blanco“, die nur mit einer Gladiole „bewaffnet“ für Freiheit und Menschenrechte demonstrieren. Wie Luis Robles, der nur mit einem Plakat gegen die Verhaftung eines Rappers demonstrierte. Polizisten, die mit Stöcken bewaffnet auf friedlich Protestierende einschlagen und Steine auf Demonstranten werfen. Polizisten, die denen von Batista in nichts nachstehen.

Sind sich die Touristen dessen bewusst? Wissen sie, dass der sogenannte Sozialismus in Kuba ein diktatorisches System ist? Dass es den Menschen

22 erhältlich bei https://www.natneumann.net/Shop bzw. Amazon, libros.cc, Tagus, Casa del Libro, Agapea, Libelista und im Rahmen von Präsentationen.

Rechte vorenthält, die in ihren Ländern zum Alltag gehören? Wissen sie, dass in Kuba mehr als tausend Menschen aus politischen Gründen im Gefängnis sitzen? Minderjährige, Alte, Frauen, Männer, Jugendliche, Kranke, die in einem Moment der Hoffnung auf die Straße gegangen sind, um ihre Rechte einzufordern, oder die sich für ein demokratisches Kuba eingesetzt haben?

Wissen die Touristen, dass während sie im Luxus schwelgen, Kubaner in den Krankenhäusern sterben, weil der kubanische Staat lieber in Hotels als in die Gesundheit investiert?

Einigen wird es egal sein, denn: *Wenn wir danach gehen, fahren wir nirgendwo in Urlaub.*

Vor allem Europäer reisen nach Kuba mit der romantischen Vorstellung, das kleine Land zu besuchen, das 1959 seine Zukunft selbst in die Hand nahm und seine Revolution vor den Augen der Amerikaner verteidigte. Mit dem Bild eines Landes, in dem die Zeit stehen geblieben ist – angeblich zur Freude der Kubaner. Dass das sozialistische Experiment die Zukunft Kubas zerstört hat, scheinen sie nicht zu wissen: *El que no sabe es como el que no ve.*

Neulich hat jemand, der sich auf Twitter „Deshonillador" nennt, ein Foto gepostet, das mich länger beschäftigt hat. Zum einen wegen der Bildunterschrift: *Es handelt sich nicht um ein Altersheim, sondern um ausländische Touristen, die in der Lobby des Hotels Armadores de Santander frühstücken … direkt vor den Augen der hungernden Menschen in einer Diktatur.* Auf dem Bild sieht man zwei besetzte Tische auf der Terrasse eines Hotels. Es könnte in Havanna sein, aber ich kann es nicht bestätigen, weil ich das Wappen an der Wand des Gebäudes nicht entziffern kann. Ein Blick ins Internet bestätigt jedoch, dass es sich um ein Hotel der Kette „Gaviota Hoteles" in Havanna handelt, die dem kubanischen Militär zugerechnet wird. An dem Tisch in der Ecke, im Schatten einer Säule des hellen Gebäudes, sitzen drei Personen, ältere Menschen, so die Bemerkung des „Deshonillador". Die kleine Palme rechts, die ebenfalls ihr dunkles Bild an die Wand wirft, zeigt sich nicht von ihrer besten Seite, denn von den vier Wedeln sind drei vertrocknet. Die Gäste sitzen auf Metallstühlen mit Holzstreben und blicken konzentriert auf ihre Speisen. Sie sehen aus, als würden sie beten. Links neben einem leeren Tisch sitzen zwei Männer. Der Ältere frühstückt. Die Sonne, die durch zwei Pfeiler scheint und die bogenförmige Architektur des Gebäudes erahnen lässt, scheint auf seine linke Körperseite, seinen Kopf und seinen Nacken. Er sitzt vorn auf dem Stuhl, gebeugt, die Unterarme auf die Tischkante gestützt, um seine beige Hose nicht zu beschmutzen. Neben ihm steht ein weiterer gefüllter Teller, ein Glas mit Saft und eine Orange. Sein Begleiter sitzt zur Sonne hin, die ihm ins Gesicht scheint, deshalb trägt er eine Sonnenbrille. Auch er schaut auf seinen Teller, neben dem eine volle Tasse und ein Glas Orangensaft stehen. Das filigrane Metallgestell der Möbel verschmilzt mit dem Schatten, den es auf den Boden wirft. Fast zu übersehen sind die Reifen eines Rollstuhls unter dem Tisch. Unweit des Platzes der Herren ist der Schatten eines Mannes zu sehen, vermutlich eines stehenden Zuschauers. Vielleicht beobachtet er die speisenden Touristen, vielleicht läuft ihm das Wasser im Mund zusammen. Sicher hat er auch bemerkt, was sich auf der anderen Seite der Terrasse abspielt. In einer Ecke hat sich ein Mann auf den Boden gesetzt, man sieht seine nackten Beine. Er sitzt, so scheint es, bequem im Schatten einer Säule, einen Arm auf dem angewinkelten rechten Knie. Vor ihm steht ein Herr, der ihn gestikulierend des Platzes verweist. Zwei stehende Männer beobachten das Geschehen. Und obwohl es (sicherlich) laut ist, scheinen sich die Urlauber nicht stören zu lassen. *Es ist inakzeptabel, als Tourist in eine Diktatur zu kommen, in der das Geld, das man ausgibt, zur Unterdrückung des Volkes verwendet wird,* betont „Deshonillador".

Wissen die Touristen, dass während sie ihr Frühstück genießen, viele Einheimische ihre Kinder nicht vernünftig ernähren können?

El que no sabe es como el que no ve.

Gestern fand ich in einem digitalen Magazin mit Nachrichten aus Kuba folgende Schlagzeile: *Kubanern wird der Zutritt zum Hotel Capri verweigert: „Ihr könnt frühstücken, wenn die Ausländer gegessen haben".*

Andere Bürger berichteten von ähnlichen Erfahrungen in anderen Hotels des Landes. Mal wird der kubanische Gast auf später vertröstet, mal wird ihm der Zutritt zu den Hotels des Landes ganz verweigert. Wissen die Touristen, wie im sozialistischen Kuba die eigenen Bürger diskriminiert werden? Wissen sie, dass die Schattenseiten ihres Vergnügens de facto einer neuen Apartheid gleichkommen?

El que no sabe es como el que no ve.

November 2022

Lo que le pasa al país es que la solución está en manos del problema

Was für ein großartiger Slogan! Ich weiß nicht, wer ihn erfunden hat. Ich fand ihn bei einem meiner virtuellen „Streifzüge" durch Twitter, um zu sehen, was die Kubaner Neues zu berichten haben. Er stand auf einem großen Plakat, das mit schwarzer Tinte in schöner Handschrift (passend zur Trauer im Land) an den Ecken an einem Maschendrahtzaun befestigt war. *Das Problem in diesem Land ist, dass die Lösung in den Händen des Problems liegt.*

Nicht nur die schreckliche Menschenrechtssituation auf der Insel beweist die Ungerechtigkeit dieses politischen Systems, das sie Sozialismus nennen. Denn wer käme schon auf die Idee, dass in einem Land alle Bürger gleich denken? Und welche logische Erklärung gibt es dafür, dass es in Kuba keine Meinungsfreiheit, keine Demonstrationsfreiheit und keine freien Wahlen gibt? Welche Legitimität kann eine Regierung haben, die mit Gewalt an die Macht gekommen ist (wie einst Fidel Castro) und die ihre Bürger zum Schweigen bringt, wenn sie anders denken? Welche Legitimität kann eine Regierung haben, die gewählt werden muss, aber nicht ausgewählt werden kann?

Die Staatschefs Castro und Díaz-Canel haben gezeigt, welche Priorität die Menschenrechte für ihre Regierungen haben. Und man muss keine Koryphäe sein, um als Politiker demokratisches Gespür zu zeigen. Denn als Mensch sollte es selbstverständlich sein: Die Würde des Menschen ist unantastbar.

Wenn ein Land von Dilettanten in Geiselhaft genommen wird, ist es unmöglich, seine wirtschaftliche Entwicklung voranzutreiben. Ein Volk als Geisel einer Regierung, die als rechtmäßiger oder unrechtmäßiger Eigentümer der grundlegenden Produktionsmittel für alles (einschließlich der Ernährung eines ganzen Volkes) verantwortlich ist. Figuren, die nach Gefühl – und nach Ideologie – handeln, die jedes ökonomische Gesetz ignorieren und sich durch eine eingefleischte Beratungsresistenz auszeichnen. Hier liegt meines Erachtens das Problem. Und dieses Problem hat einen Namen: das System Fidel Castro. In meinem Buch

„Ein kleines Stück Himmel“ gehe ich ausführlich auf die Amtsführung Fidel Castros seit dem Sieg seiner Revolution ein. Wie seine Launen die betroffenen Wirtschaftszweige völlig zerstörten und das Land in eine Dauerkrise stürzten.

Ich vermute, dass diejenigen, die immer noch das sozialistische Kuba loben und verteidigen, die „Bruchlandung“ des „Comandante“ mit „La zafra de los diez millones“ oder dem „Cordón de la Habana“ nicht kennen. Ich empfehle ihnen, mein Buch zu lesen.

Es scheint, als wüssten die Anhänger Castros und seiner Revolution nicht, was Wahlen in Kuba bedeuten. Und wenn sie in diesen Tagen von den „Elecciones“ hören, die am 27. November in Kuba stattfinden, gehen sie vielleicht davon aus, dass es sich um legitime Wahlen handelt. Vielleicht sind sie davon überzeugt, dass die kubanischen Bürger das Recht haben zu wählen – so wie sie es in ihren Ländern tun – und dass die Forderung all derer, die sich für das Recht der Kubaner auf freie Wahlen einsetzen, überholt ist. Vielleicht haben Sie auf Twitter die Kampagne von Díaz-Canel gesehen, in der er die Kubaner aufruft, an den „Wahlen“ teilzunehmen: *Atención Cuba, vienen las elecciones para delegados #YoVotoEl27 por quienes puedan transformar el barrio. Es tarea de grandes.* „Achtung Kuba, es stehen Wahlen für Delegierte an #YoVotoEl27 (Ich wähle am 27.) für diejenigen, die das Viertel verändern können. Das ist eine Aufgabe für Menschen mit Größe“.

Die kubanische Regierung bezeichnet ihre Abstimmung als „Wahlen“.

Laut Duden bedeutet Wahl die Möglichkeit, sich zwischen zwei oder mehreren Möglichkeiten zu entscheiden.

Die Spanier haben die Möglichkeit, Kandidaten der Partido Popular, der Partido Socialista Obrero Español, der Partido Vox, Ciudadanos, Unida Podemos … zu wählen. Die Mexikaner haben die Möglichkeit, Kandidaten der Partido Acción Nacional, der Partido Revolucionario Institucional, der Partido de Trabajo … zu wählen. Die Brasilianer haben die Möglichkeit, Kandidaten der Brasilianischen Demokratischen Bewegung, der Arbeiterpartei, der Brasilianischen Sozialdemokratischen Partei … zu wählen. Aber die Kubaner können nicht wählen, denn sie haben nur die Möglichkeit, „Kandidaten“ der Partido Comunista de Cuba, der Kommunistischen Partei, ihre Stimme zu geben.

Merken Sie das?

Wie jemand auf Twitter kommentierte, sind diese „Wahlen“ so sinnvoll wie ein Baseballspiel mit nur einer Mannschaft auf dem Feld.

Jemand anderes bemerkte: *Yo No voto. Yo Boto lo que no sirve* (Ein passendes Wortspiel dank einer orthografischen Vorgabe im Spanischen. *Voto*: Ich wähle. ***Boto***: Ich werfe weg). „Yo No voto. Yo boto lo que no sirve“ bedeutet wörtlich: *Ich gehe nicht wählen. Ich werfe weg, was nutzlos ist.*

In einem Punkt stimme ich mit Herrn Díaz-Canel überein: *Es tarea de grandes,* aber: *Das Problem in diesem Land ist, dass die Lösung in den Händen des Problems liegt.*

November 2022

Pablo

Kuba ist vor allem für seine Musik bekannt. Die Musikalität ist eine unserer nationalen Besonderheiten. Wahrscheinlich höre ich deshalb in Deutschland immer wieder, dass wir Rhythmus im Blut haben. Diese Metapher fand ich immer befremdlich. Spätestens als ich einige meiner europäischen Zeitgenossen beim Klatschen oder beim Zählen der Schritte beim Tanzen weitab vom vorgegebenen Rhythmus sah, dachte ich, da muss etwas dran sein.

Hieß es 2018 noch: *Die Wahrnehmung musikalischer Rhythmen hängt nicht nur von ihrer Komplexität und der musikalischen Expertise der Hörerinnen und Hörer ab, sondern auch von deren kultureller Vertrautheit mit den jeweiligen Rhythmen*[23], gelang es dem Max-Planck-Institut für empirische Ästhetik vier Jahre später, die Gene zu entschlüsseln, die für Musikalität und Rhythmusgefühl verantwortlich sind[24]. Rhythmus ist also nicht nur kulturell bedingt, sondern auch angeboren.

Zum Glück ist es egal, ob man nach dem Rhythmus tanzt, den die Musik vorgibt, oder nach seinem eigenen. Hauptsache, man ist so voller Freude, dass man die Musik ohne Vorgaben genießen kann.

Neben den bekannten kubanischen Tanzrhythmen wie Danzón, Son, Cha Cha Cha, Mambo und Salsa lieben die Kubaner auch die schnulzige Musik, denn wir singen auch gerne. Jeder Kubaner meiner Generation, der unter dem sozialistischen Himmel aufgewachsen ist, hat sicher mit den Musikern des „Movimiento de la Nueva Trova" deren Lieder mitgesungen.

Wir kannten sie auswendig und sangen sie überall, auf der Straße, im Bus und natürlich auch in den eigenen vier Wänden.

Einer der besten Vertreter dieser revolutionären, nicht nur musikalisch bahnbrechenden Bewegung „La Nueva Tova" war Pablo Milanés.

Pablo brachte uns damals mit dem verführerischen Klang seiner Stimme zum Träumen. In einigen seiner Lieder sang er von der Revolution,

23 https://www.aesthetics.mpg.de/forschung/abteilung-musik/news/news-musik-detail/article/kein-rhythmus-im-blut.html (30.09.2023).

24 https://www.amazona.de/community/studie-der-rhythmus-liegt-in-den-ge-nen/#:~:text=Das%20Max%2DPlanck%20Institut%20für,jeder%20verfügt%20über%20diese%20Gene (30.09.2023).

aber meistens sang er von der Liebe, auch von der Liebe zu der Insel, auf der wir beide geboren wurden. Die Texte seiner Lieder waren Poesie, und wenn er im Radio sang, waren wir taub für alle anderen Geräusche, wir hörten nur seine Stimme. Wir kannten seine Lieder auswendig. Und noch heute schmelze ich dahin und bin manchmal zu Tränen gerührt, wenn ich Lieder wie „Yolanda" höre. Dann singe ich mit: *Esto no puede ser no más que una canción, quisiera fuera una declaración de amor …* (Das kann nicht mehr sein als ein Lied, ich wünschte, es wäre eine Liebeserklärung …). Oder wie „Años": *El tiempo pasa, nos vamos poniendo viejos, el amor no lo reflejo como ayer …* (Die Zeit vergeht, wir werden älter, die Liebe ist nicht mehr wie gestern …). Oder wie „Yo no te pido": *Yo no te pido que me bajes una estrella azul, solo te pido que mi espacio llenes con tu luz …* (Ich bitte dich nicht, mir einen blauen Stern zu bringen. Ich bitte dich nur, mein Zimmer mit deinem Licht zu füllen …). Ich könnte noch weitere Lieder von Pablo Milanés nennen, die mich und viele Kubaner meiner Generation begleitet haben, als wir an Castros Revolution glaubten. Meine Begeisterung für Pablos Musik wird von vielen Kubanern geteilt. Wenn ich heute Pablo Milanés höre, denke ich an jene Momente, als ich zu Hause in Havanna Pablos Platte auflegte und meine Mutter sein Lied „Para vivir" anstimmte, lauter und schneller als er sang, als hätten sie die Rollen getauscht, sie: die hervorragende Sängerin, er: der mitsingende Zuhörer. Wer mein Buch gelesen hat, kann sich diese Szene sicher gut vorstellen. *Muchas veces te dije que antes de hacerlo había que pensarlo muy bien, que a esta unión de nosotros le hacía falta carne y deseo también …* (Ich habe dir oft gesagt, dass wir es uns gut überlegen müssen, bevor wir es tun, dass unsere Verbindung Fleisch braucht und auch Lust …).

Logischerweise fehlt es nicht an Stimmen, die den Erfolg kubanischer Künstler in der Weltmusikszene Fidel Castro und seiner Revolution zuschreiben. Stimmen, die zum Beispiel behaupten: *Ohne die Revolution wären die kubanischen Künstler nichts weiter als Sänger in Bars, wie es in Spanien Tausende gibt. Nur wenige hätten die Chance gehabt, auf sich aufmerksam zu machen. Denn die Revolution hat Kuba die Möglichkeit gegeben, ein kultureller Vorreiter, das intellektuelle und kultivierte Land schlechthin zu sein.*

Tatsache ist, dass auch die kubanischen Künstler unter der ideologischen Keule der Castro-Revolution zu leiden hatten (und haben). Die kubanische Revolution beschnitt auch sie in ihren ureigensten, auch beruflichen Freiheiten und machte sie zu Opfern der kubanischen „Kulturrevolution" und „Kulturplanwirtschaft“. Vielen blieb nicht anderes übrig, als auszuwandern. Und während die Künstler, die in Kuba blieben, ihre Auftritte nicht frei planen konnten und für Veranstaltungen im Ausland auf die Gnade von Beamten des Kulturministeriums angewiesen waren, die ihre Auftritte genehmigen mussten, triumphierte Celia Cruz in den USA. Sie genoss ihre wohlverdienten Gagen, im Gegensatz zu den kubanischen Künstlern, die einen Großteil ihrer im Ausland erzielten Honorare an den Staat abführen mussten.

Sicherlich gibt es Künstler in Kuba, die ihren Ruhm der kubanischen Revolution zu verdanken haben, aber lange bevor Castro sich zum Vater der Nation erklärte, hörten die Kubaner die hervorragende Musik von erfolgsgewohnten Musikern, wie Bola de Nieve, Benny Moré, Perez Prado oder Alejandro García Caturla. Sie alle – und viele andere – kubanische Künstler hatten es schon lange vor der Revolution weiter gebracht als bis „in die Bars dieser Welt“ (um die despektierliche Verunglimpfung einiger Revolutionsfreunde zu zitieren).

Pablo Milanés, der große Stern am kubanischen Musikhimmel, war nicht nur ein grandioser Musiker. Er war auch ein Opfer der Revolution. Mit 23 Jahren wurde er eingezogen und in einem der Konzentrationslager der „Unidades Militares de Apoyo a la Producción“ inhaftiert. Wie Pablo in einem Interview sagte: *Aquello fue brutal …* Mehr über dieses dunkle Kapitel der kubanischen Revolution kann man in meinem Buch „Ein kleines Stück Himmel“[25] nachlesen. Pablo Milanés bezeichnete sich dennoch als *revolucionario*. Er schien seinen Frieden mit Castros *Revolución* gemacht zu haben, obwohl er als junger Mann unter diesem großen Unrecht gelitten hatte. Aber vor einigen Jahren hat er – wie viele von uns – erkannt, dass Castros Revolution ein Fiasko war und das Land in eine Zukunft ohne Perspektiven geführt hat. Im Juli 2021 sagte Pablo im Hinblick auf die großen Straßenproteste vom 11. Juli 2021 öffentlich: *Es ist unverantwortlich und absurd, ein Volk zu beschuldigen und zu unterdrücken, das jahrzehntelang alles geopfert und gegeben hat, um ein Regime aufrechtzuerhalten, das es schließlich einsperrt … 1992 war ich überzeugt, dass das kubanische System endgültig gescheitert war, und ich habe dies öffentlich gesagt. Heute wiederhole ich meine Aussagen und vertraue darauf, dass das kubanische Volk das bestmögliche System des Zusammenlebens und des Wohlstands*

25 erhältlich bei https://www.natneumann.net/Shop bzw. Amazon, libros.cc, Tagus, Casa del Libro, Agapea, Libelista und im Rahmen von Präsentationen.

anstrebt, mit allen Freiheiten, ohne Unterdrückung und ohne Hunger. Ich glaube an die Jugend, die mit Hilfe aller Kubanerinnen und Kubaner die treibende Kraft des Wandels sein muss und sein wird.

Pablo Milanés hat sich letztlich auf die richtige Seite der kubanischen Geschichte gestellt. Ich hoffe, dass er nicht unter den sinnlosen Tiraden der Freunde der Revolution gelitten hat. Mir fällt dazu der Text seines Liedes „Yo no te pido" ein: *De lo pasado no lo voy a negar, el futuro algún día llegará, y del presente que me importa la gente si es que siempre van a hablar.* (Ich werde die Vergangenheit nicht verleugnen, die Zukunft wird eines Tages kommen, und was die Gegenwart betrifft, was kümmern mich die Leute, sie werden so oder so reden).

Sein Name bedeutet: der Kleine. Aber dieser Pablo war ein Großer. Am vergangenen Dienstag ist er gestorben. Zum Glück bleibt uns seine Stimme. Ruhe in Frieden!

November 2022

Das Leben ist wie eine Zugfahrt

Für meinen heutigen Beitrag habe ich einen passenden Spruch gesucht und gefunden. Ich frage mich, von wem er stammt: „Das Leben ist wie eine Zugfahrt, mit Haltestellen, Umwegen und Unglücken", denn kürzlich fiel mir ein Artikel auf, in dem jemand seine Eindrücke von einem Besuch des Zoologischen Gartens in Havanna schilderte. Soweit ich weiß, ist er der erste und – zumindest bis vor einigen Jahren – der einzige in der Hauptstadt Kubas. Er liegt in einem (zumindest ehemals) noblen Wohnviertel, in einer exklusiven Ecke Havannas namens „Nuevo Vedado", wo zum Beispiel Fidel Castros jüngste Schwester und einige Minister und Mitglieder der kommunistischen Parteispitze residierten.

Der Zoo von Havanna feiert sein 83-jähriges Bestehen – so hieß es im Oktober 2021 – *mit einem neuen Ambiente, einem umfangreichen Programm an Aktivitäten und guter Laune anlässlich der Wiedereröffnung … Der kleine Zug* (des Zoos) *wird nach sieben Jahren Stillstand im November wieder in Betrieb genommen.*

Ich selbst habe keine Erinnerungen daran, aber viele *Habaneras* und *Habaneros* waren als Kinder dort und erinnern sich an die Zeit, als sie die Affen und Löwen besuchten. Es heißt, dass viele Tiere des Zoos, den „Periodo Especial", nicht überlebt haben (mehr dazu findest du in „Ein kleines Stück Himmel"[26]).

Der Gast, der in dem Artikel seinen kürzlichen Besuch beschreibt, ist entsetzt über den Zustand des Parks. Die einzigen Tiere, die er – wohl beeindruckt von ihnen – erwähnt, sind frei lebende afrikanische Schnecken: *Zwei oder drei krabbeln auf einen zu, wenn man zehn Sekunden steht.*

Die Afrikanische Schnecke (*Lissachatina filmica*) gilt als einer der gefährlichsten landwirtschaftlichen Schädlinge der Welt. Sie kann zur Plage werden und Nematoden beherbergen, Parasiten, die sich in fibromuskulärem Gewebe einnisten. Sie können schwere Infektionen wie die *eosinophile Meningoenzephalitis* und die *abdominale Angiostrongylurie* verursachen.

26 erhältlich bei https://www.natneumann.net/Shop bzw. Amazon, libros.cc, Tagus, Casa del Libro, Agapea, Libelista und im Rahmen von Präsentationen.

Doch in Kuba warten sie auf ihre leichte Beute: das kubanische Kind, das einen erlebnisreichen Tag im Zoologischen Garten von Havanna verbringen möchte.

Wie aus dem Bericht über die feierliche Wiedereröffnung des Zoos hervorgeht, gibt es dort auch eine kleine Kindereisenbahn, einen echten Zug auf Schienen, der eine große Attraktion für die jungen Besucher gewesen sein soll. In diesen schrecklichen Zeiten, in denen der Durchschnittskubaner seinen Kindern nicht viel zu bieten hat, fährt die Eisenbahn immer noch bzw. wieder. Aber nicht wie damals, als sie sich mit der Zugkraft eines Triebwagens bewegte: Die kleinen roten, mit Tiermotiven geschmückten Wagen des Zuges werden heute von *Musculus vires* angetrieben. Das Beweisfoto zeigt ein, wie ich finde, erschreckendes Bild: Diese Kindereisenbahn (meist mit Erwachsenen besetzt) hat quasi als Triebfahrzeug bzw. Schlusslokomotive zwei junge Männer. Ihre Gesichter sind auf dem Foto nicht zu sehen, aber ihre hart arbeitenden Körper sprechen Bände. Sie scheinen alles zu geben, um die offensichtlich nicht mehr funktionsfähige Eisenbahn mit letzter Kraft doch noch in Bewegung zu setzen. Sie laufen links und rechts des schmalen Gleises, der Hintern des Kräftigeren droht aus der Hose zu springen. Der Dünnere hat sich schräg gestellt, um seine Kraft besser nutzen zu können. Ein Jammer!

Die Szene könnte eine Performance sein: Die Eisenbahn steht für Kuba, die Passagiere für Díaz-Canel, seine Bonzen und deren privilegierte Familienangehörige. Und für die ausländischen Touristen. Die beiden jungen Männer stehen für jenen Teil des kubanischen Volkes, der mit letzter Kraft versucht, das Land voranzubringen.

In diesem Fall heißt es nicht: „Das Leben ist wie eine Zugfahrt“, sondern: „Diese Zugfahrt ist wie das Leben“.

Dezember 2022

Cuba sí, pero así no!

In meiner Kindheit las ich ständig revolutionäre Parolen und hörte Hymnen, die Fidel Castro zu einer mystischen Figur, einem Gott, dem Größten machten und seine Revolution priesen. Ich erinnere mich an die Texte einiger Hymnen, die wir singen mussten und die sich in mein Gedächtnis eingebrannt haben, zusammen mit der Rockmusik, die wir heimlich hörten, weil sie verboten war. Eine dieser Hymnen werde ich denen singen, die sich eines Tages erheben werden, um unsere schöne Insel von der chronischen Krankheit zu heilen, an der sie seit mehr als sechzig Jahren leidet: *... Adelante cubanos, que Cuba premiará nuestro heroísmo ...* (Nur zu Kubaner, Kuba wird euren Heldenmut belohnen ...).

Limpiando con fuego que acabe con esa plaga infernal, de gobernantes indeseables y de tiranos insaciables que a Cuba han hundido en el mal ... (... mit Feuer reinigen, das dieser höllischen Plage unliebsamer Herrscher und unersättlicher Tyrannen ein Ende setzt, die Kuba ins Unglück gestürzt haben).

Castro und seine Leute waren klug genug, Batista mit Waffen und das freie Denken des Volkes mit Ideologie zu bekämpfen. Glücklicherweise hatte das Schicksal eine Bestimmung für mich, die es mir ermöglichte, mein Land aus einer anderen Perspektive zu betrachten. Und dank meines gesunden Menschenverstandes öffnete ich eines Tages meine Augen und erkannte, was ich nicht wusste und daher nicht sah. Ich, die in Kuba unter der Hegemonie von Fidel Castro gelebt habe, unter seinem Denken und seiner größten Waffe, der Desinformation. Nachdem ich länger außerhalb Kubas gelebt habe, als ich dort war, nachdem ich das Leben in beiden politischen Systemen kennengelernt habe, nachdem ich unter der Indoktrination und dem Zwang gelebt habe, die das sozialistische System kennzeichneten, und nachdem ich die Freiheit des – zweifellos unvollkommenen – kapitalistischen Systems genossen habe, bin ich absolut überzeugt: Kuba braucht dringend einen Wandel zum Wohle seiner Bürger.

Viele Kubaner, die immer noch unter dem ideologischen Joch des Systems von Fidel Castro stehen, befürchten, dass der Wandel sie „vom Regen in die Traufe“ führen wird. Ein Twitter-Nutzer, der sich dort als „Bürger, der voll und ganz und unwiderruflich mit der kubanischen Revolution verbunden ist“ bezeichnet, schrieb mir zum Beispiel (in der aggressiven und rüden Sprache, die heute viele Kubaner kennzeichnet), dass ein Systemwechsel für Kuba nicht in Frage komme, es wäre ein kapitalistisches System, wie es Lateinamerika kennt. *In Lateinamerika gebe es keinen Kapitalismus wie in der Schweiz oder in Deutschland.* Er garnierte seine Zeilen nicht nur mit einem unschönen Wort, sondern auch mit düsteren Bildern des Kapitalismus: einem Polizeieinsatz bei einer Demonstration in Paris und Szenen aus dem Straßenleben von Obdachlosen in Kalifornien. Beide Bilder ähneln übrigens denen aus dem heutigen Kuba.

Das ist eine der Folgen der ideologischen Keule des Sozialismus in Kuba. Es gibt nur Augen, die die Probleme des Kapitalismus sehen. Sozialistische Augen sehen nicht die Vorteile einer sozialen Marktwirtschaft und eines demokratischen Systems, in dem die Bürger frei denken und handeln können, in dem ein Mehrparteiensystem die politische Szene bereichert und in dem das Volk seine Regierung wählt. Der sozialistische Geist erlaubt es vielen nicht, sich für Kuba ein alternatives System vorzustellen, in dem die Menschenrechte an erster Stelle stehen, in dem das Denken frei ist und in dem die Bürger durch ihre eigene Initiative dazu beitragen, Kuba zu einer Nation zu machen, auf die wir stolz sein können.

Einer der Slogans aus meiner Kindheit lautete: *Cuba sí, yanquis no!* (Kuba ja, Yankees nein!). Heute erlaube ich mir, den Text zu ändern: Cuba sí, pero así no!, Kuba ja, aber nicht so!

Dezember 2022

Felicidades!

Weißt du noch, wie du deinen 35. Geburtstag gefeiert hast? Oder hast du schon Pläne, wie du ihn feiern willst? Kannst du dir vorstellen, deinen Geburtstag hinter Gittern zu verbringen? So geht es derzeit mehr als tausend politischen Gefangenen in Kuba, meist junge Menschen, die nur von ihrem Recht auf Demonstration und Meinungsäußerung Gebrauch gemacht haben. Nein, das sind keine Kriminellen. Es sind junge, zum Teil minderjährige Menschen, die davon träumen, frei zu leben, wie du und ich. Es sind auch ältere Menschen, die offensichtlich bereit sind, alles für ein freies Kuba für alle Kubaner zu geben.

Heute wird Luis Manuel Otero Alcántara 35 Jahre alt. Ich schreibe absichtlich nicht, dass er seinen 35. Geburtstag feiert, weil ich mir nicht vorstellen kann, dass dort, wo er ist, gefeiert wird. Luisma, wie er genannt wird, ist seit dem 11. Juli 2021 wieder im Gefängnis. Das wiederholte „Vergehen" des Performancekünstlers? Er hat von seinem Recht auf freie Meinungsäußerung Gebrauch gemacht, immer friedlich. Im Juni 2022 wurde er wegen „Beleidigung von Symbolen des Vaterlandes, Missachtung des Gerichts und Störung der öffentlichen Ordnung" zu fünf Jahren Haft verurteilt. Das Time Magazine wählte ihn im September 2021 zu einer der 100 einflussreichsten Personen des Jahres. Happy Birthday, Luisma!

Möglicherweise würden heute noch andere politische Gefangene Geburtstag feiern, wenn die sozialistische Regierung des Díaz-Canel ihre Rechte respektieren würde. Ich weiß nur von einem: Luis Robles Elizástigui. Der 28-Jährige wurde im Dezember 2020 verhaftet und zu fünf Jahren Gefängnis verurteilt. Warum? Er lief allein und friedlich mit einem Plakat durch eine Straße in Havanna, auf dem er Freiheit für Kuba und Freiheit für den Rapper Denis Solís forderte. Zuletzt wurde bekannt, dass Luis Robles Elizástigui in der Haft erkrankt ist. Nach Angaben seiner Mutter erhält er dort keine medizinische Behandlung. Felicidades, Luis!

Dezember 2022

Pero un día la verdad escondida aparece

Als ich jung war, hörten wir Schlager, die wir auswendig kannten und gerne mitsangen. Sie stammten meist von ausländischen Interpreten. Unter ihnen war ein gewisser José Augusto, der, wie ich heute weiß, aus Brasilien stammt. Eines seiner Lieder hieß „La verdad escondida aparece", in dem er seiner Geliebten versicherte, *er wisse, er könne nicht zurück, er kenne die Lügen, die sie ihm erzählen würde … aber eines Tages werde die verborgene Wahrheit ans Licht kommen …*

Genau das ist vorgestern in Argentinien passiert. Die verborgene Wahrheit der Cristina Fernández de Kirchner ist ans Licht gekommen. Die ehemalige Staatschefin und amtierende Vizepräsidentin Argentiniens wurde wegen Korruption bei der Vergabe öffentlicher Aufträge zu sechs Jahren Haft verurteilt. Dabei ging es um Aufträge, die während ihrer beiden Amtszeiten (2007-2015) im Bezirk Santa Cruz (sur) vergeben wurden. Das Gericht sah es als erwiesen an, dass Bauaufträge an einen Unternehmer vergeben wurden, der im Gegenzug ihr und ihrem verstorbenen Ehemann und ehemaligen Präsidenten Néstor Kirchner Geld zukommen ließ. Frau Fernández de Kirchner wurde außerdem von einem Bundesgericht in Buenos Aires von der Ausübung öffentlicher Ämter ausgeschlossen[27].

Es war zu erwarten, wie befreundete Staatschefs das Urteil bewerten würden, so der amtierende mexikanische Präsident López Obrador: *Ich habe keinen Zweifel, dass sie Opfer politischer Rache und der antidemokratischen Perfidie des Konservatismus ist.*

Der Kubaner Díaz-Canel schrieb auf Twitter: *Wir bekräftigen unsere Ablehnung politisch motivierter Prozesse und unsere Unterstützung und Solidarität mit @CFArgentina (Cristina Kirchner) angesichts der Schikanen der Justiz und der Medien gegen sie.*

Er lehnt also angeblich politisch motivierte Prozesse ab, aber nur, wenn sie nicht im eigenen Land stattfinden. Der Gipfel der Unverschämtheit!

Dezember 2022

27 https://www.zeit.de/politik/ausland/2022-12/argentinien-cristina-kirchner-korruptionsprozess-verurteilt (26.01.2024).

Gracias

Es gibt Tage, an denen ich mit dem Gefühl, ja fast mit der Gewissheit aufwache, dass die Zukunft, die sich viele für Kuba wünschen, ein freies Kuba für alle Kubaner, nicht kommen wird. Wenn ich sehe, dass sich die Welt nicht für das Schicksal so vieler junger Menschen zu interessieren scheint, so vieler Männer und Frauen, die in kubanischen Gefängnissen sitzen, weil sie anders denken und handeln, als es das Regime vorschreibt. Wenn ich wieder von Touristen höre, die nach Kuba reisen, um Sonne zu tanken und die Annehmlichkeiten der sozialistischen Tourismuswirtschaft zu genießen, als wüssten sie nicht, dass sie mit ihrem vergänglichen Traum das totalitäre Regime finanzieren. Wenn ich das Schweigen der Befürworter dieses Systems höre, die in ihren Heimatländern Freiheiten und Rechte genießen, die dem kubanischen Volk vorenthalten werden.

In diesen Tagen denke ich darüber nach, ob es sich lohnt, Zeit aufzuwenden, um die kubanische Realität in den winzigen Teil der Welt zu bringen, den meine Botschaft erreicht.

Dann höre ich so angesehene Leute wie den ehemaligen Präsidenten von Costa Rica, Oscar Arias Suarez, und mein Mut kehrt zurück:

Als Friedensnobelpreisträger und Menschenrechtsverteidiger schließe ich mich der Kampagne des „Casla-Instituts Release Chains" an, um die Freilassung des Journalisten Lazaro Yuri Valle Roca zu fordern, der seit dem 15. Juli 2021 im Gefängnis „Combinado del Este" in Havanna inhaftiert ist. Ich möchte dem kubanischen Regime sagen, dass edle Ziele nicht mit unwürdigen Mitteln erreicht werden können.

Die Folterung und Inhaftierung von Männern und Frauen, die sich dem Regime widersetzen, wird die Stimmen derer, die im Kampf gegen die Diktatur nach Freiheit rufen, nicht zum Schweigen bringen.

Für diejenigen unter uns, die wirklich glauben, dass die Demokratie ein Recht jedes Volkes ist, ist die Zeit vorbei, in der man Feigenblätter benutzen kann, um zu verbergen, was wir alle wissen: Kuba ist weder eine andere Demokratie noch ein Weg, den das kubanische Volk selbst gewählt hat. Kuba ist schlicht und einfach eine Diktatur. Und das schmerzt uns, die die Freiheit lieben.

Ich habe es oft gesagt: In Demokratien gibt es keine politischen Gefangenen. In keinem freien Land kommt jemand ins Gefängnis, weil er anders denkt.

Wir, die wir in Demokratie und Freiheit leben, müssen unsere Stimme erheben und die Freilassung von Lázaro Yuri Valles Roca fordern. Ich werde nicht schweigen, wenn die bloße Existenz eines Regimes wie das kubanische eine Verletzung der Menschenwürde darstellt. Ich habe lange genug gelebt, um zu wissen, dass es nichts Schlimmeres gibt, als Angst zu haben, die Wahrheit zu sagen.

Als freie und freiheitsliebende Kubanerin sage ich zu Ihnen, Herr Arias: Danke!

Dezember 2022

Die Menschen sind der Teufel der Erde

Das habe nicht ich gesagt, das hat Arthur Schopenhauer gesagt, der deutsche Philosoph und Universitätsprofessor, der 1860 gestorben ist, also ein Mann aus einer anderen Zeit. Aber ich glaube, er hat Recht. Damals wie heute: Ausbeutung, Diskriminierung, Gewalt, Hunger, Kriege, Terror, Tierversuche, Tierquälerei, Umweltzerstörung, Rassismus, sexuelle Gewalt. All diese Begriffe – die Reihenfolge sagt nichts über ihre Bedeutung aus – bedeuten Zerstörung: Zerstörung der Natur, Zerstörung des Planeten, Zerstörung der Menschheit, alles menschengemacht.

Ich kann mich nicht an eine Zeit in meinem Leben erinnern, in der es keine Kriege oder bewaffneten Konflikte gab. Wahrscheinlich gibt es sie überhaupt nicht. Die Liste der Kriege ist zu lang, als dass ich sie im Einzelnen aufzählen könnte. Ohne zu recherchieren, fallen mir einige ein: Vietnam, Naher Osten, Balkan. Ist das Zerstören ein menschlicher Reflex wie das Atmen? Ist das die Antwort auf die Frage, warum der Mensch aus den vergangenen Kriegen nichts gelernt hat? Die Statistiken sollten mehr als genug sein:

9,44 Millionen Soldaten, die im Ersten Weltkrieg gefallen sind[28].

Über 70 Millionen Tote im Zweiten Weltkrieg, davon über 14 Millionen Zivilisten[29].

58.000 Soldaten sind im Vietnamkrieg 1961-1975 gefallen[30].

Ausgaben der USA für den Krieg in Afghanistan: 19,9 Mrd. USD 2002; 40,6 Mrd. USD 2017; 34,1 Mrd. USD 2021[31] u.a.

Ausgaben der USA für den Vietnamkrieg: 686 Milliarden USD (inflationsbereinigt)[32].

Wofür?

28 https://de.statista.com/statistik/daten/studie/251868/umfrage/militaerische-verluste-im-ersten-weltkrieg-1914-bis-1918/ (15.12.2022).

29 https://de.statista.com/statistik/daten/studie/1055110/umfrage/zahl-der-toten-nach-staaten-im-zweiten-weltkrieg/ (15.12.2022).

30 https://de.statista.com/statistik/daten/studie/264176/umfrage/gefallene-us-soldaten-in-vietnam/ (15.12.2022).

31 https://de.statista.com/statistik/daten/studie/1258403/umfrage/ausgaben-der-usa-fuer-den-krieg-in-afghanistan/ (15.12.2022).

32 https://de.statista.com/statistik/daten/studie/200574/umfrage/gesamtkosten-von-kriegen-der-usa/ (15.12.2022).

Während wir ungläubig auf die aktuellen Kriege und die tägliche Gewalt in anderen Teilen der Welt blickten – Afghanistan, Syrien, Irak, Naher Osten, Somalia, Kongo, Sudan/Südsudan, Mali (die Liste ist endlos) – überraschte uns Putin am 24.02.2022 mit der Fortsetzung des im Frühjahr 2014 begonnenen Krieges gegen die Ukraine und dem Einmarsch in das Land. Mit der Begründung, Russlands Existenz sei bedroht, brach er das Völkerrecht. Im angeblich zivilisierten Europa. Zehntausende Menschen auf beiden Seiten wurden bereits getötet oder verletzt, Millionen sind auf der Flucht, ganze Dörfer in der Ukraine liegen in Schutt und Asche, der materielle Schaden ist immens. Warum? Wie viele hungernde Menschen auf der Welt hätten stattdessen ernährt werden können? Wie viele unglückliche Kinder hätten dann eine Kindheit gehabt?

Und während ich mich das fragte, stellte sich Kubas Díaz-Canel auf die falsche Seite der Geschichte: Bei jeder Abstimmung in der UNO hat Kuba Putin unterstützt, auch durch Stimmenthaltung. Kuba hat nicht für ein Ende des russischen Krieges gegen die Ukraine gestimmt, Kuba hat nicht für russische Reparationszahlungen an die Ukraine gestimmt, Kuba hat die illegale Annexion ukrainischer Gebiete durch Russland nicht verurteilt. Und die kubanische Regierung nutzt ihre große Waffe, die Desinformation, um ihre unmündigen Bürger glauben zu machen, dass es sich um einen gerechten Krieg handelt. Russland kann auf die Loyalität Kubas zählen. Kuba hat seine Seele an Russland verkauft, nach Jahren der wirtschaftlichen Abhängigkeit und 2,3 Milliarden Dollar Schulden.

Vor wenigen Wochen führte eine der ersten „Freundschaftsreisen" Díaz-Canels auch nach Russland. Während russische Bomben Dörfer in der Ukraine zerstörten und Menschen in der Ukraine durch russische Bomben starben, zeigte er sich mit einem der großen „Teufel der Erde". Es bleibt zu hoffen, dass Kuba nicht wieder zu dem Schauplatz wird, der die Welt 1962 an den Rand eines Atomkrieges brachte. Ich glaube, der Regisseur Putin hätte für dieses makabre Schauspiel die Zustimmung des „Teufels" Díaz-Canel.

Dezember 2022

A oder B

Immer weniger Kubaner kennen das anders. 63 Jahre alt sind heute diejenigen, die mit der Revolution geboren wurden. Die die mageren Früchte der kubanischen Planwirtschaft geerntet haben. Die sich nicht aussuchen konnten, was sie essen wollten, sondern nehmen mussten, was gerade da war. Die ihren Speiseplan dem gescheiterten Plan der sozialistischen Wirtschaft anpassen müssen. Die ihren Kindern kein Glas Kakao geben können, wenn sie danach verlangen. Die nicht nach Lust und Laune ein Stück Fleisch auf den Tisch bringen können, sondern nur, wenn es die vom Staat zugeteilte Quote und deren Lieferung zulassen. Die stundenlang anstehen müssen, um die wenigen Lebensmittel zu kaufen, die ihnen zustehen. Die aus Zeitungen Toilettenpapier machen müssen. Die keinen Fisch und kein Kochsalz haben, obwohl sie auf einer Insel leben. Denen es an tropischen Früchten fehlt, obwohl sie in einem tropischen Land leben. Denen es an Kaffee fehlt, obwohl sie in einem Land leben, in dem Kaffee wächst. Denen es nicht erlaubt ist, die Initiative zu ergreifen und für ihre eigene Zukunft zu sorgen. Denen stundenlang der Strom fehlt und die nicht einmal Kerzen haben, um buchstäblich ein kleines Licht in ihr düsteres Leben zu bringen.

Vor einigen Tagen sagte der kubanische Staatschef in der Volksversammlung, der Abgeordnetenkammer, die bekanntlich nur aus Kandidaten der

Kommunistischen Partei besteht und nicht das Volk repräsentiert: *… Es mag wie ein Witz klingen, aber es ist kein wirklicher Witz, auch wenn er manchmal so lustig ist wie vieles, was wir tun. Das Problem ist, wir haben drei Gesetze: Wir haben ein Gesetz zur Lebensmittelsouveränität, und es gibt keine Lebensmittel; wir werden morgen oder übermorgen ein Gesetz zur Förderung der Viehzucht verabschieden – oder sollten es verabschieden – und es gibt kein Vieh; und wir haben ein Gesetz zur Fischerei, und es gibt keinen Fisch.*

Das war die schlichte Bankrotterklärung des kubanischen Staates, einschließlich der Bestätigung – dank der freudianischen Fehlleistung von Díaz-Canel –, dass in Kuba die Gesetze bereits beschlossen sind, bevor sie der Volksversammlung zur (ohnehin immer einstimmigen) Abstimmung vorgelegt werden.

Kein Wunder also, dass immer mehr Kubaner ihr Leben aufs Spiel setzen und die Flucht ergreifen, in der Ungewissheit, ob sie auf dem Meeresgrund endlich Ruhe finden oder, falls sie ihr Ziel lebend erreichen, nach Kuba zurückgeschickt werden. Nach Angaben des „Migration Policy Institute" wurden Kubaner im Haushaltsjahr 2022 fast 225.000 Mal von den *US-Behörden an der Grenze zwischen den USA und Mexiko aufgegriffen und mehr als 6.000 Mal auf See festgenommen – Zahlen, die zusammengenommen Episoden wie die Mariel-Boot-Affäre von 1980 oder die kubanische Balsero-Krise von 1994 bei weitem übertreffen*[33].

Es mag wie ein Witz klingen, aber es ist kein wirklicher Witz, so Díaz-Canel in seiner Bankrotterklärung. Genau das dachte ich auch, als ich neulich auf Twitter eine Parodie mit dem Titel „A o B" entdeckte: Ein junger Mann schaut gelangweilt auf seinem Smartphone und lehnt sich an eine dünne grüne Säule, die das Dach der Terrasse eines Hauses trägt. Drei springende Delphine zieren das blaue Handtuch, das im Hintergrund an einer Wäscheleine hängt.

– Hey!, hört man eine Frau sagen.

– Ja?, antwortet er apathisch, ohne den Blick von seinem Telefon zu nehmen.

– Für welche der beiden Optionen würdest du dich entscheiden?

– Mal sehen, erzähl mal!, antwortet er und legt das Smartphone beiseite. Jetzt hört er aufmerksam zu.

– A: Leben in Kuba …

33 https://www.migrationpolicy.org/article/cuban-immigrants-united-states#:~:text=In%20fiscal%20year%20(FY)%202022,(%E2%80%9Crafter%E2%80%9D)%20crisis (23.12.2023).

– Option B!, bestätigt der Mann euphorisch und gestikuliert wild, um seine Wahl zu untermauern, ohne sich die zweite Option anzuhören.
– Aber, warte …
– Nein, ich warte nicht!, Option B!, wiederholt er.
– Aber möchtest du nicht das andere mögliche Land hören?
– Ich will die andere Option nicht hören. Egal! Auch wenn es Kambodscha ist und ich dort als kambodschanische Ratte leben muss, erklärt er überzeugend.

Es mag wie ein Witz klingen, und es ist auch einer.

Der Schauspieler spielt die Rolle des desillusionierten Kubaners perfekt und bringt uns mit seinen Gesten und Sprüchen zum Lachen. Aber es ist bittere Realität. Die Kubaner haben immer weniger die Wahl. Immer mehr entscheiden sich blind für Option B.

Dezember 2022

Je leerer der Kopf, desto geschwätziger die Zunge

Es fiel mir schwer, mich für den richtigen Titel für meinen heutigen Beitrag zu entscheiden, weil ich viele Möglichkeiten zur Auswahl hatte.

Ich hätte Albert Einstein zitieren können: *Zwei Dinge sind unendlich, das Universum und die menschliche Dummheit, aber bei dem Universum bin ich mir noch nicht ganz sicher.*

Oder Platon: *Unwissenheit, die Wurzel und der Stamm allen Übels.*

Oder Wilhelm Busch: *Dummheit ist eine natürliche Begabung.*

Ich habe mich aber für das deutsche Sprichwort entschieden: *Je leerer der Kopf, desto geschwätziger die Zunge,* weil ich davon ausgehe, dass ein leerer Kopf die Ursache für das ist, was mich vor ein paar Tagen in unendliches Entsetzen gestürzt hat.

Vorgestern wurde auf Twitter ein Video veröffentlicht, das am 20. Dezember im Universitätskrankenhaus „Julio Trigo" der kubanischen Hauptstadt aufgenommen wurde. Es zeigt eine Frau in einem weißen Arztkittel vor einem Auditorium. Vom Publikum ist wenig zu sehen. Im Saal scheint es warm zu sein, denn ein Ventilator bläst Luft in Richtung der Zuhörer. Die Frau steht auf einer Tribüne vor einem dunklen Vorhang, rechts vor ihr an der Wand ein weiterer Ventilator. In der linken Hand hält sie ein Blatt Papier, in der rechten einen Stift. Eine Brille an einer Schnur schmückt sie, als wäre es eine schicke Halskette. An der holzvertäfelten Wand zu ihrer Rechten hängt ein Bild des revolutionären Kämpfers Julio Trigo, nach dem das Krankenhaus benannt ist.

Die kleine Frau bemüht sich um Eloquenz. Sie unterstreicht bestimmte Schlüsselwörter mit Gesten, die sie mit der rechten Hand oder dem Stift rhythmisch dirigiert, während sie von einem Bein auf das andere wippt, als würde sie die ersten Tanzschritte üben. Das Video beginnt mitten in einem Satz, man hört sie sagen: … *mit ethischen Prinzipien, mit revolutionären Prinzipien, mit Prinzipien der Würde.* Dann hebt sie die Stimme: *Die Nazis waren stolz darauf, Deutsche zu sein, ihr* – und jetzt gestikuliert sie mit dem Blatt Papier in ihrer linken Hand in Richtung Publikum – *müsst stolz darauf sein, Kubaner zu sein.*

Die Nazis waren stolz darauf, Deutsche zu sein, ihr müsst stolz darauf sein, Kubaner zu sein!

Die Dame trägt den Titel „Master of Science“ und ist Parteivorsitzende im genannten Krankenhaus.

Noch Fragen?

Dezember 2022

Schwarze Weihnachten

Ich kann mich nicht daran erinnern, als Kind Weihnachten gefeiert zu haben. Ich bin in einem katholischen Land ohne Religion aufgewachsen. Meine Familie glaubte an Gott. Und dann kam Castro. Fidel Castro hat praktisch jede Religion in Kuba verboten. Wie es dazu kam, erzähle ich unter anderem anhand der Erfahrungen eines Familienmitglieds in meinem Buch „Ein kleines Stück Himmel"[34]. Ich wusste, dass Weihnachten in Kuba gefeiert wurde und auch anderswo noch gefeiert wird. Meine Großmutter schmückte ihren alten künstlichen Weihnachtsbaum, bis die Christbaumkugeln ersatzlos zerbrachen und auch für die bunten Birnchen der Lichterkette am Baum kein Ersatz mehr zu kaufen war. In der Weihnachtszeit hörte ich sie dann nur noch Weihnachtslieder singen, das Einzige, was ihr außer ihrem Glauben geblieben war. Ich erinnere mich an die spanische Version von Jingle Bells und an ein Lied, in dem die Geburt des Jesuskindes besungen wurde: *Arbolito, arbolito, campanitas te pondré, quiero que seas bonito y al recién nacido te voy a ofrecer …*

Viele Kubaner feiern jetzt wieder Weihnachten. Ich habe die Wiederbelebung der Tradition verpasst. Aber es scheint nicht wenige zu geben, die sich bemühen, wenigstens in diesen Tagen etwas Besinnlichkeit in ihren tristen Alltag zu bringen. Für die einfachen Kubaner (im Gegensatz zu den Führern des Landes und ihren Familien) wird es immer schwieriger, die notwendigen Lebensmittel für die Feierlichkeiten zu kaufen. Vom traditionellen Schweinefleisch können sie nur träumen. Aktuelle Bilder aus Havanna im Internet zeigen endlose Schlangen für den Verkauf von Hühnern, die aber offensichtlich ausverkauft waren, denn die riesige Menschenmenge bildete spontan und im Handumdrehen einen Chor und rief ohrenbetäubend: *Queremos el pollo!* (Wir wollen das Huhn!).

Einige Außenstehende haben sich dazu geäußert: *Wenn sie so gegen die Regierung wären, gäbe es sie gar nicht mehr.*

Ich hoffe, dass diese Leute, wenn schon nicht *Pollo*, dann wenigstens etwas anderes für ihr Weihnachtsessen gefunden haben.

34 erhältlich bei https://www.natneumann.net/Shop bzw. Amazon, libros.cc, Tagus, Casa del Libro, Agapea, Libelista und im Rahmen von Präsentationen.

Die Freude darüber, dass endlich wieder Weihnachten ist, das Fest der Liebe, wie es heißt, wird von vielen kubanischen Familien nicht geteilt, obwohl das Ende eines Jahres auch für sie bedeutet, dass ein Jahr voller Not und Elend vorbei ist. Die Liste der Mütter und Väter, Kinder, Geschwister und Freunde, die um ihre Kinder, Eltern, Brüder und Schwestern trauern, weil sie als politische Gefangene inhaftiert sind, ist lang. Für sie gilt: kein Geburtstag Jesu, kein *Feliz Navidad*, kein *Ho, ho, ho*, keine Stille Nacht ... Wie für die Schwestern Angélica, 39 Jahre, und María Cristina Garrido, 41 Jahre, die zu 3 bzw. 7 Jahren Gefängnis verurteilt wurden, die erste seit über 50 Tagen in Einzelhaft. Ihre Eltern haben sie nicht mehr gesehen, die Mutter starb vor wenigen Tagen, der Vater im August.

Wie für die Brüder Jorge und Nadir Perdomo. Ihre Großmutter hat sie nicht mehr gesehen, sie ist vor wenigen Tagen gestorben.

Wie für Ramón Perez Conde, Maikel Puig Pergola, Virgilio Mantilla, für Sayli Navarro und für ihr Vater Félix Navarro, für die Brüder Uvency Matos und Andy Luis García Montero, für Yerli Luis Velázquez, Fray Claro Valladares und für Taimir García Meriño ...

Wie für José Daniel Ferrer, der am 11. Juli 2021 zusammen mit seinem Sohn verhaftet wurde und seitdem unter physischer und psychischer Folter im Gefängnis sitzt. Wie für Lázaro Yuri Valle Roca, der im Gefängnis fast erblindet ist. Wie für den 19-jährigen Orlando Carvajal Cabrera, der zu 12 Jahren Haft verurteilt wurde. Wie für Yoandri Reinier Sayu, der zu 8 Jahren Haft verurteilt wurde. Wie für Miguel Enrique Girón Velázquez, José Adalberto Fernández, Alejandro Guilleuma, Rosmery Almeida, Danilo Martínez, Frank Artola, Hillary Gutiérrez und Cynthia Trevino. Wie für den Minderjährigen Miguel Mendoza. Wie für Jonathan Torres. Wie für Jenni Taboada, deren Familie nicht weiß, wo sie festgehalten wird.

Und wie für viele andere. Am 9. Dezember 2022 waren es insgesamt 1034. 1034 politische Gefangene, *presos de conciencia*[35].

Wie für Aymara Nieto, die 2018 zu vier Jahren Haft verurteilt wurde. Dieses Jahr wurde sie vier Wochen vor ihrer Entlassung zu weiteren fünf Jahren verurteilt. Ihre kleinen Töchter werden viele Weihnachten ohne sie verbringen.

35 https://lista.prisonersdefenders.org (10.03.2024).

Gestern wurde bekannt gegeben, dass einer von vielen, der politische Gefangene Mario Jossué Prieto Ricardo, spanischer Staatsbürger mit Wohnsitz in den USA, der während seiner Haft mehrmals versucht hatte, sich das Leben zu nehmen, freigelassen wurde. Auch ihm wurde Weihnachten genommen. Mit den dunklen Erinnerungen an seine Zeit in einem kubanischen Gefängnis hat er einen Schaden für sein Leben nach Hause mitgenommen.

Das Leid dieser Menschen und ihrer Familien ist für uns freie Menschen unvorstellbar. Solange ihre Angehörigen in Haft sind, gibt es für sie kein Weihnachten. Und die Freude auf künftige Weihnachten nach ihrer Entlassung ist sicher schon jetzt verflogen. Die maßlosen Strafen der sozialistischen, parteilichen Unrechtsjustiz lassen ahnen, dass für viele die letzten fröhlichen Weihnachten vorbei sind. Für viele wird es für lange Zeit, vielleicht für die längste Zeit ihres Lebens, nur noch „schwarze Weihnachten" geben.

„Schwarze Weihnachten" feiern aber auch diejenigen, die gezwungen sind, fern von ihren Lieben zu bleiben. Wie die vielen Aktivistinnen und Aktivisten, die vom kubanischen Regime vor die Alternative gestellt werden, das Land zu verlassen oder ins Gefängnis zu kommen, oder denen die Einreise verweigert wird. Oder wie die unzähligen kubanischen Familien, die das Castro-System auseinandergerissen hat. Mütter und Väter, die allein sind, weil ihre Kinder auf der Suche nach einem besseren Leben ins Exil gegangen sind. Familien, die ihre Angehörigen auf der gefährlichen Reise verloren haben. Jugendliche, die eines Tages erfahren, dass ihre Freunde ohne Abschied gegangen sind. Großeltern, die sich von ihren Enkeln verabschiedeten, weil sie wussten, dass sie sie nie wiedersehen würden.

Sie alle hatten auf Frohe Weihnachten gehofft. Und bekamen „Schwarze Weihnachten".

Dezember 2022

It's a man's world

Ich kenne dieses großartige Lied. Es erschien 1966, in einer Zeit, in der Männer viele Dinge geschaffen haben: Autos, um uns über die Straßen zu bringen; Züge, um schwere Lasten zu transportieren; elektrisches Licht, um uns aus der Dunkelheit zu befreien; das Boot, um auf dem Wasser zu segeln, so wie Noah die Arche baute – wie James Brown sang. Aber: *it wouldn't be nothing, nothing, not one litte thing, without a woman or a girl.*

Das gilt heute umso mehr. Eine Welt ohne Frauen? Unmöglich! Wir sehen, wie die Welt in unseren so genannten entwickelten Ländern teilweise immer noch eine Welt der Männer ist. Aber ich glaube, dass wir Frauen in Westeuropa froh – wenn auch nicht zufrieden – sein müssen, wie weit die Gleichberechtigung hier schon fortgeschritten ist, gerade wenn wir auf Länder wie Afghanistan schauen. Es ist unglaublich, dass Frauen im 21. Jahrhundert der Zugang zu höherer Bildung verwehrt wird. Es tut weh, die Tränen der verzweifelten afghanischen Mädchen und jungen Frauen zu sehen und ihr Wehklagen zu hören, wenn sie von den Maßnahmen der Taliban-Regierung erfahren. Es muss schrecklich gewesen sein, vor allem für die Frauen, die auf dem Weg in eine selbstbestimmte Zukunft waren.

In meinem Heimatland Kuba entstanden feministische Parteien und Gruppen bereits in der ersten Hälfte des 20. Jahrhunderts. Bei den Wahlen 1936 konnten Frauen zum ersten Mal wählen und gewählt werden. Die sehr fortschrittliche kubanische Verfassung von 1940 schrieb die Gleichheit aller Kubaner vor dem Gesetz unabhängig vom Geschlecht fest und erkannte den Frauen verschiedene Rechte zu[36]. Von nun an war es für Frauen leichter, ein gleichberechtigtes Leben zu führen. Aber es war und blieb eine Männerwelt.

Auch Fidel Castro bezog Frauen in seine Revolution ein. Einige Frauen beteiligten sich an Castros Kampf gegen Batista, und nach 1959 sah man die sogenannten *Milicianas* – fast wie eine Massenbewegung – in Uniform und mit der Waffe in der Hand marschieren. Aber in der Regierung sah man kaum ein weibliches Gesicht.

36 https://archivos.juridicas.unam.mx/www/bjv/libros/6/2525/36.pdf (26.01.2024).

Bereits 1960 wurde auf Initiative und unter Führung von Vilma Espín, der Ehefrau Raúl Castros, die „Federación de mujeres cubanas" (Föderation kubanischer Frauen) als Massenorganisation mit dem Ziel einer stärkeren Beteiligung der Frauen am revolutionären Prozess gegründet.

Der Grundsatz der Gleichheit und Nichtdiskriminierung ist in Kuba seit einigen Jahren verfassungsrechtlich garantiert, und der Anteil der Frauen an der Erwerbsbevölkerung und in Führungspositionen in Politik und Wirtschaft ist deutlich gestiegen. So waren 2019 49 Prozent der Beschäftigten im zivilen Staatssektor Frauen. Im selben Jahr stellten Frauen 53,22 % der Parlamentsabgeordneten und bekleideten zwei der drei höchsten Ämter in diesem Gremium; im Staatsrat waren sie mit 48,4 % vertreten[37].

Aber die patriarchalische Kultur stand und steht im Wege und bestimmt die Stellung der Frau in der kubanischen Männerwelt. Die wirtschaftlichen und sozialen Schwierigkeiten, die das Leben der Kubaner unter dem sogenannten sozialistischen System kennzeichnen, bremsen die theoretischen Möglichkeiten der Gleichberechtigung. Durch die traditionelle Rollenverteilung in der Gesellschaft, insbesondere in der Familie, sind es die Frauen, die mit dem schwierigen kubanischen Alltag zu kämpfen haben. Sie sind in der Regel für Haushalt und Kinder und damit für die schwierige Beschaffung von Nahrungsmitteln und das Wohlergehen der Familie verantwortlich.

In den letzten Jahren ist die Zahl der Opfer von Femiziden in Kuba stark angestiegen. Im Jahr 2022 wurden 36 Fälle registriert, Tendenz steigend. Aktivistinnen der feministischen Organisation „Observatorio de Género de Alas Tensas", die sich unter anderem zum Ziel gesetzt hat, *auf die verschiedenen Formen männlicher Gewalt in Kuba aufmerksam zu machen und diese anzuprangern*[38], weisen darauf hin, dass der Femizid in dem vor rund einem Jahr in Kraft getretenen kubanischen Strafgesetzbuch keine Berücksichtigung findet.

Allerdings wurde geschlechtsspezifische Gewalt erstmals als erschwerender Umstand bei verschiedenen Straftaten berücksichtigt. 72 % der

37 https://cubaminrex.cu/es/cuba-transita-hacia-una-sociedad-de-igualdad-de-genero-pesar-de-las-consecuencias-del-blo-queo#:~:text=La%20nueva%20Constitución%20de%20la, operando%20en%20el%20ámbito%20nacional (10.03.2024).

38 https://alastensas.com/documentos/ogat-presenta-el-informe-anual-de-feminicidios-del-ano-2022/ (10.03.2024).

Femizide im Jahr 2022 wurden von Ehepartnern oder Ex-Ehepartnern begangen, was den Macho-Charakter dieser Verbrechen bestätigt[39].

Der kubanische Staat hört nicht auf Frauenaktivistinnen. Obwohl wir in den letzten drei Jahren dreimal dazu aufgerufen haben, den Notstand wegen geschlechtsspezifischer Gewalt auszurufen[40], haben sie nicht darauf reagiert, ließen die Aktivistinnen wissen. Sie verweisen nicht zuletzt auf die Frauen, die wegen ihrer Teilnahme an den Protesten vom 11. Juli 2021 inhaftiert sind. Mindestens 123 Frauen sitzen aus politischen Gründen in kubanischen Gefängnissen. Es vergeht kein Tag ohne neue Berichte über Gewalt und Folter gegen inhaftierte Frauen. *Diejenigen, die wegen ihres politischen Engagements zu Unrecht inhaftiert sind, leiden in den Gefängnissen unter Isolation, Demütigung, Folter, Schlägen, Drohungen und anderen Misshandlungen, die schwerwiegende Folgen für ihre Gesundheit und körperliche Unversehrtheit haben*[41], so die Aktivistinnen. Ihr Appell an das kubanische Regime, die aus politischen Gründen inhaftierten Frauen freizulassen, blieb bislang ungehört.

Andererseits schließt die ideologische Ausrichtung des gesellschaftlichen Lebens auf der Insel Frauen, die sich nicht regierungskonform verhalten, vom (hypothetischen) Schutz des Staates aus. Das heißt, die scheinbare Gleichberechtigung und der vermeintliche verfassungsrechtliche Schutz der Rechte der Frauen setzt deren vom Regime geforderte politische Positionierung voraus. So arbeitet die Frauenorganisation ausschließlich im Sinne der Staatsideologie und setzt sich – wenn überhaupt – nur für regierungstreue Frauen ein. Denn obwohl 2022 mehr als die Hälfte der Parlamentarier Frauen waren, gibt es in Kuba weder eine Gender-Agenda noch ein umfassendes Gesetz gegen geschlechtsspezifische Gewalt, und tatsächlich sind Frauen in der Regierung unterrepräsentiert, da sie nur Zugang zu weniger einflussreichen Positionen haben. Heute sind im 36-köpfigen Ministerrat sechs Frauen vertreten.

Offensichtlich bremst die ideologische Keule der kubanischen Revolutionäre auch die Gleichstellung von Mann und Frau. Zu anderen Entwicklungen in der kubanischen Gesellschaft seit Fidel Castro habe ich in

39 https://alastensas.com/documentos/ogat-presenta-el-informe-anual-de-feminicidios-del-ano-2022/ (10.03.2024).
40 https://alastensas.com/documentos/ogat-presenta-el-informe-anual-de-feminicidios-del-ano-2022/ (10.03.2024).
41 https://alastensas.com/observatorio/colectivos-firman-peticion-en-favor-de-las-presas-politicas-cubanas/ (10.03.2024).

meinem Buch „Ein kleines Stück Himmel"[42] festgestellt, dass genau diese ideologische Keule in alle Richtungen zu schlagen scheint: nach außen (physisch) auf die Dissidenten, nach innen auf den Intellekt der Regierungsanhänger. Diese meine „Theorie" wurde kürzlich (unfreiwillig) von einer Vertreterin des genannten kubanischen Frauenverbandes bestätigt.

Bei der Wahl der Parlamentsmitglieder stellte die Frauenvertreterin in einer Versammlung dieser Frauenorganisation die vorgeschlagenen Kandidatinnen und Kandidaten kurz, aber wenig überzeugend und abgedroschen wie folgt vor: *... die in den Kampf gezogen sind und versucht haben, in den schwierigsten Momenten, die die Revolution in den letzten Jahren erlebt hat, Lösungen zu finden. Und ich werde die Namen nennen, die Begründung habe ich bereits geliefert ... Ähh, Raúl Castro, Ramiro Valdés, Machado Ventura, Guillermo García und natürlich unser Präsident, Erster Sekretär der Kommunistischen Partei Kubas, ein junger Mann, der wie alle Kubanerinnen und Kubaner aus dem Volk kommt: Miguel Díaz-Canel ...*

Die Frauen im Publikum wirkten eher gleichgültig als begeistert. Die meisten klatschten lustlos, ohne wirklich zu applaudieren, vereinzelte Frauen hatten die Hände gerade an der Handtasche oder tippten auf ihrem Smartphone, sodass ein Applaus nicht möglich war. Vielleicht widerstrebte es ihnen, diese altbekannten Männer als Kandidaten der Frauenorganisation aufzustellen, so wie ich es absurd finde. Sicher waren sie sich der Konsequenzen bewusst, wenn sie sich dagegen ausgesprochen hätten.

Übrigens handelt es sich bei den nun nominierten Kandidaten um Männer, die fast ihr ganzes Leben an der Spitze des sozialistischen Staates gestanden haben: Raúl Castro, 91 Jahre alt, Ramiro Valdés, 90 Jahre alt, Ramón Machado Ventura, 92 Jahre alt, Guillermo García, 94 Jahre alt. Der junge Mann, *der wie alle Kubanerinnen und Kubaner aus dem Volk kommt,* Díaz-Canel, ist 62 Jahre alt. Auch „alt" ist relativ.

It wouldn't be nothing, nothing, not one litte thing, without a woman or a girl.

Dezember 2022

42 erhältlich bei https://www.natneumann.net/Shop bzw. Amazon, libros.cc, Tagus, Casa del Libro, Agapea, Libelista und im Rahmen von Präsentationen.

El telefonito

Kennt ihr den panamaischen Sänger Rubén Blades? Ich liebe Rubén Blades. Nicht ihn, sondern seine Lieder liebe ich. Lieder mit ansteckenden Rhythmen für diejenigen, die die Sprache nicht verstehen, und meistens mit bedeutungsvollem Inhalt für diejenigen, die Spanisch können. Manchmal stimmen sie uns nachdenklich, wie das Lied „Prohibido olvidar" oder das Lied „Patria". Manchmal bringen uns seine Texte zum Schmunzeln. Eines dieser Lieder heißt „El telefonito". Er singt von einer jungen Frau, die ihn jeden Morgen vor dem Aufstehen anruft, weil sie in ihn verliebt ist. Eines Tages bittet er seine Großmutter, ihr zu sagen, dass er nicht zu Hause ist, wenn die junge Frau anruft. Kurz darauf ruft die junge Frau an, die Großmutter nimmt den Hörer ab und sagt: *Rubencito dice que no está …* (Rubencito sagt, er ist nicht da!).

Dieses Lied hätte – wegen seines Namens – der musikalische Hintergrund für die Erzählung einer Kundin der kubanischen Telekommunikationsgesellschaft sein können. Sie sei dort gewesen, weil sie ein neues Telefon haben wollte. Man habe ihr gesagt, sie könne kein neues Gerät kaufen, weil sie das letzte Mal vor zehn Jahren eines bekommen habe.

Da staunt man: Zehn Jahre! Beträgt die Lebensdauer eines einfachen Telefons zehn Jahre? Auch wenn man nachhaltigen Konsum der gedankenlosen Verschwendung vorzieht: „Lebt" so ein Gerät länger als zehn Jahre? Oder haben sich auch die nützlichen Geräte den kubanischen „Lebensbedingungen" angepasst und sind dort langlebiger?

Die andere Seite der Geschichte? Der besagten Kundin wird es nicht so ergehen wie Rubén Blades. Ihr Verehrer wird sie nicht mit ungebetenen Anrufen belästigen.

Und es gibt nichts Nachhaltigeres als (erzwungenen) Verzicht.

Dezember 2022

La misma cantaleta, doch ein bisschen anders

In vielen Ländern ist es üblich, dass sich das Staatsoberhaupt am letzten Tag des Jahres an die Bürger wendet. Ich kenne die Neujahrsansprache aus Deutschland. Ich fand es immer etwas befremdlich, wenn Helmut Kohl, Angela Merkel oder zuletzt Olaf Scholz sich mit ernster, feierlicher Miene an die Unbekannten vor den Fernsehschirmen wandten, vom Teleprompter ablasen und niemanden gezielt ansprachen. Aus Kuba sind mir solche Statements nicht bekannt. Vielleicht liegt es daran, dass der 1. Januar nicht nur der Tag des Jahreswechsels ist, sondern dass in Kuba an diesem Tag der Sieg der Revolution Fidel Castros gefeiert wird.

Am 1. Januar 1959 schlug die Geburtsstunde des sozialistischen Kubas. Das Ende der erhofften Wiedergeburt der Demokratie. Leider. Der Anfang vom Ende einer wunderbaren Insel. Castros Sieg war Kubas

Untergang. Manche wussten es, vielen wurde es erst klar, als Fidel Castro entgegen früheren Beteuerungen den sozialistischen Charakter seiner Revolution verkündete. Wieder andere folgten ihm jahrzehntelang blind, bis alle Hoffnung dahin war. Dass es viele Kubaner gibt, die resigniert haben, auf ein Wunder warten oder immer noch an Castros Kurs glauben, ist auch eine Tatsache.

Seit der Machtübernahme gibt es in Kuba kaum etwas, was man als nachhaltigen Fortschritt bezeichnen könnte. *Todo va de mal en peor*. Alles wird immer schlimmer. Auch das hochgelobte Bildungswesen und das angeblich vorbildliche Gesundheitssystem. Der Höhepunkt eines gescheiterten Staates wurde mit der „Inthronisierung" des heutigen Staatsoberhauptes Miguel Díaz-Canel erreicht.

In Kuba gibt es nichts: keine Lebensmittel, keine Medikamente, keine Krankenwagen, keine Särge für die Toten, keine Schöpfung, kein Geld, kein Wasser, kein Strom, keine Freiheit, keine Menschenrechte, keine Gewaltenteilung, keine Gerechtigkeit, keine Wahlen, keine Demokratie, keine Perspektiven, kein lebenswertes Leben ... für den Durchschnittskubaner.

Und es gibt nichts, was es nicht gibt: Hunger, Menschen, die an banalen Krankheiten sterben, Menschen, die sich um Grundnahrungsmittel prügeln, Menschen, die in baufälligen Häusern mehr hausen als wohnen, bettelnde Alte, Andersdenkende, die ihre Gedanken nicht äußern dürfen, Kinder als politische Gefangene, institutionalisierte Gewalt, polizeiliche Übergriffe. Daneben: Essen im Überfluss für überflüssige Anlässe der Herrschenden, maßlose Ausgaben für die touristische Infrastruktur, Geld für die Ausrüstung der Polizei und anderer Repressionsorgane, Wohlstand für Regierungsmitglieder und deren Umfeld, Gerechtigkeit für die Ungerechten.

All dies dank der internen, hausgemachten „Blockade" (*el bloqueo*) und trotz des US-Embargos.

Gestern habe ich zum ersten Mal erlebt, dass ein kubanischer Staatschef eine Neujahrsansprache hält. Ich habe mir die Rede von Díaz-Canel am 31. Dezember 2022 angesehen. Er wandte sich an das kubanische Volk (aber eigentlich nur an einen Teil davon) in einer ungewohnt bürgerlichen Art. In dem veröffentlichten Video mit leiser musikalischer

Untermalung sieht man ein schönes buntes kleines Stück Himmel (quasi ein allegorisches Bild zu meinem Buch „Ein kleines Stück Himmel"). Königspalmen wiegen sich im leichten Wind. In dieser konstruierten Idylle tippt eine Hand auf einem Tablet und gleich darauf weht eine kubanische Flagge. Wie aus dem Nichts taucht ein brauner Schuh auf, der auf dem Gestell eines Hockers ruht. Eine Art Budapester mit schwarz-weißer Sohle, wie man sie zum *Smart Casual* Dresscode trägt, denke ich. Die Kamera schwenkt über das dazugehörige Bein, das von einer Hose, vermutlich Jeans, bedeckt wird, und erfasst ein weißes Sakko über einem dunklen T-Shirt. Und schon sehen wir Herrn Díaz-Canel, wie er auf diesem Hocker sitzt und fast schüchtern lächelt. Man sieht den verlorenen Blick aus den glasigen Augen des Mannes mit den grau melierten Haaren und wie er sich dann mit einer jungen Frau unterhält. Die Frau nickt. Während die Kamera durch die Umgebung wandert, fängt sie unwillkürlich dunkle Säulen ein, die das Bild immer wieder unterbrechen. Dann erkennt man, wo sich Díaz-Canel und seine Assistentin befinden. Er hat die „Plaza de la Revolución" für seine Rede ausgewählt. Die Dame nimmt ihm das Tablet aus der Hand. Er zupft an seinem Jackett und legt die Hände in den Schoß. Die braunen Budapester ruhen noch auf dem Gestell des Schemels, auf dem er sitzt. Dann hört man ihn sagen, während er die Arme ein wenig ausbreitet, dann die Hände zusammenlegt und sofort die Finger ineinander verschränkt, als wolle er seine Gesten kontrollieren:

Queridos compatriotas … Er spricht bedächtig und flüssig, monoton und ausdruckslos, immer wieder muss er seine Hände zu Hilfe nehmen, um seine Worte zu verstärken. Er macht keine gute Figur, nicht zuletzt wegen des Inhalts seiner Rede. Man habe gemeinsam eines der schwierigsten Jahre in der Geschichte der kubanischen Revolution überwunden, sagt er. *Während wir die Tür zum Jahr 2023 aufstoßen, spüren wir tief in uns die Kraft des historischen Erbes, die uns in das neue Jahr treibt, ohne Angst und ohne Zweifel, aber immer im Bewusstsein, dass es noch schwieriger werden könnte.* Sie werden angetrieben von der Gewissheit, dass die *Kreativität der Menschen unendlich ist und dass sie nicht durch Rückschritte dorthin gelangt sind.* Sie seien durch Aufstieg so weit gekommen.

Dann fordert er alle Revolutionäre auf, *mit Leidenschaft und Enthusiasmus zu arbeiten, um das Unmögliche möglich zu machen …* und er fordert alle auf, *zusammenzuarbeiten, um ein besseres Land zu schaffen, um ihre Träume dort zu verwirklichen, wo sie gelernt haben zu träumen. Venga la esperanza!*, so beendete er seine leere, hoffnungslose Rede: Her mit der Hoffnung!

Nach dem Motto: „Halte durch und hoffe, dass alles gut wird“.[43]

Nicht durch Rückschritt dorthin gelangt? Aufgestiegen? Träume verwirklicht?

La misma cantaleta, das gleiche alte Lied, doch ein bisschen anders.

Januar 2023

43 https://www.presidencia.gob.cu/es/presidencia/intervenciones/diaz-canel-hagamos-entre-todos-un-pais-mejor-video/ (10.03.2024).

Die Geschichte der Anamely R.

Könnt ihr euch vorstellen, nach einer Reise in euer Land zurückkehren zu wollen und nicht zurückkehren zu dürfen? Könnt ihr euch vorstellen, von einem Tag auf den anderen gezwungen zu sein, alle eure Lieben, eure Habseligkeiten und euer gewohntes Leben zurückzulassen? Sicher nicht. Genau das ist Anamely R. passiert.

Anamely ist eine kubanische Künstlerin, Kunsthistorikerin und Aktivistin. Sie unterrichtete mehr als zehn Jahre an der renommierten Kunsthochschule in Havanna, bevor sie entlassen wurde. Sie ist unabhängige Kuratorin und Kunstkritikerin.

Im November 2020 wurde Anamely Zeugin eines Polizeieinsatzes im Haus von Luis Manuel Otero Alcántara, dem Sitz der Künstlerbewegung „San Isidro“. Sie war eine der Künstlerinnen der Bewegung und eine der lautesten Stimmen gegen staatliche Willkür. Mutig bezeichnete sie die sogenannten „actos de repudio“ gegen kubanische Aktivisten als Staatsverbrechen und die an der Macht klebende politische Elite Kubas als ideologiefreie Mafia, die Freiheit und Fortschritt im Land verhindere.

Im Januar 2021 reiste Anamely nach México-City, um ihre Promotion an der „Universidad Iberoamericana“ fortzusetzen. Im Februar 2022 wollte sie, die nur einen kubanischen Pass besitzt, mit einem Flug der „American Airlines“ in ihr Heimatland zurückkehren, sie wurde aber daran gehindert, weil der kubanische Staat ihr die Einreise verweigerte.

Dass Anamely in Kuba politisch verfolgt wird, steht außer Frage. Dennoch möchte sie dorthin zurückkehren. Über ihre familiären Verhältnisse dort ist mir nichts bekannt. Im Internet ist zu lesen, dass sie mit dem Rapper und prominenten politischen Gefangenen Maykel Osorbo eine Tochter hat. Anamely will zurück in ihre Heimat. Nicht nur in das Land, in dem sie geboren wurde, sondern auch in das Land, in dem sie lebt. Dahin, wo die Straßen sind, die sie kennt, wo ihre Muttersprache gesprochen wird, wo die Sitten und Gebräuche die ihren sind. Sie besteht auf ihrer Rückkehr, ohne zu wissen, was sie dort erwartet.

Sie könnte verhaftet werden. Sie könnte Opfer der ungerechten kubanischen Justiz werden und für Jahre eingesperrt werden. Sie könnte offiziell des Landes verwiesen werden. Das alles weiß sie und will trotzdem zurück in das Land, aus dem so viele junge Menschen zu fliehen versuchen.

Anamely ist kein Einzelfall. Der kubanische Staat entledigt sich seiner Kritiker nicht nur durch ungerechte Haftstrafen und Ausweisung, sondern auch durch Verbannung.

Kürzlich wurde ein weiterer prominenter Fall bekannt: Omara Ruiz Urquiola hat wie Anamely traurige Berühmtheit erlangt. Ihr enttäuschter Gesichtsausdruck erreichte uns vor einigen Monaten, als sie in Fort Lauderdale für ihren Flug nach Havanna mit der amerikanischen Fluggesellschaft „Southwest" einchecken wollte. Doch anstatt ihr Gepäck abzufertigen, wurde ihr mitgeteilt, dass die kubanische Einreisebehörde ihr die Einreise nach Kuba nicht erlaube und sie deshalb nicht mitfliegen dürfe.

Die 49-jährige Kunsthistorikerin war Dozentin an der Hochschule für Design in Havanna. Im Juli 2019 wurde sie wegen Dissidenz entlassen. Sie setzt sich für die Einhaltung der Menschenrechte ein, gründete 2019 gemeinsam mit Wissenschaftlern einer kolumbianischen Universität die Organisation „Observatorio de Libertad Académica," eine Beobachtungsstelle zur Dokumentation von Menschenrechtsverletzungen an Studierenden und Hochschullehrern in Kuba seit 1959. Ende 2020 nahm sie an den Protesten der Bewegung „San Isidro" teil. Zur medizinischen Behandlung reiste sie in die USA und versuchte am 24. Dezember 2022 zum vierten Mal, einen Rückflug in ihre Heimat zu bekommen. Dorthin, wo ihre 75-jährige Mutter auf sie wartet. Diesmal kam sie bis zum Gate, durfte aber nicht an Bord. Wieder einmal.

Artikel 13, Nr. 2 der Allgemeinen Erklärung der Menschenrechte: Freizügigkeit und Auswanderungsfreiheit: *Jeder Mensch hat das Recht, jedes Land, einschließlich seines eigenen, zu verlassen sowie in sein Land zurückzukehren.*

1948 unterschrieb Kuba die UN-Menschenrechtscharta.

Januar 2023

El bloqueo

Wer sich mit der Geschichte Kubas beschäftigt hat, hat sicher schon davon gehört: *El bloqueo*. Der Duden beschreibt diesen Begriff, der mit „die Blockade" zu übersetzen ist, u.a. als *Widerstand, Gegenmaßnahme o.ä., um etwas zu verhindern, aufzuhalten. El bloqueo* wird in Kuba das US-Embargo genannt. Der Duden definiert „Embargo" als *staatliches Verbot, mit einem bestimmten Staat Handel zu treiben.* Der Begriff beschreibt eher die Maßnahmen der US-Regierung gegen Kuba.

1960 wurden unter US-Präsident Eisenhower als Reaktion auf die Enteignung von Bürgern und Unternehmen durch die Revolutionsregierung die ersten Embargomaßnahmen gegen Kuba verhängt. Sie betrafen die Bereiche Wirtschaft, Handel und Finanzen und wurden im Laufe der Zeit verschärft oder gelockert. Um dem kubanischen Volk zur Demokratie zu verhelfen, wurde 1992 der „Cuban Democracy Act" als Gesetz verabschiedet[44]. 1996 folgte der „Helms-Burton Act"[45] beschlossen. Damit wurde der Handel von US-Bürgern mit Kuba weiter eingeschränkt. Ab 1999 mussten im Ausland ansässige Tochtergesellschaften von US-Unternehmen, die in irgendeiner Form Handel mit Kuba betrieben, diesen Handel einstellen. Andernfalls drohten hohe Strafen.

2015 traten dank der Präsidentschaft Obamas Lockerungen des Handelsembargos in Kraft[46]. Trotz des US-Embargos konnten aufgrund von Ausnahmeregelungen ausgewählte Agrarprodukte wie Kaffee aus Kuba in die USA eingeführt werden[47]. Obwohl die Lockerungen Obamas unter Präsident Trump wieder rückgängig gemacht wurden, sind die USA nach Angaben des US-Kubaexperten Dr. Carlos Eire der größte Lebensmittellieferant Kubas. Dies ist dem *Trade Sanctions Reform Act*[48] zu

44 https://1997-2001.state.gov/www/regions/wha/cuba/democ_act_1992.html (10.03.2024).

45 https://1997-2001.state.gov/regions/wha/cuba/helms-burton-act.html (10.03.2024).

46 https://obamawhitehouse.archives.gov/the-press-office/2016/10/14/presidential-policy-directive-united-states-cuba-normalization (10.03.2024).

47 https://www.bis.doc.gov/index.php/policy-guidance/country-guidance/sanctioned-destinations/cuba (10.03.2024).

48 https://ofac.treasury.gov/ofac-license-application-page/trade-sanctions-reform-and-export-enhancement-act-of-2000-tsra-program/trade-sanctions-reform-and-export-enhancement-act-of-2000-tsra-program-informati-on#:~:text=About%20TSRA&text=The%20Trade%20Sanctions%20Reform%20and,of%20enactment%20of%20the%20TSRA (10.03.2024).

verdanken, einem Gesetz aus dem Jahr 2000, das den Export von Lebensmitteln und Agrarprodukten trotz des Embargos erlaubt.

Jüngste Meldungen über Kontakte von US-Politikern mit kubanischen Regierungsmitgliedern – trotz der katastrophalen politischen Lage auf der Insel – lassen weitere Lockerungen erwarten. Dies hängt jedoch stark vom Einfluss der Republikanischen Partei auf die US-Politik ab. Die Zeiten für eine Lockerung des Embargos dürften schwieriger werden.

Kein anderes Land war so lange einem Embargo ausgesetzt wie Kuba. In Wirklichkeit verdankt Kuba seine wirtschaftliche Misere einer Mischung aus beiden Faktoren, der eigenen Blockade und dem US-Embargo. Ich bin überzeugt, dass die Kubaner, die an Verzicht und bescheidene Lebensverhältnisse gewöhnt sind, heute ein besseres Leben hätten, wenn das Regime grundlegende ökonomische Gesetze beachten würde. Stattdessen reitet Kuba seit der Machtergreifung Castros auf einer ideologischen Welle, die auch die Wirtschaft erfasst und Entwicklung und Entfaltung von vornherein behindert.

Entsprechend dem Begriff „Blockade" im Duden ist die sozialistische Planwirtschaft nichts anderes als ein Widerstand gegen die eigene Entwicklung. Sie kennt nur Gegenmaßnahmen, um den Fortschritt und das Wachstum der Wirtschaft des Landes zu verhindern, aufzuhalten. Ich nenne das „interne Blockade".

Wie ich in meinem Buch „Ein kleines Stück Himmel"[49] schrieb: *Das Embargo ist ein Teil des Problems, die Misswirtschaft ist der andere. (…) Zu Castros System gesellte sich dessen Unfähigkeit, seine Bürger zu ernähren, während ihnen gleichzeitig die Freiheit verwehrt wird, ihr Leben in die Hand zu nehmen und es selbst zu tun. (…) Die innere Blockade wird von einer langen Liste von Regelungen und Verboten gestützt, unter denen die Kubaner seit Jahrzehnten leben, mit dem unhaltbaren Versprechen, der Staat wird es richten.*

Ja, die kubanische Wirtschaft ist seit der Machtübernahme Castros in den Händen von Amateuren, die sich marxistische Wirtschaftstheorien zum Vorbild genommen haben. Und diese dienen nur als Öl im Feuer der internen Blockade. Solange das so ist, werden wir Bilder von Kubanern

49 erhältlich bei https://www.natneumann.net/Shop bzw. Amazon, libros.cc, Tagus, Casa del Libro, Agapea, Libelista und im Rahmen von Präsentationen.

sehen, die in Mülltonnen nach Essen suchen, die in endlosen Schlangen für Lebensmittel anstehen, die sich um ein gefrorenes Huhn prügeln, die hungrig zu Bett gehen oder alles tun, um das Land zu verlassen.

Auch ich wünsche mir die Aufhebung des US-Embargos. Aber es ist vor allem die interne Blockade, die den Kubanern ein freies und menschenwürdiges Leben verwehrt.

Die Erklärung des kommunistischen Regimes für die desolate Lage des Landes nach dem Fall des Embargos ist mir bekannt: Es ist das Embargo, das gewesen ist.

Januar 2023

Toma chocolate …

Ich habe schon so viel Musik gehört, dass mir zu fast jeder Lebenslage und zu fast jedem Ereignis ein Musiktitel einfällt. Als ich in diesen Tagen von dem neuen Dilemma der kubanischen Regierung hörte, kam mir das Lied „El bodeguero" in den Sinn. Das Lied stammt von einem Musikvirtuosen namens Richard Egües. Er war unter dem Namen „La flauta mágica" bekannt und spielte in einem der beliebtesten Orchester Kubas, „La orquesta Aragón". Auch der große Nat King Cole sang „El Bodeguero" mit seinem herrlichen amerikanischen Akzent.

Bodeguero war der Besitzer eines Lebensmittelladens, in dem sich die Nachbarschaft auch zum Plaudern und Trinken traf. Bevor Fidel Castro kam, die kleinen Läden verstaatlichte und sie zu leeren, ungemütlichen Orten wurden, an denen man sich nur noch über fehlende Lieferungen, leere Regale und verzweifelte Schicksale austauschte, waren die *Bodegas* ein Treffpunkt für die Kunden, während der *Bodeguero* die Einkäufe einpackte.

Im Refrain von *El Bodeguero,* einem Klassiker der kubanischen Musik im *Cha-Cha-Cha*-Rhythmus, heißt es: *Toma chocolate, paga lo que debes* (Nimm Schokolade, bezahle, was du schuldest). *El Bodeguero* ist also ein Lied für Kunden mit offenen finanziellen Verpflichtungen. Wie unser armes Land.

Jedenfalls wurde in diesen Tage bekannt, dass vor dem britischen „High Court of Justice" ein Verfahren wegen einer Forderung gegen die kubanische Nationalbank und die Republik Kuba anhängig ist. Kläger ist ein sogenannter „Geierfonds" namens „CRF I Limited", eine Offshore-Handelsgesellschaft mit Sitz in Grand Cayman[50].

Es ist bekannt, dass „Geierfonds" u.a. Staatsschulden auf dem Sekundärmarkt zu Auktionspreisen aufkaufen, um unter Androhung gerichtlicher Schritte die sofortige Rückzahlung zu verlangen. Dies ist ein übliches Geschäft im kapitalistischen Finanzsektor.

50 https://www.linklaters.com/en/insights/blogs/bankinglitigationlinks/2023/may/english-high-court-assesses-validity-of-assignments (10.03.2024).

Gegenstand des Verfahrens sind die Staatsschulden, die vom „Banco Nacional de Cuba" als Zentralbank des Landes vor 1997 aufgenommen wurden.

Mit dem Dekret Nr. 172 der Staatsbank Kubas vom 28. Mai 1997 wurde eine ähnliche Institution geschaffen: *Es wird eine Institution mit dem Namen „Banco Central de Cuba"* (Zentralbank Kubas) *als Verwaltungs-, Regulierungs- und Aufsichtsbehörde für Finanzinstitute und Vertretungen im Land, einschließlich des Offshore-Bankenzentrums, der Freihandelszonen und Industrieparks, gegründet. Sie ist die Staatsbank mit organischer Autonomie, unabhängiger Rechtspersönlichkeit, eigenem Vermögen und deckt ihre Ausgaben aus ihren Einnahmen; sie haftet nicht für die Verbindlichkeiten des Staates, seiner Behörden, Institutionen, Unternehmen und anderer Wirtschaftseinheiten, es sei denn, sie übernimmt diese ausdrücklich.*[51]

Und genau das tut die kubanische Regierung nun, um aus der alten Schuldnerrolle herauszukommen. In einer aktuellen offiziellen Erklärung heißt es, dass die „Banco Nacional de Cuba" seit 1997 nicht mehr befugt sei, im Namen der kubanischen Regierung zu handeln. Diese könne daher ohne vorherige Zustimmung des Ministeriums für Finanzen und Preise und des Ministerrats keine Abtretung von Staatsschulden genehmigen.

Die Vertreter des genannten Geierfonds hätten die für die Verwaltung der Auslandsschulden zuständigen kubanischen Beamten dazu gedrängt, die von der Nationalbank und der Regierung vorgeschriebenen Verfahren für die Genehmigung einer Schuldenabtretung zu verletzen. Diese Beamten hätten somit rechtswidrig gehandelt. Sie erstellten und übergaben den Vertretern des Geierfonds Dokumente, die belegen sollten, dass die Nationalbank und der kubanische Staat übereinstimmend die „CRF I Limited" als Gläubiger anerkennen. Diese rechtswidrigen Handlungen der Beamten, von denen einer böswillig und die anderen fahrlässig, nachlässig und leichtsinnig gehandelt hätten, würden die Schuldabtretung ungültig machen.

Medienberichten zufolge hat die kubanische Regierung in ihrem Bericht im staatlichen Fernsehen die Existenz der fraglichen Schulden in Höhe von 72 Millionen Euro nicht bestritten. Vielmehr sei deutlich gemacht worden, dass diese Schulden durch eine Änderung der gesetzlichen Grundlage, wonach die 1997 gegründete Zentralbank

51 https://www.bc.gob.cu/storage/manual-regulaciones/November2018/S0IGwBis6NjbV0rP7fxA.pdf (10.03.2024).

ausdrücklich nicht für die Schulden des Staates, seiner Behörden, Institutionen, Unternehmen und anderer Wirtschaftseinheiten haftet, unwirksam gemacht bzw. praktisch aufgehoben worden seien.

Die ursprünglichen Schulden sollen nach unbestätigten Informationen aus dem Internet aus Krediten des „Crédit Lyonnais" und des „L'Istituto Bancario Italiano" aus den Jahren 1982 und 1984 stammen. In dem Gerichtsverfahren soll geklärt werden, ob die „CRF I Limited" Gläubiger der „Banco Nacional de Cuba" ist.

Kurzum: Die kubanische Regierung hat über ihre „Banco Nacional de Cuba" Kredite aufgenommen, kann diese nicht bedienen, enthebt die „Banco Nacional de Cuba" ihrer Rolle als Staatsbank und gründet dafür nun die „Banco Central de Cuba", die aber für die Altschulden nicht haftet.

Gehört diese Strategie zu den Schöpfungen Fidel Castros? Seine als Lehrstunde verpackte Erklärung, wie Kuba mit den Staatsschulden umzugehen gedenkt bzw. wie diese „zurückgezahlt" werden sollen, der seine revolutionären Anhänger mit Heiterkeit beiwohnten, ist heute im Internet zu finden[52]: *... mit welchem Wort soll man dieses terminologische Problem lösen ... Annullieren: ein Synonym für begleichen: Es kommt darauf an, in welchem Sinne wir die Schuld begleichen wollen.*

Erfüllen: Das wollen wir nicht.

Aufheben: Wir wollen sie aufheben.

Eliminieren: Das wollen wir.

Abschaffen: Das wollen wir.

Abwischen: Unsere Tränen abwischen, die wir wegen unserer Schuld vergossen haben? Ja, das wollen wir.

Aus dem Gedächtnis löschen: sehr wohl, wir wollen sie aus dem Gedächtnis löschen.

Archivieren: Ja, das wollen wir.

Wir haben also eine ganze Reihe von Synonymen. Es gibt einige gute, aber mir gefällt „abschaffen" ... Es gibt ausgezeichnete Synonyme für das, was wir tun wollen, also könnt ihr euch eines aussuchen, das euch am besten gefällt, und wenn euch keines gefällt, gibt es noch eine andere sehr klare und verständliche Formulierung, nämlich: nicht zahlen!

52 https://www.youtube.com/watch?v=JfOIUgEUKrw (10.03.2024).

Ist Kuba auf dem Weg in den Staatsbankrott? Ist es gar schon am Ende? Ich vermute es. Alles deutet darauf hin. Denn unter den gegenwärtigen Bedingungen wird das Land nicht in der Lage sein, diese und andere Kredite zu bedienen. Oder ist es Kalkül, die Gläubiger auszutricksen, so wie es Castro vorhatte?

Wie auch immer das Gericht entscheiden wird, Fakt ist, dass die Insel über Jahrzehnte Schulden angehäuft hat, die sie nicht zurückzahlen kann. Welcher Kreditgeber wird das Risiko eingehen, sein Kapital durch Kredite an den kubanischen Staat von vornherein in uneinbringliche Forderungen zu verwandeln? Wie soll das Land an frisches Geld kommen? Wird es jemals wieder in der Lage sein, seine Gläubiger zufrieden zu stellen?

Nichts anderes wird Kuba aus dem Schuldensumpf herausführen als ein spürbarer Wandel, auch in der Politik. Aber nicht mit den bisherigen antidemokratischen Akteuren, den gleichen Amateuren, in deren Händen die Wirtschaft seit mehr als sechzig Jahren liegt. Aber im Moment gibt es kein Licht am Ende des Tunnels.

Über Kuba kreist ein größerer Geier als der eines Fonds: der Pleitegeier.

Januar 2023

HOTEL
AMBOS
MUNDOS

La canción del final del mundo

Der Anblick dieser leeren Straße in „Habana Vieja" ist für mich kein gutes Omen. Werden die Straßen meines Heimatlandes in ein paar Jahren so aussehen? Es gibt Leute, die glauben, dass Kuba im Verschwinden begriffen ist. Ich hoffe, dass es nicht so weit kommt. Aber wenn man sich die neuesten demografischen und wirtschaftlichen Daten anschaut und die Perspektiven, die die sozialistische Regierung den Menschen in Kuba bietet, dann könnte man meinen, dass Kuba als Land mittelfristig nicht mehr existieren wird. Seit ich denken kann, leben die Kubaner unter prekären wirtschaftlichen Bedingungen. Oder besser überleben. Aber das Leben der Kubaner hat sich in den letzten Jahren so verschlechtert, dass jede Hoffnung auf einen Schritt nach vorne vergeblich ist. Und nein, es ist nicht das amerikanische Embargo, wie die Verteidiger des kubanischen Systems behaupten. Es ist die Unfähigkeit einer Regierung, die unter immer katastrophaleren Bedingungen die falschen Prioritäten setzt. Aber dazu habe ich mich in anderen Beiträgen geäußert.

Vor einigen Tagen erschien in einem digitalen Magazin ein Artikel des bekannten kubanoamerikanischen Ökonomen Carmelo Mesa-Lago mit dem Titel „Die sozialen Auswirkungen der Wirtschaftskrise in Kuba"[53], der Schlimmes befürchten lässt. Herr Mesa-Lago analysiert die Folgen der gegenwärtigen Krise in Kuba, der schlimmsten seit dem „Periodo Especial", auf der Grundlage der offiziellen Statistiken der kubanischen Regierung. Was der „Periodo Especial" in den Jahren 1990-2000 faktisch bedeutete, habe ich im Kapitel „Mutter" meines Buches „Ein kleines Stück Himmel"[54] beschrieben. 1990, nach dem Zusammenbruch der Sowjetunion, rief Fidel Castro den „Periodo especial en tiempos de paz" aus. Damit versuchte er, die Bevölkerung auf noch dunklere Zeiten nach dem Ende der jahrzehntelangen wirtschaftlichen Abhängigkeit von Moskau vorzubereiten, aus dem Kuba beispielsweise bis zu 98 Prozent seines Ölbedarfs importierte.

53 https://eltoque.com/el-impacto-social-de-la-crisis-economica-en-cuba (10.03.2024).
54 erhältlich bei https://www.natneumann.net/Shop bzw. Amazon, libros.cc, Tagus, Casa del Libro, Agapea, Libelista und im Rahmen von Präsentationen.

Während „Periodo Especial" ergriff das kubanische Regime Maßnahmen zur Neuausrichtung der kubanischen Wirtschaft, die insbesondere die Versorgung der Bevölkerung mit Grundnahrungsmitteln und Gütern des täglichen Bedarfs betrafen und spürbar beeinträchtigten.[55]

Herr Mesa-Lago stellt aktuell zum einen fest, dass die Zahl der erwerbsaktiven Bevölkerung (Erwerbstätigen und Erwerbslosen)in Kuba zwischen 2011 und 2020 um 9 % zurückging, während die Zahl der Erwerbstätigen im gleichen Zeitraum um 8 % schrumpfte. Zum anderen, dass Kuba das am stärksten alternde Land in Nord- und Südamerika ist, 2050 wird es weltweit an zweiter Stelle liegen.

Wichtige Gesundheitsindikatoren haben sich seit 2007 verschlechtert: Sowohl die Kindersterblichkeit als auch die Müttersterblichkeit sind gestiegen, die Kindersterblichkeit von 5,3 pro tausend Lebendgeburten im Jahr 2007 auf 7,6 im Jahr 2021, die Müttersterblichkeit von 31,1 pro tausend Geburten im Jahr 2007 auf 176,6 im Jahr 2021.

Das Geschäft Kubas mit dem Export von Ärzten hat als Folge, dass in Kuba Ärzte fehlen. Dies macht sich insbesondere bei der Anzahl von Hausärzten bemerkbar. Also: Ausländer im Ausland gesund, Kubaner in Kuba krank.

Die Infrastruktur des Gesundheitswesens ist in einem erbärmlichen Zustand. Krankenhauspatienten müssen beispielsweise Lebensmittel und Bettwäsche mit ins Krankenhaus nehmen. Vor Jahren waren Medikamente in Kuba kostenlos, heute müssen sich die Patienten lebensnotwendige Medikamente selbst besorgen, meist auf dem Schwarzmarkt oder aus dem Ausland. Die Regierung führt die schlechte Versorgung der Bevölkerung mit Medikamenten auf Schwierigkeiten bei der Beschaffung von Rohstoffen und Verpackungen, die Komplexität der internationalen Logistik und die finanzielle Situation des Landes zurück.[56]

Es wird geschätzt, dass die Lebenserwartung zwischen 2012 und 2021 gesunken ist, bei Frauen von 80 auf 73,9 Jahre, bei Männern von 76,5 Jahren auf 68,9 Jahre und bei beiden Geschlechtern von 78,6 auf 71,2 Jahre. Die Kubanerinnen und Kubaner lebten 2021 also sieben Jahre weniger als 2012.

55 https://www.bbc.com/mundo/noticias-america-latina-47941889.amp (10.03.2024).

56 https://www.adelante.cu/index.php/es/noticias/noticias-de-cuba/26061-materias-primas-entre-dificultades-para-suministro-de-farmacos-en-cuba (10.03.2024).

In diesen Tagen wurde auch bekannt, dass im Krankenhaus für Gynäkologie und Geburtshilfe „Hermanas de Galicia" in Havanna in den ersten 16 Tagen dieses Jahres mindestens acht Neugeborene gestorben sind, mindestens die Hälfte davon an einer Sepsis. Sepsis wird durch Bakterien, Viren, Pilze oder Parasiten verursacht.

Es häufen sich die Bilder von alten Menschen, die mehr tot als lebendig auf einem Bett liegen, apathisch, wie auf den Tod wartend. Die Unterstützung und Fürsorge für arme alte Menschen scheint abgeschafft worden zu sein.

Betrachtet man zudem die kubanische Migrationskrise der letzten Jahre – ca. 3 % der ohnehin schrumpfenden Bevölkerung Kubas hat das Land bis 2022/2023 verlassen – und die endlosen Schlangen vor den Ämtern, die Reisedokumente ausstellen, muss man davon ausgehen, dass die meisten Menschen das Land verlassen wollen. Die Bilder legen mir einen Übertitel nahe: „Rettet sich, wer kann".

Kuba, ein sinkendes Schiff?

In seinem Lied „Canción del final del mundo" singt Rubén Blades vom Ende der Welt, als meine er das Ende einer Insel namens Kuba:

... seid nicht nervös, und weint nicht,
denn wir haben es wohl oder übel gerufen,
und jetzt haben wir die Rechnung bekommen und müssen bezahlen.

Januar 2023

Paren el mundo, que me quiero bajar!

Zwischen den schrecklichen Bildern, die uns aus der ganzen Welt erreichen, taucht in meinem Kopf die argentinische Comicfigur Mafalda auf mit der Sprechblase „Paren el mundo, que me quiero bajar". (Halte die Welt an, denn ich will aus ihr heraus!). Auch wenn Quino, Mafaldas Autor, dementiert haben soll, dass der Spruch von ihr stammt, ist Mafalda bei mir oft präsent: Denn wenn ich regelmäßig danach schaue, was es Neues gibt aus meinem Geburtsland Kuba, entdecke ich die alten Bilder: Zerstörung, Müllberge, im Elend lebende alte Menschen, Polizeiwillkür, Unterdrückung, Hunger. Dann schaue ich in Richtung Ukraine und versuche, mich in die Menschen dort hineinzuversetzen, aber was sie durchmachen, ist unvorstellbar. Und ich denke an die russischen Soldaten, die für einen sinnlosen Krieg in den Tod geschickt werden. Und ich schaue nach Israel: wieder ein Anschlag!, wieder sind Menschen gestorben! Dann lese ich vom Iran, wie viele Menschen aus politischen Gründen getötet werden! Und so weiter.

Ich habe gerade ein Video gesehen, das irgendwo in Venezuela aufgenommen wurde. Venezuela war einmal ein blühendes, demokratisches Land; jetzt ist es die Hölle. In diesem Video sieht man, wie ein Militärangehöriger eine Treppe in einem Bahnhof hinuntergeht, während eine Frau schreit: *Schau, wie er ihn mitnimmt!* Dann ein Schrei, als er eine Zwischenstufe erreicht. Der Beamte stolpert fast über einen jungen Mann, einen Jugendlichen, der dort liegt, die Beine auf zwei Stufen höher, unter seinem Kopf eine Blutlache. *Schau, wie er ihn mitnimmt! Nimm ihn auf! Zeig ihn an!*, hört man wieder die Frau schreien. *Er hat ihn heruntergestoßen!*

Der Junge ist offensichtlich mit dem Kopf auf den Beton aufgeschlagen und scheint bewusstlos – oder leblos – zu sein. Der Beamte – auf dem Rücken seiner Uniform steht „Guardia Nacional Bolivariana" – muss zwei Schritte zurücktreten, hebt einen Arm – wie in einer Geste des Missfallens –, stellt sich breitbeinig über den Jungen und hebt den leblosen Körper auf, als würde er einen Sack Kartoffeln hochheben. Und genau so wirft er ihn sich über eine Schulter.

Die Hände des Jungen sind gefesselt. Er trägt ihn, wie der Weihnachtsmann einen Sack voller Geschenke. Doch aus dem „Sack Kartoffeln", den er auf der Schulter trägt, tropft Blut. Eine Frau rennt hinterher und sagt laut: *Lass seinen Kopf nicht so hängen.* Eine andere schreit: *Er verblutet!*

Der Beamte, nicht viel älter als seine Last, legt nach ein paar Schritten den scheinbar toten Jungen auf den Boden; der noch immer gefesselte „Sack Kartoffeln" ist ihm zu schwer geworden …

Paren el mundo, que me quiero bajar!

Januar 2023

Die Menschen gehen lieber zugrunde, als dass sie ihre Gewohnheiten ändern

Das wusste schon Leo Tolstoi. Und es bestätigt sich immer wieder. Natürlich darf man nicht verallgemeinern, aber der Mensch ist ein Gewohnheitstier. Denn es ist bequemer, nach alten Mustern zu handeln. Aber die Welt und die Wirklichkeit ändern sich, die Realität holt uns ein und es bleibt uns nichts anderes übrig, als unsere Gewohnheiten zu ändern oder etwas dafür zu tun. Eigentlich.

Heute erfährt man im Netz von Ereignissen, die man vor dem Internet nur vom Hörensagen kannte. Kennst du das? Du hörst eine Nachricht und hast das Gefühl, sie schon einmal gehört zu haben. Wiederholen sich die Ereignisse? Oder liegt es daran, dass an manchen Orten die Zeit stehen geblieben ist? So geht es mir regelmäßig, wenn ich Nachrichten aus Kuba höre. Es ist wie ein Déjà-vu. Obwohl ich seit Jahrzehnten nicht mehr dort lebe und seitdem ich die Insel verlassen habe, nur noch selten dort war, sehe ich heute im Internet Dinge, von denen ich sicher bin, dass ich sie schon einmal gesehen habe.

Jemand hat zum Beispiel eine Anzeige der „Oficoda", des kubanischen Verbrauchermeldeamtes, gepostet. Das ist die Behörde, die für die Ausgabe und Verwaltung der Lebensmittelkarten zuständig ist. „Oficoda" gab bekannt: *Hinweis* (an) *Verstorbene – Gefängnisinsassen – Personen, die in den Lebensmittelkarten eingetragen sind und sich im Ausland* *aufhalten *kommen Sie zur Oficoda, dringend *sonst werden Sie mit einer Geldstrafe belegt!*

Wir haben es richtig verstanden: Das ist ein Aufruf an Verstorbene, Gefangene und Menschen im Ausland. Ich bin mir sicher: Dieser Aufruf war weder eine Fälschung noch ein Scherz. Vielmehr hatte ich bei seinem Anblick das Gefühl, dieses Schild – mit ordentlicher schwarzer Schrift auf einem Stück Pappe – vor Jahren schon einmal gesehen zu haben, als ich selbst Kundin der *Oficoda* war.

Das wirtschaftliche Fiasko der kubanischen Revolution hat die Uhr zurückgedreht. Während ich als Kind in dem Land trotz Lebensmittelkarten, sozialistischer Planwirtschaft und US-Embargos nicht hungerte und durchaus gut ernährt war, haben Mütter in Kuba heute nicht die Möglichkeit, ihre Kinder vernünftig zu ernähren. Die Folgen dieser Mangelernährung dürften längst eingetreten sein. Was Mangelernährung mit dem Gehirn macht und was das für die Entwicklung der Kinder bedeutet, ist bekannt. Fragt man manch eine kubanische Mutter, was sie ihrem Kind als Pausenbrot mit in die Schule gibt, so antwortet sie: ein Stück Brot – auf das sie selbst vielleicht verzichtet hat. Wenn sie Glück hat, kann sie es belegen, vielleicht nicht mit dem, was für das Kind gesund ist, sondern mit dem, was das Brot ein wenig schmackhaft macht.

Ich kann nicht überprüfen, ob die Szenen, die ins Netz gestellt werden, echt sind. Aber ich kann sie oft nachvollziehen. Sie zeigen fast skelettierte alte Menschen, die im Müll wühlen. Oft wird dazu aufgerufen, Menschen zu helfen, weil ihnen ein Medikament zur Behandlung einer chronischen Krankheit fehlt. Manchmal sieht man Kinder, die etwas auf der Straße verkaufen, um ihre Eltern zu unterstützen. Oder man entdeckt eine jener Touristinnen, die – entgegen den Aufrufen vieler Kubaner – nach Kuba reisen, von der dortigen Realität eingeholt werden und tief berührt sind von der unsagbaren Freude eines Kindes über einen kleinen Becher Joghurt und wertlosen Nippes. Mal sieht man Bilder eines Klassenzimmers in einer kubanischen Schule, in dem die Kinder unter freiem Himmel sitzen, weil das Dach des Gebäudes fehlt.

Und daneben hören wir das Bekenntnis einer Kubanerin, dass sie bereit ist, die Revolution zu verteidigen. Das ist nicht nur ihr Recht, sondern auch ihr Glück, dass sie diese Meinung artikulieren kann. Auf die Frage antwortet die Frau und Mutter Folgendes: *Hier ist alles organisiert.*

Die Frauen und Kinder wissen, wo es lang geht. Die Hausfrauen gehen mit ihren Kindern in eine Richtung. Wir, die aktiv sind, wissen, dass wir auch einen Baseballschläger (als Waffe) *nehmen würden … Viele sind aus wirtschaftlichen Gründen ausgewandert, nicht weil sie gegen das System sind, nur aus wirtschaftlichen Gründen. Wir sind bewusst hier* (geblieben). *Wir wollen, dass einiges besser wird, nur Kleinigkeiten. Aber ich bleibe hier! Meine elfjährige Tochter geht alleine zur Schule, die ein paar Straßen weiter ist. Diese Sicherheit würde ich nicht eintauschen. Ich hätte gern andere Dinge: ein Haus mit Garten, meine eigenen Hühner und Gänse, meinen Jacuzzi …*

Ihr Mann unterbricht sie: *Ich möchte gern reisen, nach Venezuela, nach Argentinien, überall hin, die Welt kennenlernen … Kubaner, die in den USA leben? Die meisten wollen zurück.*

Die Frau fährt fort: *Was ich hier in Kuba mache, könnte ich weder in den USA, noch anderswo machen können. Hier reicht ein Job nicht für alles, was ich brauche. Aber ich esse jeden Tag, ich höre Musik … Ich tue in meinem Land, was ich will, was ich dort* (anderswo) *nicht tun kann. Dort müsste ich drei, vier, fünf Jobs haben, um das zu bekommen, was ich will …*

Ihr Mann: *Man denkt an materielle Dinge, aber das ist nicht alles.*

Sie: *Die Gesundheitsversorgung, die Kinder haben hier Sicherheit,* (das ist) *bei uns das Erste …*

Die Macht der Gewohnheit.

Februar 2023

Es gibt immer jemanden, dem es schlechter geht

Das habe ich oft gehört. Es bestätigt sich auch in diesen Tagen, in denen das Ausmaß der Naturkatastrophe in der Türkei und in Syrien sichtbar wird. Mehr als 10.000 Opfer wurden bisher gezählt, Tendenz steigend, denn es heißt, Hunderte von Menschen seien unter den Trümmern begraben. „Nicht das Erdbeben tötet, sondern die Gebäude töten", lese ich in der Presse, das sei die Feststellung türkischer Experten nach einer ähnlichen Katastrophe im Jahr 1999. Die Folgen dieses Erdbebens hätten durch entsprechende bauliche Maßnahmen gemildert werden können, so das Urteil der Experten.

Ich glaube, dass der Mensch einem solchen Schlag der Natur grundsätzlich hilflos ausgeliefert ist. Im Gegensatz zu allen von Menschen gemachten Schlägen. Ich hoffe, dass der eine oder andere Regierungschef – ob (demokratisch) gewählt oder nicht – darüber nachdenkt. Ich wünsche mir, dass diese schreckliche Tragödie, die die Menschen in der Türkei und in Syrien heute erleben, ein Weckruf ist.

Februar 2023

Walnier Luis Aguilar Rivera

Es sollen mehr als tausend Menschen sein, die ihren Geburtstag in Kuba hinter Gittern verbringen müssen. Nicht, weil sie Straftaten begangen haben, nicht, weil sie nach einem fairen Prozess verurteilt wurden. Sondern weil sie anders denken, als es das kommunistische Regime vorschreibt, oder weil sie für Freiheit auf die Straße gegangen sind. Weil die kubanische Justiz von der Staatsideologie aufgefressen wurde. Einer von ihnen ist Walnier Luis Aguilar Rivera[57]. Er ist gestern in einem kubanischen Gefängnis 23 Jahre alt geworden. Ich fühle mit ihm und seiner Familie. Aber ich kann mir nicht vorstellen, wie sie Tag für Tag mit dieser Situation leben, seit mehr als anderthalb Jahren.

Walnier ist wie viele andere am 11. Juli 2021 auf die Straße gegangen. Im Dezember 2021 wurde er zu 22 Jahren Gefängnis verurteilt. Die Strafe wurde im Berufungsverfahren auf 12 Jahre reduziert. Was kann Walnier getan haben, dass er einen Großteil seiner Jugend im Gefängnis verbringen muss? Welche Bedrohung kann dieser junge Mann, der an einer *leichten geistigen Retardierung mit multifaktorieller Ätiologie* leidet, für Díaz-Canel und seinen gescheiterten Sozialismus darstellen? Warum zerstört das kubanische Regime das Leben so vieler Menschen? Ganze Familien leiden unter dieser großen Ungerechtigkeit.

Egal, wann Walnier freigelassen wird, dieser Staat hat ihn für sein ganzes Leben geschädigt. Sein Vater kämpft unermüdlich für seinen Sohn, auch um Walniers kleine Kinder willen: *Heute wird mein Sohn 23 Jahre alt. Mein Sohn, ich gratuliere dir nicht, denn ohne Freiheit gibt es kein Glück, aber ich segne dich jeden Tag. Ich schätze mich glücklich, dich zum Sohn zu haben. Statt zu feiern, fordern wir heute deine Freiheit …*

Februar 2023

57 https://www.cibercuba.com/noticias/2022-11-07-u1-e199370-s27061-padre-preso-11j-denuncia-agresiones-prision-contra-hijo (10.03.2024).
https://eltoque.com/rostros-de-los-presos-politicos-walnier-luis-aguilar-rivera (10.03.2024).

Trionfo della Morte

Wenn ich nach Pisa komme, muss ich unbedingt den „Campo Santo" besuchen, diesen monumentalen Friedhof, wo man nicht nur Ruhe atmet, sondern auch die alten Fresken bewundern kann, in denen man immer wieder neue Details entdeckt. Ich kann mich nicht satt sehen an dem Fresko „Trionfo della Morte" von Buonamico Buffalmacco, dessen Szenen ich mit den Ereignissen in meinem Geburtsland verbinde. Denn in Kuba, dort, wo Fidel Castro vor 64 Jahren seine Revolution triumphieren ließ – indem er die politische Vielfalt tötete –, triumphiert heute der Tod. In einem der letzten Kapitel habe ich über den Tod einiger Neugeborener in einer Entbindungsklinik in Havanna aufgrund von Blutvergiftung berichtet: ein unfassbarer Vorfall. Als ob das noch nicht genug wäre, habe ich gestern erfahren, dass im psychiatrischen Krankenhaus von Holguín in den ersten beiden Februarwochen mehr als vierzehn alte Menschen an Unterernährung, Anämie und Bronchopneumonie gestorben sind. 2010 starben im psychiatrischen Krankenhaus von Havanna 26 Patienten an Unterkühlung. Ein weiteres kollektives Sterben in einem Land, das sich selbst als medizinische Macht, bezeichnet. Menschen starben an vermeidbaren Krankheiten, Menschen, die in einem Land lebten, das Ärzte und Medikamente exportiert, während es für die Kranken im Land weder das eine noch das andere in ausreichender Menge gibt. Warum wird hier gespart? Um die Organe auszurüsten, die das Volk tyrannisieren, um die unterdrückende Exekutive zu stärken. Und um Hotels zu bauen. Auf der einen Seite wachsen die Hotels, in denen die Touristen das schöne Gesicht Kubas genießen, und die Lebensqualität der kubanischen Führung steigt. Auf der anderen Seite wächst das Leid der einfachen Bevölkerung. Das ist die eine Seite des hässlichen Gesichts meiner schönen Insel.

Und so erinnern sich immer weniger Kubaner mit Freude an den Triumph von Castros Revolution. An solchen Tagen denkt man eher an „Il trionfo della morte". Das ist der Triumph des Todes.

Februar 2023

Sage mir, mit wem du umgehst, so sage ich dir, wer du bist

Vor einigen Wochen berichtete das russische Nachrichtenmedium „Sputnik“, dass das „Stolypin-Institut für Wachstumsökonomie“ an der Ausarbeitung eines Programms zur Transformation der kubanischen Wirtschaft mit dem Ziel der Entwicklung des Privatunternehmertums in Kuba teilnehmen wird. Die Pressemitteilung wurde von Boris Titov im Namen des russischen Büros des Präsidialbeauftragten für den Schutz der Unternehmerrechte herausgegeben[58]. Aber: Welche Erfahrungen hat Russland mit der Entwicklung einer Marktwirtschaft, etwa mit der Förderung von privatem Unternehmertum, wenn nicht mit der Aufteilung des „Kuchens“ unter einer kleinen Elite? Das war die Geburtsstunde der Oligarchen in Russland nach dem Zusammenbruch der Sowjetunion. Kann Russland eine wirtschaftliche Lektion erteilen, die Kuba aus seiner jahrzehntelangen Depression herausführt? Oder sucht Díaz-Canel nach einem Rezept, um die wirtschaftliche Macht der „Castroligarquia“ zu institutionalisieren, um das kubanische Küchlein unter sich aufzuteilen?

Ein ausgezeichneter Moment, um die bilateralen Beziehungen zu stärken, sagte der kubanische Präsident Díaz-Canel über die Ratifizierung der Beziehungen mit dem Iran. Vor wenigen Tagen empfing das kubanische Regime in Havanna den iranischen Außenminister Hossein Amir Abdollahian, der nach einem Besuch in Venezuela nach Kuba gereist war. Die Beziehungen zur Insel seien für sein Land von großer Bedeutung. Kuba sei *ein Freund, Bruder und strategischer Verbündeter.* Iran und Kuba sind in der Tat politische Verbündete, zum Schaden des kubanischen Volkes.

Gestern wurde der deutsch-iranische Aktivist Jamshid Sharmahd im Iran zum Tode verurteilt.

In Wirtschafts- und Menschenrechtsfragen sind Russland und Iran die unzuständigen Lehrer. *Sage mir, mit wem du umgehst, und ich sage dir, wer du bist.*

Februar 2023

58 https://fpif.org/the-new-russian-presence-in-cuba/ (10.03.2024).

Das Leben, eine Feier?

„Das Leben ist ein Fest, ein immerwährendes Fest. Du musst nur ein wenig stiller werden, um es zu hören". Dieses asiatische Sprichwort zeigt mir heute mein Kalender mit buddhistischen Weisheiten. Man muss schon sehr optimistisch sein, um das Leben ein Fest zu nennen. Oder sehr, sehr still, um es zu hören.

Doch mitten im Ernst des Lebens und dank der Reichweite der sozialen Medien erfahren wir von traurigen Situationen, die so surreal sind, dass man darüber lachen muss. Dies ist der Fall, von dem uns eine Twitter-Nutzerin, die sich Gaia nennt, berichtet. Sie hat ein Bild gepostet, das für manche ein Meme sein könnte. Mich selbst erinnert das Bild daran, dass das Leben nicht für jeden ein Fest ist. Es zeigt die Preisverleihung eines unbekannten Wettbewerbs. Ja, es scheint ein Wettbewerb zu sein, denn die Gewinner stehen auf nummerierten Podesten, wie man sie von Sportwettkämpfen kennt. Auf der untersten Stufe mit der Nummer drei steht ein großer Mann. Er trägt ein dunkles T-Shirt und eine helle, knielange Hose. An den nackten Füßen trägt er Plastiklatschen, die man Adiletten nennt. Er steht etwas schief, seine rechte Schulter hängt nach hinten. In seinem Gesicht sehe ich den Anflug eines Lächelns.

Auf der Stufe mit der Nummer zwei steht ein junger Mann. Stolz, so könnte man seine Haltung mit einem Wort beschreiben. Sein Blick geht so weit nach oben, dass er fast den Kopf in den Nacken legt. Die Brust heraus. Er blickt buchstäblich von oben herab, ernst und erhaben, die rechte Hand leicht auf der Außenseite seines Oberschenkels, die linke auf der Hüfte, als wolle er mit seiner goldenen Uhr angeben. Er trägt eine moderne, zerrissene Jeans mit Turnschuhen und ein grünes T-Shirt mit der Aufschrift „Forever Mamba, forever legend".

Auf der obersten Stufe steht ein älterer Mann mit auffallend schmalen Lippen. Sein Gesichtsausdruck ist nicht eindeutig. Er schaut nicht direkt in die Kamera, ist eher schüchtern. Auch er trägt eine lange Hose und ein teilweise gestreiftes T-Shirt. In seiner linken Hand scheint er etwas zu halten, was es ist, kann ich nicht deuten. Die Gewinner teilen sich das Podium mit ihren Preisen. Auf der Stufe Nummer drei, vor den Füßen des Mannes in den „Adiletten", liegt eine kleine Staude mickriger, unreifer Bananen. Eine solche Staude und einige Früchte, ich zähle sechs, liegen auf der zweiten Stufe, ich glaube, auch eine Mango zu entdecken.

Vor den Füßen des Gewinners des ersten Platzes liegen neben den gleichen Früchten, mit denen der zweite Platz belohnt wurde, noch ein oder zwei Stücke dieser Früchte und eine große Papaya.

Hinter ihnen hängt ein verblasstes Plakat mit den Konterfeis von Fidel Castro, Raúl Castro und Miguel Díaz-Canel, darunter die ewige, fast makaber gewordene Leier „Patria o Muerte Venceremos“. Díaz-Canel schaut ernst, Fidel und Raúl Castro lächeln zufrieden. Sie wissen, warum.

Februar 2023

8. März

Mein Leben in Kuba war geprägt von der ideologischen Einflussnahme des Staates. Alles drehte sich um Fidel Castro und seine Revolution, um Kommunismus und Vaterlandsliebe. Jahr für Jahr feierten wir den Sieg der Revolution, den Sturm auf die Moncada-Kaserne, den Geburtstag von José Martí. Und den Frauentag. Rückblickend weiß ich, dass wir den Frauentag feierten, weil es Frauentag war. Aber niemand sagte uns, was er bedeutete, und wir fragten auch nicht danach. Man schickte Postkarten hin und her, um bekannten Frauen zu gratulieren, und wer Glück hatte, bekam Blumen. Dass der Frauentag seinen Ursprung 1910 in Europa hatte, dass die Idee aus den USA kam, wussten wir nicht. Auch nicht, dass es vor allem um die Forderung nach dem freien, geheimen und gleichen Wahlrecht für Frauen ging. Wir feierten den 8. März, ohne ernsthaft darüber nachzudenken, was allgemeine Frauenrechte sind, was Emanzipation und was insbesondere die Gleichstellung von Mann und Frau bedeutet. Die Frauenorganisation in Kuba hatte großen Einfluss auf das politische Leben, allerdings im Sinne des Regimes, wohl nicht zuletzt, weil ihre Präsidentin die Ehefrau von Raúl Castro war. Welche Rolle die kubanische Frauenföderation in dieser revolutionären Männerwelt spielte, habe ich in einem früheren Beitrag – „It's a man's world" – dargestellt.

Es ist die patriarchalische Kultur, die Emanzipation unmöglich macht. Es ist die jahrzehntelange Überzeugung der Männer, dass Frauen Objekte sind. Vielleicht ist es auch die eigene Einstellung der Frauen, sie seien das „schwache Geschlecht". Vielleicht ist es purer Idealismus zu glauben, dass diese „Männerwelt" im 21. Jahrhundert eine bessere ist. Denn ich habe eher das Gefühl, dass die patriarchalische und autoritäre Männerwelt in Kuba immer stärker wird, und das nicht nur in der Regierungsriege. Dieser „Herr" Staat mit Miguel Díaz-Canel an der Spitze hält mehr als 1000 Kubaner aus politischen Gründen in Haft, darunter etwa 137 Frauen. Dass viele von ihnen die harte Hand des Staates buchstäblich am eigenen Leib zu spüren bekommen, zeigen uns die Bilder jener Tage, als mutige Frauen auf die Straße gingen, um ihr Recht auf freie Meinungsäußerung wahrzunehmen. Diese mutigen Frauen der Bewegung „Damas de Blanco", wie die Aktivistin Aymara Nieto. Frauen wie Lisandra Góngora, wie Sissi Abascal Zamora und andere, die auch aus dem Gefängnis heraus unerschrocken zu ihrem Engagement für die kubanische Sache stehen. Oder wie die Mütter der politischen Gefangenen, die trotz der Einschüchterungsversuche des Regimes unermüdlich für die Freilassung ihrer Töchter und Söhne kämpfen. Frauen, die seit dem Tag der Verhaftung ihrer Kinder trauern. Am 8. März gibt es für sie nichts zu feiern.

Ich weiß nicht, ob es an der Tradition liegt, an den gesellschaftlichen Umständen oder am quasi institutionalisierten Machismo. Tatsache ist, dass die Femizidrate in Kuba rapide ansteigt. In letzter Zeit häufen sich die Meldungen über den gewaltsamen Tod von Frauen durch Männerhand, meist durch Intimpartner oder Ex-Intimpartner.

In den ersten zwei Monaten des Jahres 2023 starben sechzehn die Frauen auf diese Weise[59], die Hälfte aller geschlechtsspezifischen Straftaten gegen Frauen, die für das Jahr 2022 gemeldet wurden. Jeder Bericht über eine solche Gewalttat ist schockierend. Die Morde geschehen nicht nur in der Intimität des eigenen Zuhauses, sondern am helllichten Tage und in aller Öffentlichkeit. Wie der gewaltsame Tod einer 17-jährigen jungen Frau in Camagüey, die in einer Polizeistation, in die sie geflüchtet war, vor den Augen der Polizei mit mehreren Machetenhieben niedergemetzelt wurde[60].

Der skandalöse Umgang der Justiz mit dem Fall massiver sexueller Belästigung von mindestens 30 Frauen durch einen regimetreuen Liedermacher, über den ich in meinem Post „Recht haben und Recht bekommen" berichtet habe, ist ein Beispiel für die Stellung des Staates in diesem System der Vaterherrschaft. Dieser Fall zeigt die unzerstörbare Tradition des kubanischen Machismus, von der barbarischen Hand des Einzelnen bis zur grausamen Hand des Herrn Staat.

März 2023

59 https://www.labournet.de/internationales/kuba/kuba-lebensbedingungen/spaetes-feministisches-erwachen-auf-kuba-nach-dem-16-femizid-allein-in-2023-ist-die-schweigespirale-durchbrochen/ (10.03.2024).
60 https://blogs.taz.de/latinorama/kuba-die-steigende-zahl-von-femiziden-erschuettert-die-insel/ (10.03.2024).

Te quiero pobre!

Im Spanischen klingt dieser Satz stimmiger als im Deutschen. Wörtlich übersetzt heißt er: Ich mag dich arm. Es bedeutet: Ich will, dass du arm bist oder arm bleibst. Ich habe diesen Satz auf Twitter gelesen. Dort, wo die Leute ihre Kreativität ausleben. Der Spruch gehörte zu einem Bild, das mich an das berühmte Poster des amerikanischen Zeichners und Illustrators James Montgomery Flagg erinnerte. Dort schaut Uncle Sam über dem Spruch „I want you for US Army" ernst auf den Betrachter. Das Bild, das er für die US Army malte, soll sein bekanntestes geworden sein. Das Modell für seine Darstellung von Uncle Sam war er selbst.

Ich musste nicht lange im Internet recherchieren, um die Person auf dem oben erwähnten Twitter-Foto mit dem Spruch „Te quiero pobre" zu identifizieren. Es ist eindeutig Fidel Castro. Ein hässlicher und unsympathischer Fidel Castro, wie ihn seine Gegner erlebten und wie ihn viele seiner damaligen Anhänger heute im Rückblick sehen. Castro richtet seinen langen Zeigefinger drohend auf den Betrachter des Plakats: *Ich will, dass du arm bist!* Und das sind keine Hirngespinste von Gegnern des autoritären Systems Castros. Das sind keine Hirngespinste von Feinden des Sozialismus. Es ist die Realität, die uns zuerst nachdenklich macht und dann mit einem Kopfschütteln zurücklässt: *Los quieren pobre.*

Einerseits sind es die Bilder meines Geburtslandes und der Länder, die den gleichen Weg gegangen sind, und die Bilder vom Leben ihrer Bürger, die dies bestätigen. Länder wie Kuba und Venezuela, die einst fortschrittlich waren und heute kaum mehr als Elend produzieren. Die unfähige sozialistische Regierung hat mit ihrer Machtübernahme die vielversprechende wirtschaftliche Entwicklung Kubas zerstört. Das war schon vor Jahren spürbar.

Aber jetzt, nach Jahrzehnten der Misswirtschaft, kann man es nicht nur spüren, sondern auch sehen. Man riecht es. Man hört es. Immer mehr Menschen leben auf der Straße. Krankenhäuser gleichen Lazaretten. Die Müllberge, die zu den Straßen Havannas zu gehören scheinen, werden immer größer. Gebäude stürzen ein wie Kartenhäuser. Und die archaische Herstellung der Lebensmittel, die der Bevölkerung mit Lebensmittelkarten angeboten werden, lässt uns mit der Überzeugung zurück, dass es egal ist, ob die Menschen ihr Essen aus dem Müll holen oder vom Staat bekommen.

Ob auch Touristen Opfer dieser Lebensmittel-„Produktion" werden, ist reine Spekulation. Hast du die Bilder gesehen, wie in Kuba Hühnerhackfleisch hergestellt wird? Wahrscheinlich wird meine Beschreibung bei dir nicht den gleichen Ekel auslösen wie die Bilder. In einem im Internet veröffentlichten Video sieht man einen großen rostigen Behälter mit Hackfleisch, das aus einem alten Metallrohr kommt. Dann ein großer Holzstock, der Stiel einer Schaufel, mit der ganze Hühner in den Behälter geschoben werden, um zerkleinert zu werden. Ja, ganze Hühner, mit Federn, Kopf und Beinen. Die toten Hühner liegen auf einem Tisch, mit ihrem ehemals glänzenden weißen Fell, um in die rostige Maschine geworfen zu werden, die sie in Hackfleisch verwandeln wird. Kopfüber fallen sie in den schmutzigen Bottich, wo eine Walze darauf wartet, sie zu zermalmen. Immer mehr Nachschub kommt. Die Schaufel ist voll mit dem, was von den Hühnern zerkleinert wurde, mit ihren Innereien, Federn, Füßen und Köpfen. Nach und nach werden sie zu Hackfleisch verarbeitet, um das sich die hungrigen Kubaner später streiten werden. Kein schöner Anblick! Nachdem die Hühner ihr drittes Leben begonnen haben, bestätigt sich meine Vermutung: Wie schmutzig der Tisch war, auf dem sie lagen.

Auf der anderen Seite muss man mit der eigenen Wut kämpfen, wenn man unsägliche Äußerungen der Führung des Landes und der befreundeten Linken hört. So behauptet der Dominikaner und Befreiungstheologe Frei Betto: *Das Problem in Kuba ist nicht der Hunger, sondern der ungeheure Appetit der Kubaner*[61].

61 https://amp.14ymedio.com/cuba/problema-apetito-excesivo-cubanos-Frei-Betto_0_3229477027.html (10.03.2024).

Der mexikanische Präsident Mexikos Andrés Manuel López Obrador: *Wenn man den Armen hilft, ist man auf der sicheren Seite, weil man weiß, dass man, wenn man den Wandel verteidigen muss, in diesem Fall auf ihre Unterstützung zählen kann, nicht so bei Teilen der Mittelschicht, nicht bei der Oberschicht, nicht bei der Mittelschicht und auch nicht bei der Intelligenz. Es handelt sich also nicht um eine persönliche Angelegenheit, sondern um eine Frage der politischen Strategie*[62].

Die ehemalige Vorsitzende von López Obradors Partei MORENA: *Wenn man Menschen aus der Armut in die Mittelschicht bringt, vergessen sie, woher sie kommen, weil sie so denken, wie sie leben*[63].

Der venezolanische General a.D. Guaicalpuro Lameda, ehemaliges Mitglied der Regierung des früheren Präsidenten Venezuelas Hugo Chávez: *Ich hatte Präsident Hugo Chávez gesagt, dass ich mit ihm über die wirtschaftlichen und finanziellen Probleme des Landes sprechen möchte, und er hat mir mit großem Zynismus geantwortet: Sie haben die Revolution nicht verstanden. Bei der Revolution geht es darum, die Armen arm zu halten, aber mit Hoffnung, denn die Armen sind es, die uns wählen, die Armen sind es, die uns die Macht geben. Wir können sie nicht in die Mittelschicht bringen, denn dann hören sie auf, arm zu sein und werden zu unseren Feinden*[64].

Delcy Rodriguez, Vizepräsidentin von Venezuela: *Erst müssen die Venezolaner verhungern, bevor diese Regierung stürzt*[65].

Es gibt Stimmen, die behaupten, die eine oder andere dieser Aussagen sei aus dem Zusammenhang gerissen und damit sinnentstellend. Aber die Geschichte Kubas seit 1959 und die traurige Realität in meinem Land, die den Weg für linke Regierungen in Lateinamerika geebnet hat, bestätigen meine Überzeugung: *Los quieren pobres!*

Mir sind keine derartigen Äußerungen kubanischer Politiker bekannt. Ich bin aber davon überzeugt, dass Fidel Castro genau dieser Meinung war. Dies bestätigte im Jahr 2016 Guaicalpuro Lameda in einem persönlichen

62 https://www.eluniversal.com.mx/nacion/amlo-ayudando-uno-los-pobres-va-la-segura-es-un-asunto-de-estrategia-politica/?outputType=amp (10.03.2024).
63 Twitter@veronicalderon (10.03.2024).
64 https://www.semana.com/amp/confidenciales/articulo/la-revolucion-se-trata-de-mantener-a-los-pobres-pobres-pero-con-esperanza-revelador-video-que-rescato-uribe/202142/ (10.03.2024).
65 https://www.infobae.com/america/venezuela/2017/07/18/delcy-rodriguez-aseguro-que-los-venezolanos-podran-morir-de-hambre-pero-el-regimen-de-nicolas-maduro-seguira-en-pie/?outputType=amp-type (10.03.2024).

Brief mit dem Titel „Das Rezept von Fidel“[66], in dem er beschreibt, was er *eine ausländische Verschwörung gegen Venezuela* nennt, *angezettelt von den chavistischen, castro-maderistischen Verrätern.* Als Machtstrategie bezeichnet er die kollektive Verarmung als Mittel der politischen Herrschaft.

Ich glaube, dass – um es mit den Worten von Hugo Chávez zu sagen – die Armen in Kuba die Hoffnung verloren haben. Sie sind arm geblieben, aber ohne Hoffnung. Nur: Niemand hat die linke kubanische Regierung gewählt. Nicht die Armen wählten die kubanische Regierung. Nicht die Armen haben Díaz-Canel alle Macht gegeben. Er hat sie von Fidel und Raúl Castro geerbt, als Thronfolger in der Dynastie der Castros.

Die Hoffnung der Armen in Kuba ist nach folgendem Tweet der kubanischen „First Lady“ sicher nicht zurückgekehrt: *Ja, ich bin eine Kommunistin, na und?! Dass es eine Utopie ist, dass der Sozialismus noch im Aufbau ist, dass ich ihn nie erleben werde, na und?! Es ist besser, für ALLE zu denken und zu kämpfen, als in egoistischen Kategorien, und das ist Kommunismus*[67] *…*

Vom bequemen Sessel der ersten Dame aus lässt sich gut das System aufbauen, das sie Sozialismus nennt. Und ein Leben lang warten. Auf dem kaputten Stuhl des einfachen Kubaners kann man schon lange nicht mehr sitzen.

März 2023

66 https://lasarmasdecoronel.blogspot.com/2016/03/un-grave-alerta-de-guaicaipuro-lameda.html?m=1 (10.03.2024).
67 twitter@liscuesta; https://diariodecuba.com/cuba/1677061036_45380.html (10.03.2024).

Vaterunser

Heute ist der Tag des Atheismus, der Weltatheistentag. Dieser Tag soll daran erinnern, dass Menschen, die nicht an die Existenz eines Gottes glauben, verfolgt und diskriminiert werden. Auch ich bin Atheistin. Ich selbst habe deswegen keine Diskriminierung erfahren. Aber in Castros Kuba wurden gläubige Menschen benachteiligt. Wahrscheinlich wäre ich keine Atheistin, wenn ich nicht wenige Jahre nach Fidel Castros Revolution in Kuba geboren worden wäre. Fidel Castro hat faktisch jeden Glauben verboten. Erlaubt war aber der Glaube an ihn, an die Kommunistische Partei und an Castros Ideologie. Wie die *Revolución* uns die Religionsfreiheit raubte und wie religiöse Menschen diskriminiert wurden, schreibe ich auch im Kapitel „Der Onkel" in meinem Buch „Ein kleines Stück Himmel"[68].

Viele Menschen außerhalb Kubas verehren Castro und seine Revolution, wahrscheinlich ohne zu ahnen, wie sehr religiöse Menschen darunter gelitten haben.

Fidel Castro hat viele Generationen, die unter seinem Regime leben mussten, zu Atheisten gemacht. Ein Tag ist uns gewidmet. Wir, die kubanischen Atheisten meiner Generation, gehören unfreiwillig dazu. Viele von uns hätten vielleicht ab und zu ein Vaterunser gebetet. Castro hat uns die Freiheit genommen, es selbst zu entscheiden.

März 2023

68 erhältlich bei https://www.natneumann.net/Shop bzw. Amazon, libros.cc, Tagus, Casa del Libro, Agapea, Libelista und im Rahmen von Präsentationen.

Le resbala

In all den Jahren, in denen ich Spanisch, meine Muttersprache, spreche, habe ich das Verb „resbalar" nur in seiner wahren Bedeutung verwendet. Zum Beispiel, wenn ich auf den spiegelglatten Gängen meiner Schule ausrutschte. Laut der „Real Academia de la Lengua Española" bedeutet *resbalar* eine *unwillkürliche Bewegung auf einer glatten oder rutschigen Oberfläche, die normalerweise mit dem Verlust des Gleichgewichts einhergeht.*

Ich glaube, ich habe dieses spanische Verb noch nie im übertragenen Sinne verwendet: „einen Fehler machen". Aber ich habe es sicher noch nie in derselben übertragenen Bedeutung – und übrigens in einer ziemlich vulgären Weise – verwendet, wie es der kubanische Präsident Díaz-Canel getan hat, als er die Erklärungen des Weißen Hauses und der US-Botschaft in Havanna zu den undemokratischen Wahlen in Kuba am 26. März dieses Jahres kommentierte.

Sie haben immer ein feindliches Narrativ gegenüber Kuba, wir können nichts anderes erwarten, und wir leben nicht im Schatten dieses Narrativs[69] *(…)*

(…) Nos resbalan die respektlosen Meinungen der US-Regierung, das heißt: Diese Meinungen perlen an ihm ab. Auf Deutsch: Sie sind ihm egal.

Apropos resbalar, abrutschen, ausrutschen, Narrativ … Die Diktion von Herrn Díaz-Canel ist kein Versehen. Seine Bemerkungen sind regelmäßig peinliche Ausrutscher, vor allem, wenn man ihn als Repräsentanten dieses gebeutelten Landes wahrnimmt.

Einst begeisterte Fidel Castro die Massen mit seiner Rhetorik. Er „wickelte Millionen um den kleinen Finger", Generationen glaubten an ihn, doch nur um am Ende festzustellen: Wir haben Jahre unseres Lebens – manche das Leben selbst – für ein System ohne Perspektive verloren, es war alles umsonst, es hat uns nichts gebracht, es hat uns nur in eine Sackgasse geführt. Aber wir müssen es zugeben: Castro hat mit seiner Rhetorik und seinem Charisma das Land verändert, viele dachten, zum Guten, heute wissen viele, zum Schlechten.

Nach dem Tod Castros haben die Kubaner die Chance verpasst, ein Land aufzubauen, in dem es sich zu leben lohnt. Díaz-Canel ist keine

69 https://www.resumenlatinoamericano.org/2023/03/27/cuba-nos-resbalan-las-opiniones-irrespetuosas-del-gobierno-de-los-estados-unidos-miguel-diaz-canel/ (10.03.2024).

Alternative. Mit ihm sind die Kubaner vom Regen in die Traufe gekommen. Zu seinem antidemokratischen Verhalten – auch das war Castro eigen – und seiner Respekt- und Empathielosigkeit gegenüber Andersdenkenden – Castros Spezialität – kommen sein uncharismatisches Ego, sein abstoßendes Äußeres und seine bisweilen gewöhnliche Ausdrucksweise. Angesichts der desolaten Lage des Landes behaupten manche Stimmen aus dem Volk in blindem Konformismus: „Mit Fidel wäre das nicht passiert". Aber unter Fidel Castro sind viele Dinge geschehen, von denen wir keine Ahnung hatten. Die neuen Technologien und die sozialen Medien kamen zu spät, aber früh genug, um hinter die Maske von Díaz-Canel zu blicken.

Aber *„le resbala"*. Díaz-Canel „le resbala" nicht nur die Meinung der Amerikaner. Ihm scheint es auch egal zu sein, dass viele Kubaner jeden Tag mehr überleben als leben, dass Kubaner an mangelnder Gesundheitsversorgung sterben, dass Kuba zu einem der ärmsten Länder der Welt geworden ist, dass Kubaner lieber beim Versuch, das Land zu verlassen, sterben als in Kuba zu bleiben, dass die Justiz in Kuba nicht unabhängig ist, dass die Polizei ihre Macht missbraucht, dass die Menschenrechte in Kuba nicht gelten, dass es in Kuba politische Gefangene gibt, dass die kubanische Politik Familien auseinanderreißt und zerstört. Wie ich in meinem Buch „Ein kleines Stück Himmel" schreibe: *Der neue kubanische Autokrat hat hemmungslos darüber geschrieben, dass es in Kuba genauso viele Helden gibt wie „malnacidos", die aus Versehen geboren werden. Missgeburten. Sein abfälliger Ausdruck galt Oppositionellen und Andersdenkenden.*

Ja, ich weiß, „le resbala" die Menschenwürde.

Er scheint es nicht zu wissen: *Lo cortés no quita lo valiente*. Höflichkeit ist keine Schwäche.

April 2023

Alles ist schwierig, bevor es leicht wird

Nicht nur an das Zitat des persischen Dichters und Mystikers Saadi musste ich denken, als ich gestern im Internet Nachrichten aus Kuba fand. Es ging um ein Video. Ich las die ersten Zeilen und schaute in das Bild, in das Gesicht eines Babys. Ich ahnte Schlimmes, als ich das kleine Gesicht sah, lethargisch, die kleinen Augen müde, die Brust flatterte, das Herz schien unnormal zu schlagen. Ich bin froh, dass ich dann die Warnung gesehen habe, die ich vorher übersehen hatte: „Atención, vídeo sensible", *Vorsicht, sensibles Video,* denn wenn ich das gesehen hätte, was der Autor, ein Arzt, berichtete … es hätte mich lange verfolgt.

Es ist traurig, dieses Video eines Säuglings in Agonie zu sehen, schreibt er, *und kein Fachmann tut etwas. Ich sehe einen Säugling im Todeskampf (Atemnot), mit stertorischer, paradoxer Atmung, schlechter Atemmechanik, mit Larynxstridor, schläfrig (einschlafend), möglicherweise aufgrund von Sauerstoffmangel, mit wenig Atemkraft aufgrund von Erschöpfung, ohne wenigstens Sauerstoff zu erhalten (Brille mit Maske), ohne irgendeine Art von Überwachung (Sauerstoffsättigung), wo invasivere Maßnahmen erforderlich wären, wie z.B. lebensrettende Notfallintubation mit anschließender Verlegung auf die Intensivstation.*

Wie aus dem Bericht hervorgeht, bekam der 10 Monate alte Säugling aus Alquízar, der ansonsten gesund war, am Morgen Fieber und Atemprobleme, weshalb er (auf einem Zweirad) ins Krankenhaus gebracht wurde. Nun wäre eine Verlegung in eine spezialisierte Kinderklinik notwendig gewesen, aber es gab keinen Krankenwagen. Nach vier bis fünf Stunden Wartezeit verstarb das Kind.

Es ist schwer, nachzuvollziehen, wieso das in einem Land geschieht, in dem Polizei, Armee und Tourismus uneingeschränkt mit Grundmitteln ausgestattet sind. In einem Land, das Ärzte exportiert und sich damit rühmt bzw. so suggeriert, ein funktionierendes Gesundheitssystem zu haben.

Es stellt sich auch die Frage, warum die Eltern sich und ihrem Baby das angetan haben, indem sie es im Todeskampf gefilmt und veröffentlicht haben. Vielleicht haben sie nicht mit dem Tod ihres Kindes gerechnet. Ich glaube nicht, dass es Indolenz war. Oder aus Sensationslust. Sondern aus Ohnmacht, aus Verzweiflung, aus Frust, aus Enttäuschung, aus Wut. Wut auf ein System, das ihr Kind sterben ließ. Ein System, das sich weigert, seinen Bürgern die freie Entfaltung und das Recht auf Leben zu garantieren, aber unfähig ist, ihre grundlegenden Probleme zu lösen. Der Verfasser der Botschaft erklärt es so: *Es war notwendig, das Gesicht des Kindes zu zeigen, damit man es sehen und verstehen kann – so schmerzhaft es auch sein mag – was medizinisch erklärt wird.*

Von Ausnahmen kann keine Rede mehr sein. Vor kurzem habe ich in diesem Buch unter dem Titel „La canción del final del mundo" über den Tod von mindestens acht Neugeborenen in einer Klinik der kubanischen Hauptstadt berichtet. Sicherlich sind mir viele weitere Fälle nicht bekannt. Sicherlich sind einige nicht an die Öffentlichkeit gelangt. Sicher ist der Fall des Säuglings, dessen bitteres Ende wir miterleben durften, ein Fall, der uns sprachlos macht und den Ernst der Lage belegt, nicht der letzte.

Für die Kubaner ist alles schwierig, und es wird immer schwieriger. Wird es jemals leichter werden?

April 2023

Nichts geschieht ohne Grund

Diesen Spruch habe ich immer bei mir. Er gibt mir Kraft, mit unangenehmen, unerwarteten und unerklärlichen Situationen umzugehen. Er tröstet mich und lässt mich daran glauben, dass alles einen guten Grund hat, wie man auf Spanisch sagt: *Lo que sucede conviene.* Meine Mutter, die unter anderem Philosophin war, hat es mir einmal so erklärt: *Das Leben läuft wie in einem Getriebe, die Abläufe greifen wie Zahnräder ineinander. Dinge geschehen, damit andere Dinge geschehen können.*

Ich habe es verinnerlicht und bin überzeugt, dass es so ist. Alles geschieht, damit etwas anderes geschehen kann. In meinem Optimismus sage ich mir dann: Etwas anderes, das gut sein wird.

Wie oft haben wir es schon gehört: Wer weiß, wozu es gut ist? Genau das meine ich. Auch wenn es manchmal schwerfällt zu glauben, dass die Dinge aus einem so guten Grund (nicht im Sinne von gerechtfertigt) geschehen. Denn wozu ist ein Krieg gut? Oder eine verheerende Naturkatastrophe? Oder dass Kinder krank werden oder hungern? Oder, oder, oder …

Als gebürtige Kubanerin frage ich mich: Wozu ist es gut, dass sich die kubanische Diktatur seit über 60 Jahren an der Macht hält? Wozu ist es gut, dass die kubanische Regierung an einem Wirtschaftssystem festhält, das nicht funktioniert? Was ist daran gut, dass die universellen Menschenrechte in Kuba nicht gelten? Schwer zu sagen.

Wozu soll es gut sein, dass in Kuba Menschen grundlos inhaftiert werden oder nur, weil sie ihr Recht auf freie Meinungsäußerung wahrnehmen? Um unpolitische, indolente Menschen wachzurütteln und die von vielen ignorierte, anhaltend katastrophale Menschenrechtslage in Kuba deutlich zu machen? Um systemtreuen Kubanern die Wahrheit über das sozialistische Kuba vor Augen zu führen? Um Kuba-Touristen die Augen zu öffnen und ihnen klar zu machen, dass ihr Vergnügen die Unterdrückung Andersdenkender im vermeintlichen Urlaubsparadies bedeutet?

Die Töchter von Luis Frómeta Compte, der wie mehr als tausend Menschen in Kuba grundlos aus politischen Gründen inhaftiert ist, antworteten mir auf diese Frage: *(…) Dieser Umstand macht uns als Familie stärker und wir wachsen über uns hinaus.*

Ich hoffe, dass dieser Satz sie und andere Angehörige von politischen Gefangenen tröstet, denn nichts geschieht ohne Grund.

April 2023

Noch eine geschwätzige Zunge

In einem meiner letzten Beiträge habe ich unter dem Titel „Je leerer der Kopf, desto geschwätziger die Zunge" über eine Veranstaltung im Universitätskrankenhaus „Julio Trigo" in Havanna geschrieben. Dort ermahnte die Rednerin die zuhörenden Studenten, *stolz darauf zu sein, Kubaner zu sein, denn die Nazis seien stolz darauf gewesen, Deutsche zu sein.* Es war nicht das erste Mal, dass mich öffentliche Äußerungen im Namen von Castros Revolution und des Sozialismus entsetzten. Diese war eine der schockierendsten.

Heute habe ich Mariela Castro in einem älteren Beitrag gesehen bzw. gehört. Mariela Castro ist die Tochter von Raúl Castro. Sie ist Abgeordnete der Nationalversammlung der Volksmacht Kubas und außerdem Direktorin des kubanischen „Centro Nacional de Educación Sexual".

Deutschlands Hitler ist in ihrem Statement ein Thema: *Auch das gehört zur Kommunikationspolitik der Macht, die Bedeutung von Begriffen zu verdrehen, um die Menschen zu manipulieren. Wie also kam Hitler an die Macht? Indem er von Sozialismus und Arbeiterrechten sprach und sich der Sprache des revolutionären Denkens bediente. Hitler kam an die Macht und manipulierte sein Volk, indem er ihm vorgaukelte, er würde für das Wohl seines Volkes kämpfen, und dann hat vor allem das deutsche Volk selbst unter dem Faschismus gelitten. Sie waren die ersten, die unter dem Wahnsinn des Faschismus zu leiden hatten.* So Mariela Castro[70].

Wer die Geschichte Kubas kennt und sie objektiv und ehrlich betrachtet, wird genau das erkennen, was Mariela Castro uns über Hitlers Nationalsozialismus zu sagen hatte. Und ich gebe zu: Mir fällt der Vergleich schwer. Aber in aller Ehrlichkeit, das war die Stärke von Fidel Castro: eine Kommunikationspolitik der Macht, der Täuschung und der Manipulation. Er hat nicht nur manipuliert, er hat das Volk getäuscht und belogen, so wie er viele seiner Mitstreiter getäuscht und belogen hat. Mit seinem Charme und seiner Eloquenz bezauberte er die Massen und

70 https://www.cubaenmiami.com/mariela-castro-intenta-describir-como-hitler-tomo-el-poder-pero-termina-describiendo-a-fidel-castro/ (10.03.2024).

ließ sich quasi zum Messias krönen. Und er wurde – auch dank des weit verbreiteten Antiamerikanismus – weltweit zu einer Kultfigur.

Ist Mariela Castro ein *Lapsus Linguae* unterlaufen? Sie sprach vom deutschen Faschismus. Und ich – und viele andere – hatten den Eindruck, dass sie über das Castro-System sprach. Es ist eine subjektive Beobachtung, aber ich glaube, dass sie sich am Ende ihrer Rede unwohl fühlte, als wären ihr die Parallelen bewusst geworden. Hatte sie den Sozialismus ihres Onkels vor Augen, als sie über den deutschen Nationalsozialismus sprach? Das weiß nur sie selbst.

Es bleibt den Historikern überlassen, die beiden Systeme wissenschaftlich zu vergleichen. Die Kubaner, die unter Castro nicht von Arbeiterrechten und Wohlstand sprechen können, die manipuliert, gedemütigt, in Arbeitslager gesteckt wurden und diejenigen, die unter der revolutionären Doktrin gelitten haben, werden ihre Schlüsse gezogen haben.

April 2023

Sein Freund, der Russe

Der kubanische Präsident Miguel Díaz-Canel ist nur wenig älter als ich. Auch er ist unter der ideologischen Keule aufgewachsen, mit der wir seit der Machtübernahme Fidel Castros ständig geschlagen wurden. Dazu gehörte die aufgezwungene Liebe zum „Bruderland" Sowjetunion. Bald nach Castros Sieg wurde zum Beispiel in den Schulen weniger Englisch und mehr Russisch gelernt, bis es nur noch Russisch als Schulfach gab. Die Menschen aus der Sowjetunion waren unsere Freunde, wurde uns eingeredet. Viele dieser vermeintlichen Freunde hatten ein schönes Leben auf unserer sonnigen Insel. Sie wohnten in den besseren Vierteln, hatten schöne, bewachte Häuser und kauften in gut sortierten, abgeschirmten Supermärkten ein, die für den normalen Kubaner unerreichbar waren. Man nannte sie verächtlich „Bolos", wahrscheinlich wegen ihrer Physiognomie und ihrer charakteristischen runden Köpfe.

Ich habe meine nie wirklich da gewesene Freundschaft mit dem „sowjetischen Freund" rechtzeitig beendet. Nicht so Díaz-Canel. Er hält zu ihm, nach dem Motto: „Die Feinde meiner Feinde sind meine Freunde".

Der Außenminister der Russischen Föderation, Sergei Lavrov, hat vor kurzem Kuba besucht. Nach Angaben des kubanischen Außenministers Bruno Rodríguez wurden die laufenden vorrangigen Projekte und die Perspektiven für eine effektive Beteiligung Russlands am Plan für die wirtschaftliche und soziale Entwicklung Kubas bis 2030 erörtert.

Und schon wird spekuliert, ob Russland ein ähnliches Szenario vorbereitet wie im Oktober 1962, als die Sowjetunion im Rahmen des nuklearen Wettrüstens Mittelstreckenraketen auf Kuba stationierte. Tatsächlich kommen dieses und ähnliche Treffen der Russen mit der kubanischen Regierung zu einem Zeitpunkt, an dem man dies vermuten könnte. Der kubanische Regierungschef Díaz-Canel hat mehr als einmal gezeigt, dass Kuba im Russland-Ukraine-Konflikt auf der Seite des Aggressors Russland steht.

Die USA seien für den Konflikt verantwortlich, weil sie die NATO-Grenze an die russische Grenze verschieben wollten, bekräftigt Dìaz-Canel: *Die amerikanische Regierung hat den Ursprung des Konflikts manipuliert und mit ihrer enormen Medienmacht ein Gefühl der Verachtung gegenüber Russland geschaffen. Ich glaube, sie hat die Russophobie gefördert und die wahren Ursachen des Konflikts verschleiert und Russland in die Rolle des Schuldigen gedrängt. Ich glaube wirklich, dass der Schuldige in diesem Konflikt die Vereinigten Staaten selbst sind. Die US-Regierung hat versucht, sich Russland geografisch anzunähern und die NATO-Grenze näher an die russische Grenze zu rücken. In diesem Konflikt haben sie die Ukraine als Speerspitze benutzt und in diesem Konflikt haben sie die Unterstützung der europäischen Länder gesucht*[71].

Kein Wort über den Krieg. Kein Wort darüber, dass Russland die Krim bereits 2014 annektiert hat. Kein Wort über die Sinnlosigkeit dieses Eroberungskrieges. Kein Wort darüber, dass Russland selbst durch seine Aggression die Annäherung der NATO-Grenze an sein Territorium geradezu provoziert hat.

Die exilkubanische Twitter-Community ist in Aufruhr: *Sie werden uns Amerikaner „braten"! … Kuba ist wieder einmal eine Bedrohung für die nationale Sicherheit. Die Vereinigten Staaten haben die Gelegenheit verpasst, am 11. Juli zu intervenieren. Wundert euch nicht, wenn ihr kubanische Wehrpflichtige in der Ukraine kämpfen seht. Jetzt wird es spannend, der Dritte Weltkrieg kann beginnen!*

Das aktuelle Rendezvous Russlands mit Kuba ist sicherlich strategischer Natur. Russland dürfte mit seinem Krieg gegen die Ukraine mehr als genug zu tun haben.

Auch Kenner wie der ehemalige kubanische General Rafael del Pino weisen auf die Gefahren eines Militärbündnisses mit Russland hin. Anfang März besuchte der Sekretär des russischen Sicherheitsrates Nikolai Patrushev Kuba und Venezuela. *Dieser Besuch hat absolut nichts mit Handelszusammenarbeit oder wirtschaftlichen oder wissenschaftlichen Entwicklungsprojekten zu tun, sondern ist im Wesentlichen mit militärischen Aspekten verbunden*[72], so Herr del Pino.

Zur Gesamtlage meint er: *Es ist klar, dass Putin den Krieg, den er in der Ukraine begonnen hat, verliert und einer demütigenden Niederlage immer näher*

71 https://diariodecuba.com/cuba/1681475351_46484.html (10.03.2024).
72 https://amp.14ymedio.com/internacional/Rafael-Pino-peligros-militar-Rusia_0_3494650513.html (10.03.2024).

kommt (…) Um das zu verhindern, braucht er einen psychologischen Schlag, um das Bild zu vermitteln, dass er zu allem bereit ist, wenn die Vereinigten Staaten und die NATO die Ukrainer weiterhin unterstützen (…) Die Einrichtung einer militärischen Marinepräsenz in der Karibik würde ihm dabei helfen (…) Es gibt eine plausible Logik zwischen heute und der Raketenkrise von 1962[73].

Herr del Pino wird es wissen. Er war damals Fidel Castros Berater für die kubanische Luftwaffe.

Die Situation scheint ernster zu sein, als wir denken.

April 2023

73 https://amp.14ymedio.com/internacional/Rafael-Pino-peligros-militar-Rusia_0_3494650513.html (10.03.2024).

Premio Platino

Am Sonntag wurde bekannt, dass der Dokumentarfilm „El caso Padilla", „Der Fall Padilla", des kubanischen Regisseurs Pavel Giroud den spanischen Preis „Platino" in der Kategorie „Bester iberoamerikanischer Dokumentarfilm" gewonnen hat.

Heberto Padilla war ein kubanischer Dichter, den dasselbe Schicksal ereilte wie viele andere Intellektuelle in Castros Kuba. Nach einem mehrjährigen Aufenthalt in den USA kehrte er 1959 nach Kuba zurück und wurde Vertreter des kubanischen Handelsministeriums. In dieser Funktion und als Korrespondent verschiedener Zeitungen bereiste er Europa. Als er 1967 in der in Kuba bekannten Kulturzeitschrift „El caimán barbudo" den Roman „Tres tristes tigres" des Guillermo Cabrera Infante lobte, verlor er seinen Posten als Redakteur der wichtigsten revolutionären Zeitung des Landes, „Granma", und erhielt ein Ausreiseverbot. Cabrera Infante war zuvor zum Konterrevolutionär erklärt worden und lebte bereits im Ausland.

1968 wurde Padillas Gedichtband „Fuera del juego" mit dem Lyrikpreis des Nationalen Schriftsteller- und Künstlerverbandes UNEAC ausgezeichnet, aber im Nachwort von dessen Präsidenten Nicolas Guillén, ebenfalls ein bekannter Dichter, als konterrevolutionär bezeichnet.

Wenig später wurden Padilla und seine Frau, eine Dichterin, wegen „subversiver Aktivitäten" verhaftet. Die Verhaftung schlug hohe Wellen. Sie führte zu Protesten im In- und Ausland und spaltete Künstler und Intellektuelle in Lateinamerika. Padilla wurde zu einem öffentlichen Geständnis gezwungen, in dem er sich selbst subversiver Aktivitäten gegen das Castro-Regime bezichtigte. Nach fünf Wochen wurde er freigelassen. 1980 durfte er auf Vermittlung von US-Senator Edward Kennedy in die USA ausreisen.

Heberto Padillas Werk umfasst vor allem Gedichtbände in spanischer und englischer Sprache. 1989 erschien seine Autobiographie „La mala memoria".

In seiner Dankesrede sprach mir der Preisträger Pavel Giroud aus der Seele: *Unser Film erzählt die Geschichte eines Dichters, der 1971 wegen seiner kritischen Arbeit inhaftiert und dann gezwungen wurde, seine Werke öffentlich zu widerrufen. Das Schlimmste ist, dass mehr als ein halbes Jahrhundert später das Gleiche in meinem Land immer noch geschieht. Und deshalb möchte ich allen danken, die für unseren Film gestimmt haben, im Namen der Kubaner, die es satthaben, dass unser Land ein Themenpark im Namen einer Ideologie oder einer Utopie ist, und dass der Schmerz der Kubaner nicht die gleiche Kraft hat wie der Schmerz anderer Nationen, die unter totalitären Regimen gelitten haben.*

April 2023

Who stole your identity?

Ich habe das Glück, die Autorin dieses Büchleins persönlich gut zu kennen. Ihr Rat und ihr Beispiel haben mein Leben verändert. Sie möchte ihre Lehren teilen. Dazu hat sie „Who stole your Identity?: Dare to be the Person, who always want to be" geschrieben, ein Buch, mit dem sie als Beraterin, *Life Coach* und Therapeutin nicht nur dazu aufruft, sondern uns auch Übungen an die Hand gibt, die uns am Ende genau das werden lassen: die Person, die wir schon immer sein wollten.

Mit ihrem kleinen Buch hat Dr. Bosch das Leben vieler Menschen verändert. Ob in Asien oder Amerika, alle sind von ihren Ratschlägen begeistert. Mich selbst hat sie davon überzeugt: Das ist der Weg zu einem gesunden Geist.

Nach ihrer Erfahrung sind die „Diebe" oft Personen aus dem engeren familiären Umfeld, die versuchen, ihre eigenen Vorstellungen und Lebenseinstellungen auf andere zu übertragen, Eltern auf Kinder, Großeltern auf Enkel. Es scheint ein universelles Problem zu sein, aber es ist besonders tief in der lateinamerikanischen Kultur verwurzelt, wo Frauen und Kinder traditionell Opfer der patriarchalischen Kultur sind. In ihrer therapeutischen Arbeit mit Frauen stellte Dr. Bosch fest, dass der Grund für den Stress ihrer Patientinnen, meist intelligente, erfolgreiche, vermeintlich glücklich verheiratete Frauen, viele von ihnen Akademikerinnen, darin lag, dass sie lebten, um andere zufrieden zu stellen. Dies beruhe auf der kulturell bedingten Vorstellung, dass man dies tun müsse, oder der Erwartung, dass man dies tun müsse, weil es das vermeintlich Richtige sei. *Was Oma gesagt hat, was die Familie gesagt hat, was meine Mutter mir gesagt hat …* Die Patientinnen merken in der Therapie, dass ihr Problem war, nicht NEIN sagen zu können. Und das lernen sie bei Dr. Bosch.

In einem Interview mit dem dominikanischen Fernsehen sprach sie über die körperlichen Schäden, die Stress verursachen kann. Herzkrankheiten zum Beispiel. Besonders den Herzinfarkt bringt sie mit Wut in Verbindung. Viele ihrer Patientinnen tragen eine große Wut in sich. Eine Wut, die sich gegen sich selbst richtet. Sie sind wütend auf sich selbst, weil sie nicht den Mut haben zu sagen: *So fühle ich mich, so will ich es.* Viele verbringen ihr Leben damit, darauf zu warten, dass sich etwas ändert, dass sich der ändert, der es geschafft hat, ihre Identität zu stehlen. Aber, wie Dr. Bosch in ihrer witzigen Art sagt: *Lo que se puede cambiar es el aceite del carro,* d.h. man kann das Öl im Auto wechseln, aber ändern muss sich jeder selbst.

Frau Dr. Bosch berichtet, dass sie Therapiegruppen mit lateinamerikanischen Frauen im dritten Lebensalter leitet und ihnen beibringt, wie sie ihre Identität zurückgewinnen können. Die Frauen hätten es geschafft. Eine von ihnen habe versichert: *In meinem Leben vor der Gruppe von Frau Bosch war ich ein Teppich, auf den alle getreten sind. Nach der Gruppe habe ich den Teppich in die Reinigung gebracht. Und nicht wieder abgeholt.*

Am Ende einer dieser Gruppen bat Dr. Bosch die Damen, mit einem Wort zu beschreiben, was sie fühlten. *LIBERTAD!*, riefen sie unisono.

Ich habe es auch geschafft. Ich habe mir die Identität zurückgeholt, die man mir gestohlen hatte. Und ich meine es nicht im gleichen Kontext wie die Patientinnen von Dr. Bosch. Denn ich hatte das Glück, eine Mutter zu haben, die mir alle Freiheiten ließ. Und doch hatte mir jemand meine Identität gestohlen. Fidel Castro. Damit meine ich nicht nur ihn, sondern sein System, all seine Helfer, die das kubanische System in Kuba möglich gemacht haben. Fidel Castro hat meine Identität gestohlen, die meiner Mutter, die meiner Brüder, die von Generationen von Kubanern. Fidel Castro und die Seinen haben ihre Identität behalten, aber sie haben unsere gestohlen.

Ist es in autoritären Systemen gesamtgesellschaftlich möglich, die eigene Identität zu bewahren? Nein, das ist es nicht. Fidel Castro hat mir und vielen Kubanern die Identität geraubt, die Gesamtheit der Eigenschaften, die uns ausmachen und uns gleichzeitig voneinander unterscheiden.

Unsere Identität, die Identität der in Kuba lebenden Kubaner, wurde durch das sozialistische System nicht nur geformt und geprägt, sondern auch umgestaltet, nach seinen Vorstellungen und für seine Zwecke geformt. Andere Meinungen waren – und sind – verpönt. Es war verboten, die eigene Meinung zu äußern.

Von der Religionsfreiheit bis zur Meinungs- und Demonstrationsfreiheit wurden alle Rechte, die nicht in die Ideologie der bärtigen Revolutionäre passten, unterdrückt, die Identität des Einzelnen zerstört und die der Castro-Revolution aufgezwungen. Die Repression erlaubte uns nicht, die Person zu sein, die wir sein wollten. Schon als Kinder ließen sie uns schwören: *Wir werden wie Che sein.*

Wer das sofort erkannte, ging rechtzeitig. Die, die Castros ersten Worten glaubten, blieben. Und ließen es geschehen. Die *Revolución* raubte ihre Identität. Sie stahl auch die gesamtgesellschaftliche Identität der Kubaner.

Seit Jahren verlassen Kubaner in Scharen das Land. Die Mutigen, die sich ihre persönliche Identität nicht länger von einem diktatorischen Regime stehlen lassen wollen, gehen trotz der vorhersehbaren Gefahren. Und es werden immer mehr, die die kollektive Identität aufgeben, um ihre eigene wiederzuerlangen. Schade, dass sie – bzw. wir – das nicht im eigenen Land tun können, unsere Identität zurückgewinnen. Denn es wäre doch ideal, dort, wo unsere Sprache gesprochen und unsere Sitten und Gebräuche gelebt werden, der zu sein, der man schon immer sein wollte: die individuelle mit der kollektiven Identität in Einklang zu bringen. Freiheit bedeutet für mich, Ersteres zu haben und gleichzeitig Letzteres zu bewahren. Das ist den Kubanern leider verwehrt. Im Gegensatz zu den Damen aus der Gruppe von Dr. Bosch.

Die Ausführungen von Dr. Bosch über die Auswirkungen von Stress auf die körperliche Gesundheit haben mich nachdenklich gemacht. Denn der Druck, den die kubanische Regierung auf ihre Bevölkerung ausübt, ist enorm. Neben dem täglichen Kampf ums Überleben (Was essen wir heute?) müssen die Kubanerinnen und Kubaner Tag für Tag mit dem ideologischen Druck, mit dem Überwachungsstaat, mit Schikanen und Willkür, mit Verhaftungen nach Gutdünken, mit Beleidigungen und Demütigungen durch die Staatsmacht, mit Perspektivlosigkeit leben. Und sie sind gezwungen, für die Freiheit ihrer Angehörigen zu kämpfen, die als politische Gefangene in Castros Gefängnissen sitzen. Und genau dieser Stress macht krank.

Dr. Bosch hat mir die Folgen des Stress deutlich gemacht: Stress tötet.

Die Gelassenheit, die man der eigenen Gesundheit zuliebe an den Tag legen sollte, ist im sozialistischen Kuba nicht möglich.

Ich bin sicher: Ideologie ist Gift für die Seele.

Das statistische Jahrbuch des kubanischen Gesundheitsministeriums gab übrigens folgende Haupttodesursachen in Kuba für das Jahr 2020 bekannt: Herzerkrankungen, bösartige Tumore, zerebrovaskuläre Erkrankungen[74].

April 2023

74 https://salud.msp.gob.cu/wp-content/Anuario/Anuario-2020.pdf (10.03.2024).

La vida es un carnaval

In den letzten Tagen wurde im Internet darüber berichtet, dass die kubanische Schauspielerin Ana de Armas in ihr Geburtsland gereist ist, um Verwandte und Freunde zu besuchen und ihren Geburtstag zu feiern. Laut ihrem Wikipedia-Eintrag ist sie in Havanna aufgewachsen und besitzt sowohl die kubanische als auch die spanische Staatsbürgerschaft. Letztere, weil ihre Großeltern aus Spanien stammen. Mit achtzehn Jahren zog sie dorthin und spielte in verschiedenen Filmen mit. Heute lebt sie in den USA.

Ich habe zum ersten Mal von ihr gehört, als sie für einen „Golden Globe" und einen „Oscar" für ihre Rolle in dem Film „Blonde" im Jahr 2022 nominiert wurde. Aber in den letzten Tagen habe ich mehr über sie gelesen, als mir lieb war.

Im Netz finden sich Bilder von ihrer Ankunft in Havanna, von ihrem überschwänglichen Empfang in einem gut bewachten, nicht für jedermann zugänglichen Bereich des Flughafens. Man wundert sich, dass die Freundin dort auf sie wartete, wo heute nicht einmal die Angehörigen der Reisenden Zutritt zum Flughafengebäude haben. Wir sahen Bilder von Ana de Armas aufrichtiger Wiedersehensfreude, Bilder von Umarmungen. Und sahen sie auf Fotos mit dem offenbar unbeliebten spanischen Koch Miguel Àngel Jiménez – angeblich der Chefkoch von Lis Cuesta, der Ehefrau von Díaz-Canel – und mit Mitgliedern der von der kubanischen Regierung geförderten Kindertheatergruppe „La Colmenita" (Das Bienenkörbchen). Man liest ihre Antwort auf die Interviewanfrage eines regierungsnahen Online-Nachrichtenmagazins … *Frau Journalistin, ich bin im Urlaub!* Und man sieht, wie Frau de Armas ihren Geburtstag feiert, wie sie ausgelassen und frenetisch mit einer Freundin tanzt, de Armas schiebt ihr gestreiftes Kleid beiseite und entblößt lasziv einen Oberschenkel, die Freundin schaut verzückt in die Kamera. Wir sahen, wie sie im Restaurant „El Cocinero", bekannt durch die kubanische *Farándula,* einen Drink mixte und ihr Dekolleté dezent entblößte, um die von einem Gast geworfenen Geldscheine(?) aufzufangen.

Der Besuch von Ana de Armas hat eine polemische Debatte ausgelöst. Angesichts der politischen Situation auf der Insel hofft jeder Kubaner, der sich Freiheit und Demokratie für Kuba wünscht, dass alle, deren Stimme in der Welt gehört wird, diese Stimme nutzen, um die Situation dort bekannt zu machen, um sich gegen Totalitarismus und Unterdrückung zu stellen und um insbesondere auf die Situation der Menschenrechte in unserem Geburtsland aufmerksam zu machen. Denn die Stimme einer Ana de Armas ist lauter als beispielsweise meine.

Einige finden es absolut inakzeptabel, dass Frau de Armas nicht nur ihren Geburtstag in Kuba gefeiert hat, sondern dass die Bilder öffentlich geworden sind. So wie die Bilder der „Damas de Blanco" öffentlich werden, wenn sie von der kubanischen Polizei verprügelt und gewaltsam verhaftet werden. Oder die Bilder von kubanischen Polizisten, die Minderjährige schlagen oder grundlos ihr Eigentum konfiszieren. Oder die Bilder von Müttern, die um ihre willkürlich inhaftierten Kinder weinen. Andere mögen verstehen, dass Frau de Armas wie jeder freie Mensch ihre eigene Entscheidung getroffen hat, die Entscheidung, unpolitisch zu bleiben und ihren Erfolg nur für sich selbst zu nutzen. Aber die Tatsache, dass Frau de Armas sich in Havanna wie die öffentliche Person verhielt, die sie ist, dass sie ihre Familie und Freunde nicht diskret besuchte, dass sie ihren Besuch bei der Kindertheatergruppe öffentlich machte, dass sie ihre opulente Geburtstagsfeier trotz des Hungers und der Not ihrer Landsleute veranstaltete, machte ihren Besuch zu einem politischen Ereignis.

Es ist verständlich, dass jeder, der Verwandte in Kuba hat, diese besucht. Viele von uns tun es trotzdem nicht, um die Diktatur nicht zu unterstützen. Aber als freie Menschen können wir – jeder für sich – eine Entscheidung treffen.

Frau de Armas hat sich entschieden, ihre Stimme nicht für Demokratie und Menschenrechte in Kuba einzusetzen. Wir müssen sie nicht mögen, und es wird ihr egal sein. Aber wir freiheitsliebenden Kubaner haben auch Camila Cabello, Paquito d'Rivera und Pavel Giroud. Und wir hatten Celia Cruz.

Celia Cruz, *the Queen of Salsa,* mehrfache Grammy-Gewinnerin und Trägerin weiterer weltweiter Auszeichnungen, Ehrendoktorin der „Yale University" und der „University of Miami", nach der in Miami, Union City und auf Teneriffa Straßen benannt wurden, der der „United States Postal Service" eine Briefmarke widmete, die in die „Billboards Latin Music Hall of Fame" und die „International Latin Music Hall of Fame" aufgenommen wurde, deren Beerdigung einem Staatsakt gleichkam (ca. 200.000 Menschen begleiteten ihren Sarg), deren Konterfei inzwischen eine Quarter-Münze ziert, erhob ihre Stimme gegen die kubanische Diktatur. *Ich möchte nicht in ein Land gehen, in dem ich nicht so mit Ihnen reden kann, wie ich es jetzt tue,* sagte Celia in einem Interview.

Celia, die kurz vor der kubanischen Revolution 1959 ausgereist war und sich danach weigerte, zurückzukehren, liebte ihr Geburtsland. Als sie den US-Stützpunkt Guantánamo besuchte, schob sie ihre Hand unter den Grenzzaun und nahm eine Handvoll Erde mit, die sie nach Hause brachte und in ihren Sarg gelegt wurde. Celia Cruz liebte ihr Land und ließ sich von der kommunistischen Regierung nicht erpressen. Das Land wieder zu betreten und dafür zu schweigen, darauf ließ sich Celia nicht ein. Als ihre Mutter 1962 in Kuba starb, zahlte sie den Preis: Sie durfte nicht einreisen, um ihre Mutter zu beerdigen. So wie heute Oppositionellen die Einreise ins eigene Land verwehrt wird. Doch Celia gab ihre Überzeugungen nicht auf.

La vida es un carnaval. Das Leben ist ein Karneval. Dennoch besang Celia das Leben: *Ay, no hay que llorar que la vida es un carnaval y las penas se van cantando …* (Oh, es gibt keinen Grund zu weinen, das Leben ist ein Karneval und die Sorgen werden weggesungen …)

Celias Refrain ist kein Trost für die politischen Gefangenen in den kubanischen Gefängnissen. Doch, wir haben sie auch für ihre Prinzipien geliebt.

Mai 2023

Drei Chinesen mit 'nem Kontrabass

Dieses Kinderlied habe ich zum ersten Mal in Deutschland gehört. Ein banales, aber lustiges Lied. Neulich kam es mir wieder in den Sinn, als ich die Nachrichten aus Kuba hörte und sah. Vor einigen Tagen waren in „Caimanera", einem Ort im Südosten des Landes, viele Menschen auf die Straße gegangen. „Caimanera" liegt in der durch das weltberühmte Lied „Guantanamera" bekannt gewordenen Region Kubas, Guantánamo, und grenzt an den ebenfalls bekannten US-Stützpunkt, weshalb in den ersten Jahren des kommunistischen Castro-Regimes viele Kubaner den Ort aufsuchten, um von dort aus dem Land zu fliehen. Aus diesem Grund wurde ein großes kubanisches Grenzschutzregiment im Ort stationiert. Das Gebiet ist gut bewacht.

Vor wenigen Tagen, am 06. Mai, wurde Caimanera Zeuge von Straßenprotesten. Der totalitäre kubanische Staat reagierte wie erwartet: Im ganzen Land wurde für Stunden das Internet abgeschaltet, vermutlich um zu verhindern, dass die kleine Flamme des Widerstands auf andere Orte der Insel überspringt. Auf den Bildern und Videos, die es dennoch ins Internet schafften, sah ich Dutzende von Menschen, meist Jugendliche, die durch eine Straße liefen und *Libertad!* (Freiheit), *Vivan los derechos humanos!* (Es leben die Menschenrechte) und *Viva Cuba libre!* (Es lebe ein freies Kuba) skandierten und ein besseres Leben forderten[75]. Offensichtlich waren sie spontan auf die Straße gegangen, angestachelt von einem einzelnen Mann, der sich auf der Straße lauthals über den Strommangel beschwerte und den Mangels an allem, was man für ein menschenwürdiges Leben braucht, beklagte.

Das Regime beendete die Proteste mit Hilfe der Spezialeinheiten des Innenministeriums – wie sollte es anders sein – gewaltsam. Die Antwort war nicht zu übersehen oder zu überhören: Schläge, Verhaftungen und Desinformation. Die Schergen der kubanischen Diktatur schlugen wieder zu und hinderten erneut Menschen daran, ihr legitimes Recht auf Meinungs- und Demonstrationsfreiheit wahrzunehmen. Wie schon bei den

75 https://www.infobae.com/america/america-latina/2023/05/07/al-grito-de-libertad-libertad-cientos-de-cubanos-salieron-a-las-calles-de-caimanera-en-protesta-contra-el-regimen/?outputType=amp-type (10.03.2024).

Volksprotesten am 11. und 12. Juli 2021 wissen die Eltern und Verwandten der Verhafteten bis heute nicht, wo sie sich befinden. Auch diesmal ist davon auszugehen, dass sie es erst erfahren werden, wenn die Folgen der Misshandlungen während der Festnahme und der Haft nicht mehr offen sichtbar sind. Und vermutlich wird das Regime versuchen, die Gemüter kurzfristig mit Bier und „Volksfraß" zu beruhigen, wie in jenen Tagen im Juli 2021.

Vermutlich um die Position der Regierung bekannt zu machen, wurde Stunden später das Internet eingeschaltet. Dann kam die Botschaft der kommunistischen Regierung: *In „Caimanera" herrscht absolute Ruhe. Drei Bürger, die unter Alkoholeinfluss die öffentliche Ordnung gestört hatten, wurden von den Behörden und der Bevölkerung zur Rechenschaft gezogen. Absolute Ruhe in unserem Viertel. Wie Sie sehen können, sind die Straßen völlig leer und wir übermitteln absolute Ruhe für unsere Bevölkerung und unser Land, … in „Caimanera", unserem ersten antiimperialistischen Graben mit absoluter Ruhe.*[76]

Drei Bürger unter Alkoholeinfluss … Nicht drei Chinesen mit 'nem Kontrabass, sondern drei Kubaner mit 'ner Flasche Schnaps.

Mai 2023

76 https://noticias.cubitanow.com/un-agente-del-rgimen-dice-que-lo-que-pas-en-caimanera-fue-por-tres-borrachos-mira-los-videos (10.03.2024).

Muttertag

Heute ist Muttertag. Und ich denke an meine verstorbene Mutter. Es vergeht kaum ein Tag, an dem ich nicht an meine Mutter denke. Meine Mutter war eine außergewöhnliche Frau. Mein Buch „Ein kleines Stück Himmel“[77] ist eine Hommage an meine Mutter. Das Kapitel „Mutter“ habe ich ihr gewidmet. Darin schreibe ich: *Sie war zartfühlend, trotz ihrer Respekt einflößenden Erscheinung, eine Frau mit einer besonderen Aura, smart, mit einer natürlichen Eleganz und einer Vertrauen erweckenden Ausstrahlung … Und ausgesprochen schön war sie, wunderschön. Ihre gleichmäßige braune Haut passte zu ihren aparten Gesichtszügen. Im Innern war sie genauso umwerfend. Sie war die schönste Frau, die ich jemals sah …*

Es ist kein Zufall, dass ich gerade im Kapitel „Mutter“ auf die katastrophale politische Situation in Kuba und den sozialen Niedergang eingehe. Ich weiß natürlich, dass meine Mutter mein Buch nicht lesen wird, aber ich möchte ihr sagen, dass es mit unserem Land weiter bergab geht. Ich möchte ihr sagen, wie viele Mütter heute um ihre Kinder trauern, die aus politischen Gründen im Gefängnis sitzen, wie Betty Guerra Perdomo, die Mutter der Brüder Jorge und Nadir Martin Perdomo. Meine Mutter sollte wissen, wenn es möglich wäre, wie viele Kinder heute ihren Müttern nicht persönlich zum Muttertag gratulieren, wie die kleinen Töchter von Aymara Nieto, wie die fünf minderjährigen Kinder von Lizandra Góngora Espinosa. Denn die kubanische Diktatur hat sie jahrelang hinter Gitter gebracht.

Heute werden viele Familien den Muttertag nicht gemeinsam feiern. Ihnen hat Díaz-Canel unendlichen Schmerz und ständige Trauer zum Muttertag geschenkt.

Mai 2023

77 erhältlich bei https://www.natneumann.net/Shop bzw. Amazon, libros.cc, Tagus, Casa del Libro, Agapea, Libelista und im Rahmen von Präsentationen.

17. Mai

Heute ist der Internationale Tag gegen Homophobie. Das Wort Homophobie stammt vom altgriechischen homós (gleich) und „Phobie" von phóbos, Schrecken, Furcht. Homophobie gehört zu den menschenverachtenden Phänomenen wie Rassismus oder Fremdenfeindlichkeit, die das Verhalten der Menschen seit jeher begleiten. Feindseligkeit gegenüber Lesben und Schwulen scheint es immer und überall gegeben zu haben, in Ländern wie Kuba umso mehr, nicht zuletzt aufgrund des in der Gesellschaft vorherrschenden Patriarchats und des scheinbar inhärenten Machismus.

Castros Revolution brachte Schwulen und Lesben nicht die Erlösung, die man sich von den revolutionären Parolen von Gleichheit und Gerechtigkeit versprochen hatte. Fidel Castros *Barbudos* waren der Inbegriff von Männlichkeit. Und schon bald bekannten sich Fidel Castro und Ernesto Che Guevara als „Musterhomophoben". Bei der Recherche für diese Zeilen stieß ich auf den ausgezeichneten Artikel von Guillermina Suter Schneider „Bist du schwul? Che Guevara hätte dich ins Konzentrationslager geschickt"[78]. Sie beschreibt Che Guevara als homophob, rassistisch und als Massenmörder. Tatsächlich belegen die Fakten diese scheinbar wenig bekannten Eigenschaften Che Guevaras, der bis heute als Held idealisiert wird. Für Ernesto Guevara de la Serna, wie er mit bürgerlichem Namen hieß, waren Homosexuelle „sexuelle Perverse". Für ihn, wie auch für Fidel Castro, war Homosexualität der Inbegriff „bürgerlicher Dekadenz". Für sie passte diese „Abweichung" nicht in das Bild eines Kommunisten.

Über Fidel Castros Idee, einen neuen Menschen – *el hombre nuevo* – zu schaffen, schreibe ich ausführlich in meinem Buch „Ein kleines Stück Himmel", denn ich gehörte zu den „Versuchskaninchen" in Castros Labor. Für Che Guevara passte Homosexualität nicht in das Schema dieses „neuen Menschen". Dieser sollte, so der im Exil lebende kubanische Schriftsteller und Journalist Carlos Alberto Montaner, *stark, mutig, patriotisch, selbstlos, heterosexuell, monogam und anspruchslos* sein[79].

78 https://www.elcato.org/eres-gay-el-che-guevara-te-habria-enviado-un-campo-de-concentracion (10.03.2024).
79 https://www.infobae.com/america/historia-america/2019/10/06/el-che-guevara-y-su-odio-implacable-contra-los-homosexuales-a-los-que-condeno-a-trabajos-forzados-para-curarlos/ (10.03.2024).

Ernesto Guevara war an der Errichtung des ersten Konzentrationslagers auf Kuba beteiligt. Es entstand 1960 in Guanahacabibes, der Halbinsel an der Westspitze Kubas. Das Motto des Arbeitslagers lautete: „El trabajo los hará hombres"[80] (Die Arbeit wird sie zu Männern machen). Dort wurden Homosexuelle zur Arbeit gezwungen, um ihr „asoziales Verhalten" zu korrigieren. Viele wurden gequält und vergewaltigt. Viele starben. Später entstanden in Kuba weitere Arbeitslager, die „Unidades Miliares de Ayuda a la Producción" (Militärische Stützpunkte zur Unterstützung der Produktion), bekannt als UMAP, in denen homosexuelle und religiöse Menschen interniert und zur Zwangsarbeit verdammt wurden[81]. Auch dieses wenig bekannte dunkle Kapitel der kubanischen Revolution behandle ich in meinem Buch „Ein kleines Stück Himmel".

Offensichtlich sind sich die Vertreter der LGBTQ-Gemeinschaft, die stolz mit dem Konterfei Che Guevaras auf ihren Bannern marschieren und glauben, ihre Hemden mit seinem Abbild zu schmücken, all dessen nicht bewusst. Ich hoffe, dass diese Zeilen sie erreichen.

Mai 2023

80 https://www.abc.es/historia/abci-verdadero-guevara-homofobo-encerro-cientos-homosexuales-campos-trabajo-201907110223_noticia.html (10.03.2024).
81 http://amigospais-guaracabuya.org/oagaq003.php (10.03.2024).

No tengo

„Tengo". So heißt ein Gedicht des kubanischen Dichters und Schriftstellers Nicolás Guillén, der mit seinem Werk die *lange vernachlässigte nichtsprachliche afro-kubanische Tradition Kubas wiederbelebt hat* (Wikipedia). „Ich habe".

Guillén, der vor 1959 im Ausland gelebt hatte, kehrte nach dem Sieg der Revolution nach Kuba zurück. Bald wurde er Präsident der UNEAC, des systemtreuen kubanischen Schriftsteller- und Künstlerverbandes.

Sein Gedicht „Tengo" gehört zu den postrevolutionären Gedichten, die mir als Schülerin eingehämmert wurden und sich in mein Langzeitgedächtnis eingebrannt haben.

Cuando me veo y toco,
yo, Juan sin Nada no más ayer,
y hoy Juan con Todo,
y hoy con todo,
vuelvo los ojos, miro,
me veo y toco
y me pregunto cómo ha podido ser …

(Wenn ich mich sehe und berühre,
ich, Hans mit Nichts gestern,
und heute Hans mit Allem,
und heute mit allem,
dann wende ich meine Augen,
ich schaue, ich sehe und berühre mich,
und frage mich, wie es hat sein können …)

So Guillén. Sagen wollte er uns damit, dass die Revolution den Armen von gestern, den Enteigneten, alles gegeben hat.

Hat sie das?

Er zählt auf, was der Arme alles bekommen habe:

(...) el gusto de andar por mi país,
dueño de cuanto hay en él,
mirando bien de cerca lo que antes
no tuve ni podía tener ...

(... Das Vergnügen, durch mein Land zu gehen,
das mir gehört,
und aus der Nähe zu sehen,
was ich vorher nicht hatte und was ich vorher nicht haben konnte.)

Und er versichert, alles sei für immer meine, deine, unsere ...
... ya míos para siempre y tuyos, nuestros ...

Ist das so? Mitnichten!

Tengo, vamos a ver,
que no hay guardia rural
que me agarre y me encierre en un cuartel ...

(Ich habe, mal sehen,
dass mich kein Polizist erwischt,
und in eine Kaserne sperrt ...)

Die Zeitzeugen, die die Willkür und die Verbrechen im Namen der Revolution miterlebt haben, die Nachrichten und die Bilder aus der Insel haben ein anderes Gedicht geschrieben.

Neben der politischen Positionierung Kubas an der Seite Russlands und seiner bedingungslosen Unterstützung in der Konfrontation mit dem Westen (Díaz-Canel) wurde vor wenigen Tagen bekannt, dass die kubanische Regierung russischen Unternehmen das Recht angeboten hat, Land in Kuba für 30 Jahre zu nutzen[82], eben von diesem Land, das laut Nicolás Guillén den Kubanern gehöre. Kurz zuvor hatte der stellvertretende russische Premierminister in Havanna folgende Erklärung abgegeben: *Es ist sehr wichtig,*

82 https://landportal.org/news/2023/10/cuba-ofrece-tierras-rusia-en-usufructo-por-30-a%C3%B1os (10.03.2024).

einen Fahrplan aufzustellen, um diese Präferenzen zu berücksichtigen, die möglicherweise einige Änderungen in der kubanischen Gesetzgebung erfordern könnten[83].

Russland soll in Kuba Kapital investieren und Geschäfte machen, und zwar auf der Grundlage eines Abkommens, das für ausländische Investoren bisher beispiellose Bedingungen vorsieht. Es heißt, Kuba befreie russische Unternehmen von Importzöllen auf bestimmte Technologien und erlaube ihnen die Repatriierung ihrer Gewinne.

Der aufmerksame Juan sin Nada spricht vom Ausverkauf des Landes.

Der Leiter der russischen Delegation der russisch-kubanischen Wirtschaftskommission bestätigte in Havanna: *Wir erhalten eine Vorzugsbehandlung.*[84]

Nicolás Guillén schwärmte in seinem Gedicht auch davon, dass Juan sin Nada, Hans ohne Nichts, also der einfache Mann, nun das Vergnügen hätte, beispielsweise in eine Bank zu gehen und den Bankdirektor nicht mehr auf Englisch oder mit *Señor*, sondern mit *Compañero* ansprechen könne.

Juan sin Nada muss schnell lernen, den Bankdirektor auf Russisch anzusprechen. Denn im Rahmen des für die Russen großzügigen Kubageschäfts wollen einige russische Banken, Filialen in Kuba eröffnen und den Rubel rollen lassen.

Spätestens an dieser Stelle hätte der vor Jahren verstorbene Nicolás Guillén sein Gedicht umschreiben müssen. Ich habe mir die Freiheit genommen, dies zu tun und es mit „No tengo" zu überschreiben.

Das Gedicht, das Díaz-Canel heute schreibt, ist kein gutes, vor allem wenn man bedenkt, dass er sich (in Kriegszeiten) auf Gedeih und Verderb mit Russland verbündet hat.

Mai 2023

83 https://observatoriocubano.com/2023/05/24/cuba-de-colonia-sovietica-a-colonia-rusa/ (10.03.2024).
84 https://landportal.org/news/2023/10/cuba-ofrece-tierras-rusia-en-usufructo-por-30-a%C3%B1os (10.03.2024).

La vida es un ratico

No dejemos que se nos acabe el bien
Todavía hay muchas cosas por hacer
No dejemos que se nos acabe el bien
La vida es un ratico, un ratico nada más.

(Lasst uns das Gute nicht aus den Händen gleiten
Es gibt noch viel zu tun
Lasst uns das Gute nicht aus den Händen gleiten
Das Leben ist eine kleine Weile, eine kleine Weile nur),

singt Juanes, der kolumbianische Sänger und Songwriter.

Wenn man zurückdenkt, merkt man, wie recht er hat. Das Leben ist eine kleine Weile. Nur ist die Weile bekanntlich für manche kürzer, viel kürzer als für andere, und das nicht unbedingt wegen Schicksalsschlägen oder Zufällen.

Ich denke an die vielen Menschen, die tagtäglich weltweit der Willkür der Mächtigen zum Opfer fallen.

Ich denke an die unzähligen kubanischen Menschenleben, die durch die Willkür der sozialistischen Machthaber zu einer kleineren Weile wurden, als sie ohnehin schon waren.

Kürzlich erinnerte ein Tweet an die Opfer des Massakers im „Loma de San Juan", Santiago de Cuba[85]. Diese Episode, die aufgrund der damaligen Euphorie des Volkes offensichtlich wenig bekannt ist – und die übrigens auch Thema des Kapitels „Die Cousine" meines Buches „Ein kleines Stück Himmel"[86] ist – war nicht die letzte in einer Reihe von Ereignissen, die man als Staatsterrorismus bezeichnen kann und die bis heute das Leben der Kubaner zu einem immer kleineren *ratico* machen. Und das nicht nur aus politischen Gründen, wie im Fall der 72 Männer von „Loma de San Juan". Und wie im Fall der unzähligen Menschen, die gestern, heute, mit Sicherheit morgen und wahrscheinlich bis zum Ende des

85 https://cubaarchive.org/wp-content/uploads/2022/11/Masacre-Loma-de-San-Juan.pdf.
86 erhältlich bei https://www.natneumann.net/Shop bzw. Amazon, libros.cc, Tagus, Casa del Libro, Agapea, Libelista und im Rahmen von Präsentationen.

Castro-Systems inhaftiert sind und sein werden, weil sie ihr legitimes Recht auf Meinungsfreiheit ausgeübt haben oder ausüben. Denn durch jahrzehntelange Misswirtschaft ist Kuba seit 1959 immer weiter abgerutscht und mit ihm der Lebensstandard seiner Bürger. Seit der Machtergreifung der Rebellen um Fidel Castro ist das Leben der Kubaner ein immer kürzer werdendes *ratico*. Wer sein *ratico* verlängern will, verlässt das Land, oft mit der Ungewissheit, ob ihm dies gelingt. Zum systemimmanenten Dauerzustand des Mangels an allem, was man braucht, um sein *ratico* so lang und angenehm wie möglich zu gestalten, gesellt sich das Phänomen einer ausufernden Kriminalität. Kubas Straßen sind nicht mehr so sicher, wie veraltete Reiseprospekte glauben machen. Täglich kommt es auf Kubas Straßen zu Überfällen, um ein Handy oder ein paar Geldscheine zu erbeuten. So mancher Tourist musste erleben, wie ihm ein Stück Fleisch vor seinen Augen von einem hungrigen Kubaner vom Teller gestohlen wurde. Zugegeben, damit kann man leben.

Die ansonsten „fleißige" kubanische Polizei scheint mit der ungerechtfertigten und unfairen Überwachung und Unterdrückung von Oppositionellen und politischen Gefangenen ausgelastet zu sein, da die Straßenkriminalität auf Kubas Straßen zur Normalität geworden ist.

Es scheint, dass viele keinen Ausweg sehen und es vorziehen, auf den Rest des ihnen zustehenden *ratico* zu verzichten: Selbstmord ist eine der zehn häufigsten Todesursachen in Kuba, mit 13 Selbstmorden pro 100.000 Einwohner eine der höchsten Raten in Lateinamerika[87].

Und während Juanes bestätigt,

No dejemos que se nos acabe el bien
Vienen tiempos buenos y los malos ya se van …

(Lasst uns das Gute nicht aus der Hand nehmen. Gute Zeiten kommen, schlechte Zeiten gehen …),

glauben viele Kubaner nicht mehr daran. Sie glauben, dass die schlechten Zeiten nach Kuba gekommen sind, um zu bleiben.

Juanes singt übrigens auch „La camisa negra", das schwarze Hemd. Wie passend!

Mai 2023

87 https://www.diariolasamericas.com/cuba-esta-los-paises-la-region-mas-suicidios-n4236021 (10.03.2024).

Ich sehe was, was du nicht siehst …

Die Anhänger der kubanischen Revolution waren schon immer etwas seltsam. Als Schüler in Kuba waren wir einer ideologisierten sozialistischen Kreativität ausgeliefert und lachten manchmal über die „Peinlichkeiten", die wir im Namen Fidel Castros und seiner Revolution zu vollbringen hatten. Dennoch zeichneten sich die Kubaner – auch in revolutionären Zeiten – durch ihre Cleverness, ihren Einfallsreichtum und ihre Kreativität aus.

Im Laufe der Jahre ging es bekanntlich mit Kubas Wirtschaft immer weiter bergab, die klügsten Köpfe wanderten ins Ausland ab, und die, die blieben, hatten es nicht leicht. In beiden Fällen lassen sie ihrer Kreativität freien Lauf. So lassen sich Ärzte in Kuba heute allerhand einfallen, um ihre Patienten trotz Mangelwirtschaft zu versorgen. Da werden gebrochene Gliedmaßen mit Pappe ruhiggestellt, weil es keinen Gips gibt. Aus Plastikeimern werden Prothesen hergestellt. Papieretiketten werden als Verbände verwendet, weil es auch an Verbandsmaterial fehlt (der Patient hat dann eine Wunde mit Strichcode). Wegen des chronischen Treibstoffmangels werden aus Baumstämmen und alten Gefäßen Fahrzeuge gebastelt, die mit Muskelkraft angetrieben werden und an die Fahrgefährte von Fred Feuerstein und Berni Geröllheimer erinnern. In der heimischen Küche wird Benzin aus Plastikflaschen hergestellt und Pferde werden als Zugkraft vor das ehemals fahrtüchtige Gefährt (nun mit leerem Tank) gespannt. Die Toten werden auf Fahrrädern oder selbst gebauten Anhängern transportiert. Der letzte Weg zum Friedhof ist nicht weniger beschwerlich als zu Lebzeiten.

Anders sieht es im Kreis der Regierenden aus.

Wenn man heute nach Kuba schaut, wo immer noch die Ideologie regiert, wo Menschenrechte nichts wert sind, wo die Menschen stundenlang für eine Handvoll Reis anstehen, wo Kinder und Alte aus Mangel an Medikamenten sterben, dann wundert man sich, dass offenbar immer noch viele hinter diesem gescheiterten Staat stehen. Und so wie das Land „den Bach runtergegangen" ist, so scheint es auch mit der Genialität des kubanischen Geistes auf Regierungsebene „bergab" zu gehen. Liegt es daran, dass sie sich nicht den Kopf darüber zerbrechen müssen, wie sie ihre

Kinder ernähren, wie sie ihre Eltern medizinisch versorgen und wie sie ihre Bäuche füllen können? Wir wissen, dass das Gehirn trainiert werden muss. Ist die angeblich angeborene kubanische Kreativität in der herrschenden Klasse wegen Unterforderung vertrocknet? Ich behaupte: Ideologie frisst Hirn.

Vor Jahren haben wir über den venezolanischen Präsidenten Nicolás Maduro gelacht, als er zu Beginn seines Wahlkampfes 2013 behauptete, sein verstorbener Vorgänger Hugo Chávez sei als „kleiner Vogel" zu ihm gekommen und habe ihn gesegnet. Das Vögelchen sei in die Kapelle geflogen, in der er allein war und gebetet habe. Es habe drei Runden über seinem Kopf gedreht, sich auf einen Holzbalken gesetzt und zu singen begonnen. Maduro imitierte bei seiner Erzählung den vermeintlichen Vogelgesang wie ein professioneller Komiker auf der Bühne. Und brachte uns mit seinem ernsthaften Humor tatsächlich zum Lachen.

Auch in Kuba werden die revolutionären Statements immer bizarrer. Auch die Regierenden unter Díaz-Canel inszenieren manche ihrer Auftritte so, dass man ernsthaft an ihrem Verstand zweifeln muss. So wie bei der außerordentlichen Sitzung der zehnten Legislaturperiode der Nationalversammlung Kubas vor wenigen Tagen. Zu Beginn verkündete ihr Präsident, er spüre die Anwesenheit Fidel Castros und deutete auf einen leeren Platz. Der anschließende feierliche Applaus der Delegierten, der auf den leeren Stuhl gerichtet war, galt dem angeblich anwesenden Fidel Castro.[88]

Nur: Fidel Castro ist 2016 verstorben.

Mai 2023

88 https://www.hispanidad.com/politica/internacional/cuba-asamblea-comunista-deja-silla-vacia-lado-diaz-canel-aseguran-fidel-castro-esta-presente-oh-si_12042972_102.html (10.03.2024).

Wo es große Belohnungen gibt, gibt es mutige Menschen

Diese Weisheit, die dem chinesischen Militärstrategen Sun Tzu („Die Kunst des Krieges“) zugeschrieben wird, brachte mich dazu, über die Entscheidung von vierzehn Kubanern nachzudenken, die in den russischen Krieg gegen die Ukraine gezogen sind. Warum tun sie das? Es heißt, sie lebten in Russland, wohin viele Kubaner ohne Visum einreisen durften. Die meisten haben das Land als „Tor“ nach Westeuropa genutzt, einige haben sich dort legal niedergelassen. Möglicherweise gehören sie zu den Kubanern, die an russischen Universitäten studiert haben und nicht nach Hause zurückgekehrt sind, vielleicht weil sie eine Familie gegründet haben. Aber auch für die Kubaner, die sich illegal im Land aufhalten, soll es nun die Möglichkeit geben – entgegen den dort geltenden Bestimmungen – an der Seite russischer Soldaten im Krieg gegen die Ukraine zu kämpfen. Viele von ihnen dürften nicht einmal der russischen Sprache mächtig sein.

Wie es weiter heißt, haben die 14 Kubaner den Wunsch geäußert, sich an der „Neuen Weltordnung“ auf dem Territorium der Ukraine zu beteiligen. Nach Angaben der russischen Presse (Ryazan Vedomosti bzw. Ryazinformburo) seien sie bereits überprüft und eingezogen worden, nachdem sie an einer entsprechenden Zeremonie und einem Gebet vor einem Priester der orthodoxen Kirche teilgenommen hätten. Sie sollen sich nun im Kriegsgebiet befinden[89].

Laut „Huffington Post“ erhalten sie dafür eine erste Zahlung von 195.000 Rubel (ca. 2.271,81 EUR) plus 200.000 Rubel, wenn sie im Gebiet Rjasan gewohnt haben, plus 204.000 Rubel (ca. 2.377,62 EUR) monatlich. Ein Ende April von Putin ratifiziertes Gesetz erleichtert es ihnen zudem, die russische Staatsbürgerschaft anzunehmen, ebenso wie ihren Eltern, Ehepartnern und Kindern. Ihre Motivation sei jedoch, so ein Major der russischen Armee, dem Vaterland (*Madre Patria*) in schwierigen Zeiten zu helfen, die Bezahlung sei ein Gewinn.

89 https://diariodecuba.com/cuba/1693934164_49581.html (10.03.2024).

Einige der „mutigen“ Kubaner werden vielleicht aus Überzeugung in diesen schrecklichen Krieg ziehen. Es fällt mir schwer zu glauben, dass dies bei den meisten der Fall ist.

Das Risiko, nicht zurückzukehren, ist groß, aber das Risiko, nicht zurückzukehren, gehen letztlich auch die vielen Kubaner ein, die das Land in kleinen Booten verlassen oder die zu Fuß versuchen, durch den Urwald von Darien in die USA zu gelangen. Der finanzielle Anreiz und die Aussicht, die Familie auch im schlimmsten Fall versorgen zu können, dürfte vielen die schwere Entscheidung erleichtert haben. Ein Gewinn also.

Kuba exportiert traditionell nicht nur Zucker, Rum und Akademiker, sondern auch Soldaten. Ich erinnere mich noch an die Zeit des Angolakrieges (1975-1991), als ich oft hörte, dass viele – aufgrund der ideologischen Arbeit des sozialistischen Regimes – aus „Überzeugung“ in den Angolakrieg zogen. Die sogenannte „Operación Carlotta“, die in diesem Krieg von Kuba geführt wurde, kostete vielen Kubanern das Leben. Wie eine Twitter-Nutzerin berichtet, scheint der eine oder andere Hinterbliebene – wie die Mutter eines im Angolakrieg getöteten kubanischen Soldaten – Trost gefunden zu haben: *Die Gefallenen sind Helden der Revolution, auf die wir stolz sind und dank derer wir ein Dach über dem Kopf haben, weil sie* (die Regierung) *uns diese* (eine) *Wohnung gegeben haben.*

Kuba ist auf die eine oder andere Weise in diesen russischen Aggressionskrieg gegen die Ukraine verwickelt.

Kubaner als russische Söldner. Als Kanonenfutter. Mutige Menschen, weil große Belohnungen?

Kostbare Menschenleben.

Juni 2023

El que no tiene de Congo tiene de Carabalí

Diesen Satz habe ich in Kuba oft gehört. Er hat für mich eine umgangssprachliche Konnotation, vielleicht durch die Gestik und Mimik der Menschen, von denen ich ihn damals hörte, oder durch die Umgebung, in der er ausgesprochen wurde. Wer nichts von Congo hat, hat von Carabali. „Congo" ist die Ethnie des ehemaligen Königreichs Kongo und des Kongobeckens. Die „Carabali" waren Schwarze von der Calabar-Küste im Süden Nigerias, von wo sie im späten 18. und in der ersten Hälfte des 19. Jahrhunderts auswanderten. Der Ausdruck spielt darauf an, dass alle Kubaner letztlich afrikanische Vorfahren haben, ergo sind wir de facto (fast) alle schwarz, auch wenn die Vermischung der spanischen Konquistadoren mit afrikanischen Sklaven die Hautfarbe ihrer Nachkommen aufhellte. Sind wir alle schwarz? Laut Statistik haben 70 % der Kubaner afrikanische Vorfahren[90]. Kaum zu glauben, dass der Rassismus in Kuba so tief verwurzelt ist.

Dieser unsäglichen Frage widme ich einige Seiten meines Buches „Ein kleines Stück Himmel"[91]. Dabei stützte ich mich vor allem auf die Erfahrungen anderer, auf öffentliche Äußerungen vieler meiner Landsleute und auf die traditionelle kubanische Kultur.

Je mehr man über Hautfarben spricht, desto mehr merke ich, wie unnötig das ist. Viele sprechen im gleichen Zusammenhang von Rassen. Ich mag diesen umstrittenen Begriff nicht. Bei Rasse denke ich an Hunde oder Pferde. Und wenn ich einen Artikel über diesen Begriff aus biologischer Sicht lese, bleibe ich bei meiner Überzeugung, dass unsere Rasse die menschliche Rasse ist[92]. Und dass die Unterscheidung verschiedener Phänotypen keineswegs die Einteilung der Menschen in verschiedene Rassen rechtfertigt. Und ja, die Einteilung der Menschen in Rassen

90 https://de.m.wikipedia.org/wiki/Afrokubaner (10.03.2024).

91 erhältlich bei https://www.natneumann.net/Shop bzw. Amazon, libros.cc, Tagus, Casa del Libro, Agapea, Libelista und im Rahmen von Präsentationen.

92 https://www.nationalgeographic.de/wissenschaft/2020/07/warum-menschliche-rassen-ein-erfundenes-konstrukt-sind (10.03.2024).

bedient bewusst oder unbewusst Urteile und Klischees. Wissenschaftlich begründet hat dies der amerikanische Biochemiker Craig Venter. Seine Firma „Celera Corporation" hat als erste ein komplettes menschliches Genom (DNA) sequenziert. Die Ergebnisse wurden im September 2007 veröffentlicht. Laut Venter […] *definiert der [menschliche] genetische Code keine Rasse, sie ist ein rein soziales Konstrukt […] Es gibt mehr Unterschiede zwischen Menschen schwarzer Hautfarbe [selbst] als zwischen Menschen schwarzer und heller Hautfarbe und es gibt mehr Unterschiede zwischen den so genannten Kaukasiern als zwischen Kaukasiern und Nicht-Kaukasiern.*[93]

Als ich während des Schreibens von „Ein kleines Stück Himmel" über das Phänomen Rassismus nachdachte, stellte ich mir die „unwirkliche Frage", ob Rassismus in der DNA meiner kubanischen Mitmenschen sei. Logischerweise ist das nicht der Fall. Er ist sicherlich in der Zeit der Sklaverei entstanden, hat sich im Laufe der Zeit entwickelt und wurde von Generation zu Generation „vererbt". Ich verallgemeinere jetzt, aber logischerweise waren nicht alle meine kubanischen Mitbürger Rassisten.

Aber da ist zum Beispiel das Kinderlied „El negrito Con", das wir, kubanische schwarze und weniger schwarze Kinder, gerne sangen. Ein ebenso eingängiges wie banales Lied. Und rassistisch. Denn um über einen Menschen zu sprechen, muss man nicht seine Hautfarbe erwähnen (Das Lied „El blanquito Con" / Der kleine Weiße Con) habe ich nie gehört):

Estaba el negrito Con
Estaba comiendo arroz
El arroz estaba caliente
Y el negrito se quemó …

(Da war der kleine Schwarze Con
Er aß gerade Reis
Der Reis war heiß
Und der kleine schwarze Junge verbrannte sich …)

Der Text klingt harmlos, und zugegeben, die Zeiten waren anders. Aber ich denke auch an die vielen anderen rassistischen Lieder, die seit

93 https://www.deutschlandfunk.de/menschheitsgeschichte-es-gibt-keine-rassen-100.html (10.03.2024).

Generationen zum Repertoire der Kubaner gehören, an die rassistischen Witze und an die persönlichen und sogar offiziellen Äußerungen, die ebenfalls auf die Selbstverständlichkeit dieser Seelenkrankheit namens Rassismus hinweisen.

Ich denke an ein rassistisches Gedicht, das ich einmal in Kuba gehört habe, und ich weiß nicht genau, was der Rassist, der es geschrieben hat, uns damit sagen wollte, außer, was es für ihn bedeutet, schwarz zu sein.

Ser blanco es una carrera
Mulato, satisfacción
Y ser negro es un mojón
Tirado en la carretera

(Weiß sein ist eine Karriere
Mulatte, Erfüllung
Und schwarz zu sein ist ein Scheißhaufen
Der auf der Straße liegt).

Ich erinnere mich an eine Anzeige, die kürzlich in Havanna erschien, in der eine Stelle für eine Dame im Hotel- oder Gaststättengewerbe gesucht wurde. Sie sollte weiß sein, ausdrücklich.

Ich denke an den Kommentar auf Twitter, als jemand das Foto einer Frau mit der Überschrift „Auf die schwarze Liste" postete, weil sie zu denen gehöre, die im Namen der kubanischen Regierung Dissidenten unterdrückt, überwacht und misshandelt habe. „Im wahrsten Sinne des Wortes", kommentierte ein Leser den Post und verwies so auf die dunkle Hautfarbe der Peinigerin.

Ich denke an die schwarzen Eltern, die ihren Töchtern einflüstern, „Heirate einen Weißen, auch wenn er Straßenkehrer ist", oder an die schwarze Mutter, die so stolz auf den weißen „Fang" ihrer Tochter ist. Und an die, die, auf die Frage nach dem Beruf des Schwiegersohnes antworten: *es blanco*/ er ist weiß. Ich denke an das allgemeine Lob, wenn eine dunkelhäutige Braut einen Weißen heiratet: *Adelantó su raza* (Sie bringt ihre Rasse voran).

Denn der Rassismus in Kuba kommt oft von Leuten, die wenig Melanin haben, aber schwarz sind, weniger schwarz eben. Aber wie gesagt, in Kuba *el que no tiene de congo tiene de carabalí.*

Und gerade wegen der Verbindung von Menschen unterschiedlicher Hautfarbe und der nicht beeinflussbaren, mal mehr, mal weniger dunklen Hautfarbe der Nachkommen war Rassismus in nicht wenigen kubanischen Familien an der Tagesordnung.

Rassismus war in Kuba alltäglich. Man wuchs damit auf, wie alle Generationen zuvor. Er war kein Thema. Er war da und er blieb. Er war gekommen, um zu bleiben. Auch Fidel Castro und die Seinen betrachteten den Rassismus nicht als die schwere Krankheit, die er ist und die es zu bekämpfen gilt.

Es ist bedauerlich, aber nicht verwunderlich, dass der Rassismus in Kuba de facto institutionalisiert ist. Da sind die ungerechtfertigten Kontrollen und Durchsuchungen von Menschen dunkler Hautfarbe durch die kubanische Polizei. *Dies zeigte sich nicht nur in den alltäglichen rassistischen Handlungen der Exekutive. In amtlichen Dokumente wurde die Hautfarbe als rassische Zugehörigkeit vermerkt, sowohl in der Kriminalstatistik als auch in den Registern für verhaltensgestörte Minderjährige, beispielsweise, unter dem spezifische Begriff „Rasse", sowie in den Ausweispapieren der Bürger: Neben anfechtbaren oder vorübergehenden persönlichen Daten wie Geburtsdatum und Wohnort, trug jeder Kubaner in seinem Ausweis auch seine Hautfarbe. Die Standesbeamten teilten die Bürger nach obsoleter Einschätzung ihrer Hautfarbe in Weiße, Mulatten und Schwarze ein.* („Ein kleines Stück Himmel, Kapitel Mutter"). Dieser institutionalisierte Rassismus trägt dazu bei, dass es in Kuba eine selbstverständliche „Rassensprache" gibt, dass Rassismus in Kuba verharmlost wird und dass Rassismus zumindest latent vorhanden ist.

Unvergessen ist die Rede von Raúl Castro im Jahr 2018, in der er den Rassismus in den kubanischen Medien anprangerte und die Gelegenheit nutzte, einen Schwarzen zu karikieren. Das Gelächter seiner Zuhörer war ihm sicher. Den genauen Wortlaut findet man in meinem Buch „Ein kleines Stück Himmel"[94].

Aus Neugier habe ich vor einiger Zeit einen DNA-Test machen lassen. Das Ergebnis? Unter den Menschen, mit denen ich angeblich eine gemeinsame DNA habe, sehe ich gleichermaßen Weiße und Schwarze in

94 erhältlich bei https://www.natneumann.net/Shop bzw. Amazon, libros.cc, Tagus, Casa del Libro, Agapea, Libelista und im Rahmen von Präsentationen.

verschiedenen „Farbschattierungen". Die weit zurückreichende Herkunft meiner Eltern: vor allem westafrikanische Länder, aber auch Spanien, Portugal, Frankreich, Wales.

64,1 Prozent der kubanischen Bevölkerung sollen nach der letzten Volkszählung weiß sein. Viele von ihnen dürften einen Schreck bekommen, wenn sie ihre DNA testen lassen. Denn: *El que no tiene de congo tiene de carabalí.*

Juni 2023

El caso Padilla

Einer der Höhepunkte meines letzten Besuchs in Madrid war ein Kinobesuch. Auf den ersten Blick keine Nachricht und keinen Beitrag wert. Aber eigentlich doch. Denn ich hatte das Glück, die Erstaufführung des Dokumentarfilms „El caso Padilla" des kubanischen Regisseurs Pavel Giroud zu erleben. Von Heberto Padilla hatte ich nicht viel gehört. Erst als ich vor einigen Jahren das Buch „Bevor es Nacht wird" von Reinaldo Arenas las, erfuhr ich von ihm.

Heberto Padilla war ein kubanischer Journalist, Schriftsteller und Dichter. Er gehörte zu jenen Intellektuellen, die in Ungnade fielen, als sie den wahren Kurs der kubanischen Revolution hin zum totalitären Staat erkannten, ihre ehrliche Meinung äußerten und mit berechtigter Kritik nicht sparten.[95] In seinem Werk „Fuera del juego"[96] (Außerhalb des Spiels) schrieb er Gedichte, wie „En tiempos difíciles" (In schwierigen Zeiten), die ein Spiegel des Castros Kubas sind, in dem die Ideologie über dem Individuum und über dem überlegten Handeln steht.

A aquel hombre le pidieron su tiempo
Para que lo juntara al tiempo de la historia
Le pidieron las manos …
(…)

… Le explicaron después
que toda esta donación resultaría inútil
sin entregar la lengua …

95 https://issuu.com/publicacionesaecid/docs/ch850_abril_2021/s/14308551 (10.03.2024).
96 https://rialta.org/poemas-de-fuera-del-juego-seleccion/ (10.03.2024).

(…)
(Dieser Mann wurde nach seiner Zeit gefragt,
Um sie mit der Zeit der Geschichte zu verbinden
Sie baten ihn um seine Hände …
(…)

Dann erklärten sie ihm,
dass die ganze Spende nutzlos sei,
wenn er seine Zunge nicht hergeben würde).
(…)

Mit der Veröffentlichung des Romans „Tres tristes tigres" („Drei traurige Tiger") des von der kubanischen Regierung verachteten Schriftstellers Guillermo Cabrera Infante im Jahr 1967 und dem lobenden Urteil Padillas, sowie mit seiner offenen und ungeschminkten Kritik an den Funktionären des Außenhandelsministeriums und des Schriftstellerverbandes UNEAC, den er verächtlich *Un cascarón de figurones* nannte, begann der steinige Weg des Heberto Padilla. Sein Engagement für die Revolution wurde in Frage gestellt: *Padilla habe nicht lange genug in Kuba gelebt und gekämpft, um wahren revolutionären Geist zu besitzen.* Über Padilla, der unter anderem als Korrespondent der Zeitung „Revolución", dem Organ der regierungstreuen Bewegung „26 de Julio", in Moskau gearbeitet hatte, hieß es außerdem, *er habe ein wahrhaft süßes Leben fernab der revolutionären Realität geführt.* Nachdem er mehrere Jahre im Ausland für die Castro-Regierung gearbeitet hatte, war er bei seiner Rückkehr überrascht: *Als ich nach Kuba kam, konnte ich sehen, wie sich die Dinge entwickelt hatten … das ganze Land war ein „centro estúpido", regiert von der Staatssicherheit. Fast fünfzig Prozent der Schriftsteller waren eher Polizisten als Schriftsteller. Alle hatten Angst.*

1971 verhafteten Agenten der Staatssicherheit Heberto Padilla und seine Frau, die Dichterin Belkis Cuza Malé, wegen „subversiver Aktivitäten". Sie wurde nach drei Tagen freigelassen. Er blieb über einen Monat im Gefängnis. Unmittelbar danach reagierten namhafte internationale Persönlichkeiten mit einem Protestbrief an Fidel Castro. Der Brief wurde von prominenten Schriftstellern der sogenannten internationalen Linken wie Julio Cortázar, Simone de Beauvoir, Italo Calvino, Marguerite Duras,

Carlos Fuentes und Mario Vargas Llosa unterzeichnet[97]. Er erschien in „Le Monde" vom 9. April 1971[98].

Die kubanische Regierung veröffentlichte daraufhin einen Text, der angeblich von Padilla während seiner Haft verfasst worden war und in dem er sich selbst bestimmter Aktivitäten bezichtigte. Padilla bestätigte später, dass der Text von Dritten verfasst worden sei, unter anderem von der Polizei, und dass sogar Fidel Castro selbst redaktionell daran mitgewirkt habe.

Ende April wurde Padilla aus dem Gefängnis entlassen. Noch am selben Tag, am Abend des 27. April 1971, verlas er seine Selbstbezichtigung vor seinen Kollegen der „Schriftsteller- und Künstlervereinigung". Davon handelt der Dokumentarfilm von Pavel Giroud. Denn die Selbstgeißelung Padillas wurde auf Befehl Fidel Castros gefilmt. Sie war bis dahin geheim gehalten worden. Pavel Giroud ist es gelungen, 20 Jahre nach Padillas Tod an dieses geheime Material zu gelangen. Ein Material, das die Ungerechtigkeit und den diktatorischen und totalitären Charakter von Castros Revolution belegt.

Der Dokumentarfilm von Pavel Giroud, der „Die Selbstkasteiung des Heberto Padilla" heißen könnte, ist beeindruckend, erschütternd, traurig, empörend. Ich saß den ganzen Film über wie gebannt, elektrisiert, fassungslos, verwirrt. Und wütend. Wütend, dass solche Staatsverbrechen in Kuba im Verborgenen bleiben. Wütend, dass der kubanische Staat uns jahrelang getäuscht hat. Wütend, dass heute noch, 50 Jahre später, die kubanische politische Polizei so agiert wie im Fall Padilla. Wütend, dass heute noch die Ewiggestrigen (auch die, die in einer Demokratie leben) den kubanischen totalitären Staat loben. Wie Antonio Muñoz Molina in der spanischen Zeitung „El País" schrieb: *Denjenigen, die diese Tyrannei immer noch entschuldigen oder gar feiern, schlage ich vor, sich den Schweiß auf dem Gesicht von Heberto Padilla und den dunklen Fleck auf seinem Hemd für einen Moment anzusehen, ohne den Blick abzuwenden.*

Juni 2023

97 https://www.nybooks.com/articles/1971/05/06/an-open-letter-to-fidel-castro/ (10.03.2024).
98 https://www.lemonde.fr/archives/article/1971/04/09/de-nombreuses-personnalites-s-emeuvent-de-l-arrestation-du-poete-cubain-heberto-padilla_2461646_1819218.html (10.03.2024).

Habemus Papam

Eine Nachricht auf Twitter hat mich zum Lachen gebracht: *El que a partir de hoy coma papa es comunista* (Wer ab heute Kartoffeln isst, ist Kommunist). So kommentierte jemand den Empfang des kubanischen Staatschefs Díaz-Canel und seiner Frau durch Papst Franziskus im Vatikan am 20. Juni. („Papa" bedeutet im Spanischen sowohl Papst als auch Kartoffel).

Der Papst habe Díaz-Canel rund 40 Minuten lang in Privataudienz empfangen, hieß es. *Ich freue mich, dass Sie wieder auf den Beinen sind. Danke, dass Sie diese Begegnung ermöglicht haben,* sagte Díaz-Canel. Der Papst überreichte ihm ein Bronzekunstwerk mit der Aufschrift „Seid Boten des Friedens", das eine Taube mit einem Olivenzweig zeigt.

Ob Díaz-Canel diesen Appell des Papstes ernst nimmt? Glaubt er, er sei es bereits? Ein Bote des Friedens? Vielleicht glaubt er das. Aber die kubanischen Demonstranten, die sich an diesem Tag im Vatikan Gehör verschafft haben, erinnerten ihn daran, dass er eher ein Bote des Unfriedens ist. Denn als das kubanische Volk am 11. und 12. Juli 2021 für seine Freiheit auf die Straße ging, verkündete er: *¡La orden de combate está dada!* und hetzte Kubaner auf Kubaner. Sie erinnerten ihn daran, dass er ein Bote des Elends ist, wenn man sieht, wie die Armut der Kubaner unaufhaltsam wächst, wie alte Menschen, vom Hunger geschwächt, auf den Straßen zusammenbrechen und Kinder hungrig zu Bett gehen. Sie erinnerten ihn daran, dass er ein Bote der Verbannung ist, wenn man sieht, wie Kubaner gezwungen werden, das Land zu verlassen, oder daran gehindert werden, in ihr eigenes Land einzureisen. Sie erinnerten ihn daran, dass er ein Bote des Totalitarismus ist, wenn man an die Überwachung, Verhaftung und jahrelange Inhaftierung oppositioneller Kubaner denkt. Sie erinnerten ihn daran, dass er ein Bote der Menschenverachtung ist, wenn man sieht, wie seine Polizei mit Dissidenten und Andersdenkenden umgeht, die mehr tot als lebendig in Haft gehalten werden. Sie erinnerten ihn daran, dass er ein Bote der Trauer ist, wenn man bedenkt, wie viel Trauer er in die kubanischen Familien gebracht hat und wie diese Trauer zu einer unendlichen und anhaltenden Trauer geworden ist.

Neben den Bildern der vielen politischen Gefangenen und ihrer schwer geprüften Mütter, Väter und Kinder fand ich im Netz auch ein Foto von Díaz-Canel, seiner lächelnden Frau, ihrem Sohn und anderen Beteiligten, alle in feinem schwarzen Zwirn, neben dem Papst, mit dem Kommentar eines Twitter-Nutzers: *Tausende Kubaner, die die Freilassung der politischen Gefangenen* (in Kuba) *forderten, wurden am 26. Oktober* (2022) *von Papst Franziskus abgewiesen und heute empfängt er diejenigen, die mehr als tausend Gefangene wegen ihrer Forderung nach Freiheit inhaftiert haben.*

Díaz-Canel schenkte dem Papst übrigens eine Skulptur aus Silber, Bronze und Holz mit dem Titel „Der Leser" sowie zwei Bände mit Werken kubanischer Dichter. Die Poesie jener unbequemen und unangepassten Dichter, die sich dem ideologischen Zwang des Castro-Regimes widersetzt haben, die Poesie jener Dichter, die außerhalb des Spiels stehen, *fuera del juego*, um Heberto Padilla zu zitieren, fehlt sicherlich.

Thema der Privataudienz beim Papst war laut der spanischen Zeitung „ABC.es" eine Amnestie für politische Gefangene des kubanischen Regimes.

Ich bin gespannt, ob sich Díaz-Canel an eine mögliche Empfehlung des Papstes hält oder dem Beispiel seiner russischen und iranischen Freunde folgt. Für die politischen Gefangenen wird seine Entscheidung hoffentlich nicht so düster ausfallen, wie ich mir das vorstelle.

Juni 2023

Big brother

Vor einigen Tagen erreichte uns die Nachricht, dass einer der großen „Brüder“ Kubas, China, eine Abhörstation in Kuba einrichten wird, um die USA auszuspionieren[99]. Die entsprechende vertragliche Vereinbarung zwischen China und Kuba sei „durchgesickert“. Der prominente kubanische Dissident Coco Fariñas, Koordinator des „Foro Antitotalitario Unido“ schrieb kürzlich auf Twitter: *Die Enthüllung eines geheimen Abkommens zwischen dem kommunistischen China und der Militärjunta in Havanna, den gesamten Südwesten der USA elektronisch auszuspionieren, sollte dazu genutzt werden, eine See- und Luftblockade gegen das Castro-Regime zu verhängen.*[100]

Die kubanische Regierung bestreitet solche Pläne. Allerdings bestehen zwischen China und Kuba seit Jahren Kooperationsvereinbarungen in den Bereichen Cybersicherheit und Kommunikation. Früher hieß es, man wolle sich für *einen Cyberspace einsetzen, der der Entwicklung und dem Wohlstand beider Länder diene.* Was unter „Entwicklung“ und „Wohlstand“ gemeint war, blieb jedoch unklar. Tatsächlich soll China bei der Internetzensur auf der Insel kräftig mithelfen. Nach Angaben der Nichtregierungsorganisation „Freedom House“ gehört Kuba zu den am wenigsten freien Ländern Lateinamerikas[101]. Auch im internationalen Vergleich genießen die Kubaner die geringste Internetfreiheit.

Die kubanische Regierung hat nie ein Geheimnis aus der langfristigen strategischen Partnerschaft mit China gemacht. Vor einigen Jahren äußerte sich der damalige Erste Vizepräsident des Staats- und des Ministerrats und heutige kubanische Präsident Díaz-Canel wie folgt: *Angesichts der Risiken und Bedrohungen, die im Cyberspace festgestellt wurden, haben wir Maßnahmen ergriffen, um unsere Souveränität zu schützen und die internationale Zusammenarbeit mit anderen Ländern im Bereich der Cybersicherheit zu stärken*[102]. Dazu gehörte natürlich auch China. So ver-

99 https://www.nytimes.com/es/2023/06/09/espanol/china-estacion-cuba-vigilancia.html (10.03.2024).
100 https://adncuba.com/politica/farinas-pide-bloqueo-naval-y-aereo-ante-posibilidad-de-base-de-espionaje-china-en-cuba#google_vignette (10.03.2024).
101 https://www.cubanoticias360.com/cuba-es-uno-de-los-paises-con-menos-libertad-en-el-mundo-segun-freedom-house/ (10.03.2024).
102 https://www.yucabyte.org/2023/04/16/china_cuba_ciber-huawei/ (10.03.2024).

wundert es nicht, dass das chinesische Unternehmen „Huawei" einer der wichtigsten Anbieter von Internet- und Mobilfunkinfrastruktur in Kuba ist. Diese (Quasi-)Monopolstellung soll auch die Zusammenarbeit von Huawei mit kubanischen Militärunternehmen umfassen.

Angefangen hat es mit der Cybersicherheit. Jetzt heißt es, dass der große Bruder eine Abhörstation auf kubanischem Territorium installieren wird. Es heißt auch, China plane eine Militärbasis in Kuba.

Wie es wirklich aussieht, wissen wir nicht. Selbst das „Weiße Haus" dementierte einen Bericht, wonach die chinesische Regierung mit Kuba eine *Vereinbarung über die Einrichtung einer Spionagebasis auf der Insel getroffen habe,* und stellte fest, dass der Pressebericht über die angebliche Abhörstation ungenau sei[103].

Aber wenn es nach dem kubanischen Sprichwort geht: *„Cuando el río suena, piedras trae"* oder dem deutschen: *„Wo Rauch ist, ist auch Feuer"*, dann müssen wir davon ausgehen: *Big brother will be listening.*

Juli 2023

103 https://www.contrareplica.mx/nota-EEUU-estima-inexacta-la-informacion-sobre-proyecto-de-base-espia-china-en-Cuba-20238657 (10.03.2024).

Mar Verde

Mit diesem Ort verbinde ich meine Kindheit. Wir sind oft zum Strand „Mar Verde" gefahren. Damals wohnte ich mit meiner Familie im Zentrum von Santiago de Cuba. Der Weg nach „Mar Verde" und zurück war sehr beschwerlich, deshalb wurde der sonntägliche Ausflug zum Strand im Voraus geplant und wir freuten uns schon Tage vorher darauf. Ich ging immer mit meiner Tante und meinen Cousinen, mit einer Freundin und deren Mutter zum Baden nach „Mar Verde". Obwohl ich nicht gläubig war, hatte ich mir das Beten beibringen lassen, und dann betete ich: *Vater unser, der du bist im Himmel, geheiligt werde dein Name, mach, dass meine Mutter mich zum Strand mitfahren lässt ...* Wahrscheinlich war das nicht der Grund, warum es klappte, aber ich durfte immer mit. An diesen Sonntagen standen wir früh auf und liefen im Dunkeln zur Bushaltestelle, die Taschen voll mit Proviant, Handtüchern, Luftmatratzen und Wasserbällen. Wir gehörten zu den Ersten in der Schlange, durften uns unsere Plätze im Bus aussuchen und genossen die Fahrt, auch wenn der Bus immer voller wurde. Wir waren noch nicht angekommen, aber wir konnten es schon riechen. Durch die offenen Fenster drang der salzige Geruch der frischen Meeresbrise.

Das Gefühl, das ich damals bei der Ankunft hatte, spüre ich noch heute, wenn ich daran denke. Die fröhliche Stimmung der Passagiere, die mit Badekleidung oder nur mit einem Handtuch um den Hals auf das Ereignis des Tages warteten, war bezaubernd. Am Strand suchten wir uns ein schattiges Plätzchen, ließen alles stehen und liegen, stürzten uns ins türkisblaue, kristallklare Wasser und warfen uns in die Wellen.

Die erwachsenen Begleiterinnen passten auf unsere Sachen auf und verpflegten uns später mit den mitgebrachten Köstlichkeiten: Sandwiches, Erfrischungsgetränke, Kuchen und diese leckeren kleinen „Mangos de Toledo".

Diese Fahrten nach „Mar Verde", in dieses kleine Naturparadies unserer schönen Insel, waren immer ein Höhepunkt.

Deshalb bin ich zutiefst betrübt über die Nachrichten, die ich seit einiger Zeit über „Mar Verde" höre. Es macht mich traurig, dass mein Naturparadies in eine Hölle verwandelt wurde.

Vor kurzem habe ich erfahren, dass es in „Mar Verde" – ich glaube, es gibt nur einen Ort mit diesem Namen in Santiago de Cuba – auch ein Gefängnis gibt. Ich nehme an, dass es sich um ein Sicherheitsgefängnis handelt, denn seit dem 11. Juli 2021 ist José Daniel Ferrer dort inhaftiert.

José Daniel Ferrer ist kubanischer Aktivist und Vorsitzender der „Unión Patriótica de Cuba" (Patriotische Union Kubas). Als Leiter dieser von der kubanischen Regierung nicht anerkannten Organisation hat er in der Vergangenheit keinen Hehl aus seiner Überzeugung gemacht, dass Kuba einen Wandel braucht. Er glaubte an den gewaltlosen Kampf, wie ich einer älteren Twitter-Publikation entnehme. José Daniel Ferrer wollte am 11. Juli 2021 an einer der vielen friedlichen Demonstrationen teilnehmen, die auf den Straßen Kubas stattfanden und für viele ein kleines Flämmchen der Hoffnung entzündeten. Bevor er dies tun konnte, wurde er wegen „Störung der öffentlichen Ordnung" angeklagt und inhaftiert. Jeder politische Gefangene ist ein Kapitel wert. Jeder Fall ist erwähnenswert. Jeder von ihnen kann eine Geschichte über das Leben hinter kubanischen Gittern erzählen. Es ist nicht nur die Tatsache, dass diese Menschen ihrer Freiheit beraubt wurden, weil sie legitime Menschenrechte ausgeübt haben. Es ist auch die Tatsache, dass ihnen de facto das Leben genommen wird, obwohl sie noch atmen können. Wie im Fall von José Daniel Ferrer[104].

Wir haben in den letzten Monaten viel von ihm gehört. Seine Frau hat immer wieder öffentlich beklagt, dass ihr und den gemeinsamen Kindern regelmäßige Besuche verweigert werden. Immer wieder haben Menschenrechtsorganisationen die kubanische Regierung aufgefordert, ein Lebenszeichen von José Daniel Ferrer zu geben, man hatte monatelang nichts von ihm gehört. Es war in der Tat nicht sicher, ob er noch am Leben war.

Seit dem 14. August 2021 befindet sich José Daniel Ferrer in Isolationshaft in einer sogenannten *celda de castigo*, einer Folterzelle, in der Gefangene unter unmenschlichen und erniedrigenden Bedingungen „festgehalten" werden. Neben psychischer Folter soll auch physische Folter einschließlich erniedrigender Behandlung in kubanischen Haftanstalten an der Tagesordnung sein. Dies haben Angehörige von José Daniel Ferrer immer wieder – auch schon während seiner früheren Gefängnisaufenthalte – beklagt. Seine Ehefrau und zwei ihrer Kinder wurden – nach eigenen Angaben – bei einem Besuch Zeugen einer Prügelattacke durch einen Wärter.

104 https://www.igfm.de/jose-daniel-ferrer-garcia/ (10.03.2024).

„Amnesty International" hatte im Jahre 2022 auf den Fall José Daniel Ferrer aufmerksam gemacht[105]. Seitdem wurde ihm, abgesehen von einem kurzen Besuch seiner Familie, jeglicher Kontakt zur Außenwelt verweigert. Im Juli 2022 forderte der „UN-Ausschuss gegen das Verschwindenlassen" die kubanische Regierung auf, Informationen über die Situation von José Daniel Ferrer an seine Familie und seine Anwälte weiterzugeben[106]. Kurz darauf wurde seiner Familie ein kurzer Besuch gestattet. Wie seine Angehörigen berichteten, fanden sie ihn nur in Unterwäsche, extrem abgemagert und mit Mückenstichen übersät vor. José Daniel Ferrer leidet an verschiedenen gesundheitlichen Problemen, die auf frühere Inhaftierungen zurückzuführen sind.

Ende Juni, nachdem sie ihren Mann nach drei Monaten wiedergesehen hatte, teilte seine Frau, Dr. Nelva Ortega, der Öffentlichkeit ihr Entsetzen über seinen körperlichen Zustand mit. Ihr war das lang ersehnte Wiedersehen mit José Daniel Ferrer gewährt worden. So wurde sie Zeugin des Verfalls ihres Mannes in der Haft[107]. Die Familie besuchte ihn in seiner Strafzelle, in der er sich seit zwei Jahren befindet. Er durfte sie dort in Unterwäsche empfangen, er könne schlecht gehen, habe Schmerzen an Händen, Armen und Beinen, sei extrem abgemagert, habe Zahnschmerzen und Sehstörungen. Sein Körper sei mit Wunden übersät. Wie er seiner Frau erzählte, habe er in den letzten Monaten nicht gehen können, jetzt falle es ihm schwer. Vor einigen Tagen sei er zur Zahnbehandlung ins Krankenhaus gebracht worden. Dort sei ihm ein gesunder Zahn gezogen worden. Die Zähne, die behandelt werden sollten, wurden nicht behandelt.

Davon ist Dr. Nelva Ortega überzeugt: *A mi esposo lo están asesinando lentamente*[108]. („Mein Mann wird langsam getötet").

Juli 2023

105 https://amnistia.org.mx/contenido/index.php/accion-urgente-cuba-lider-politico-incomunicado-por-meses-jose-daniel-ferrer-garcia/ (10.03.2024).

106 https://www.prisonersdefenders.org/2022/07/07/onu-exige-que-cuba-detenga-la-desaparicion-forzada-de-jose-daniel-ferrer/ (10.03.2024).

107 https://www.martinoticias.com/a/esposa-de-ferrer-pudo-verlo-durante-algunos-minutos-encerrado-en-su-celda/363488.html (10.03.2024).

108 https://adncuba.com/derechos-humanos/esposa-de-ferrer-intenta-visitarlo-en-prision-lo-estan-asesinando-lentamente (10.03.2024).

Das Schweigen der Linken

Vor wenigen Wochen besuchte Joseph Borrell, Hoher Vertreter der EU für Außen- und Sicherheitspolitik und Vizepräsident der Europäischen Kommission, Kuba. Viele Kubaner vermissten seine öffentliche Stellungnahme zur Menschenrechtssituation auf der Insel, zu den politischen Gefangenen und zur alltäglichen Unterdrückung Andersdenkender. Man vermisste seine Gespräche mit Dissidenten und Oppositionellen. Man vermisste seine Solidaritätsbekundungen mit den von der kubanischen Staatsmacht Vergewaltigten, seine Distanzierung von den Tätern.

Joseph Borrell ist Mitglied der katalanischen sozialdemokratischen Partei PSC. Wenn ich mir die Linie dieser Partei anschaue, würde ich sie der sogenannten Linken zuordnen. Dagegen ist nichts einzuwenden. Herr Borrell kann sich glücklich schätzen, in einem Land zu leben, in dem es ein Mehrparteiensystem gibt. Er hat die Freiheit zu wählen, welcher Partei er angehören möchte, und wahrscheinlich ist die Partei, der er angehört, diejenige, die seinen Idealen entspricht. Herr Borrell hat großes Glück. Er kann seine Ideale leben. So wie der Spanier Manuel Pineda und der Mexikaner López Obrador aus dem gleichen Grund Glück haben. So auch die Mitglieder der deutschen Partei „Die Linke" und des ihr angeschlossenen deutschen Vereins „Cuba Sí". Und wie die vielen Kuba-Unterstützer, die in demokratischen Systemen leben.

Aber wenn sie eine Meinung über mein Geburtsland haben: Warum ist all diesen Menschen das politische Schicksal der Kubaner so gleichgültig? Warum haben sie etwas für ein System übrig, das seinen Bürgern die Rechte verweigert, die sie selbst genießen? Heißt das, sie ziehen den Totalitarismus der Demokratie vor? Bedeutet ihre Zustimmung und Sympathie für das kubanische Unrechtsregime, dass sie selbst lieber in einem System leben würden, in dem es keine demokratischen Wahlen gibt? Lehnen Sie das System ab, das es ihnen erlaubt, ihre politische Meinung öffentlich zu vertreten? Würden Sie lieber in einem Land leben, in dem die Verfassung nur eine Partei zulässt, vielleicht eine, die weit von ihrer politischen Überzeugung entfernt ist? In einem Land, in dem Andersdenken ein Verbrechen ist? Wünschen Sie sich eine Regierung, die sich gewaltsam an die Macht putscht, Wahlen und Demokratie abschafft und 64 Jahre lang an der Macht klebt, als gäbe es keine Alternative? Sehnen Sie sich nach Gesetzen in Ihrem Land, die Ihnen die Ausübung legitimer Menschenrechte verwehren? Wollen Sie darauf verzichten, zu demonstrieren und Ihre Meinung zu sagen? Möchten Sie in einem Land leben, in dem Polizeiwillkür und Repression an der Tagesordnung sind und die Justiz nicht unabhängig ist? In dem Gewaltenteilung ein Fremdwort ist? Wäre das für Sie eine Option? Ich kann es mir nicht vorstellen. Und wenn es für sie keine Option ist, warum sollte es dann für die Kubaner eine Option sein?

Ich verstehe auch nicht, warum der Diktator und Verbündete Putins Díaz-Canel im demokratischen Westen offiziell empfangen wird, während in Kuba mehr als tausend Menschen aus politischen Gründen im Gefängnis sitzen, misshandelt und gefoltert werden, darunter ein deutscher Staatsbürger. Würde Europa den nordkoreanischen Präsidenten ebenso empfangen?

Ich gebe zu, ich verstehe nicht viel von Diplomatie.

Das EU-Parlament hat vergangene Woche mit 359 Stimmen (226 Gegenstimmen, 50 Enthaltungen) eine Resolution verabschiedet, die Sanktionen gegen kubanische Politiker, darunter Díaz-Canel, wegen Menschenrechtsverletzungen fordert, u.a. *in der Erwägung, dass die willkürlich inhaftierten Personen ständig in Einzelhaft gehalten und dabei auch in Strafzellen gesperrt und grausamer Folter und unmenschlicher Behandlung unterzogen werden, ohne Zugang zu ihren Anwälten und angemessener medizinischer Behandlung zu haben, wodurch ihr Leben in Gefahr gerät; in der Erwägung, dass einige von ihnen in Gefängnissen festgehalten werden, die sich weit entfernt von ihrem Zuhause befinden, sodass ihren Familien die Möglichkeit genommen wird, sie zu besuchen; in der Erwägung, dass Berichten zufolge derzeit über 1000 politische Gefangene – darunter Minderjährige, junge Menschen und Frauen – in Kuba gefoltert werden; in der Erwägung, dass die Organisation „Prisoners Defenders" in einem Bericht vom 30. Mai 2023 181 Fälle systematischer Folter politischer Gefangener in Kuba dokumentiert hat*[109].

Diese Resolution wurde verabschiedet, weil die Bedingungen des Abkommens über politischen Dialog und Zusammenarbeit zwischen der EU und Kuba, nämlich die Achtung der Menschenrechte durch Kuba, nicht erfüllt werden. Das Europäische Parlament stellt fest, dass sich die Menschenrechtslage in Kuba, die durch einen Mangel an Demokratie und Freiheitsrechten gekennzeichnet ist, in der langen Zeit seit Inkrafttreten des Abkommens *in keiner Weise verbessert hat. Im Gegenteil, sie hat sich*

109 https://www.europarl.europa.eu/doceo/document/B-9-2023-0311_DE.html (10.03.2024).

weiter verschärft und verschlechtert, was einen klaren und systematischen Verstoß gegen die grundlegenden Bestimmungen des Abkommens über politischen Dialog und Zusammenarbeit darstellt.

Die Wahrung und Förderung der Grundsätze der Demokratie und die Achtung aller Menschenrechte und Grundfreiheiten, wie sie in der Allgemeinen Erklärung der Menschenrechte und den wichtigsten internationalen Menschenrechtsübereinkünften und den dazugehörigen Fakultativprotokollen niedergelegt sind, die Wahrung des Rechtsstaatsprinzips sind wesentlicher Bestandteil dieses Abkommens.

... Dass für die Vertragsparteien *die Achtung und Förderung der demokratischen Grundsätze, die Achtung aller Menschenrechte und Grundfreiheiten, wie sie in der Allgemeinen Erklärung der Menschenrechte und in den wichtigsten internationalen Menschenrechtsübereinkommen und ihren Fakultativprotokollen niedergelegt sind,* gelten. Die *Achtung der Rechtsstaatlichkeit* bildet einen wesentlichen Bestandteil des Abkommens.

Die Linke hat dagegen gestimmt. Es ist eine Schande, dass so viele Abgeordnete aus dem demokratischen Europa dagegen gestimmt haben. Statt dem kubanischen Regime geben sie den Befürwortern der Resolution die Schuld, die, wie sie erklären, der konservativen und extremen Rechten angehören.

Weiß die Linke nicht, dass das kubanische Regime diese Prinzipien seit Jahrzehnten missachtet? Fehlen ihr die Argumente, um zu erkennen, dass Kuba eine Diktatur ist? Kennt sie nicht die Berichte von „Amnesty International" und „Prisoners Defenders"? Hat sie nicht mitbekommen, dass es in Kuba keinen politischen Dialog gibt, sondern einen Monolog der herrschenden Castro-Kaste und ihrer Gefolgschaft? Ist ihr entgangen, wie der kubanische Staat mit seinen andersdenkenden Bürgern umgeht? Hat sie nicht gehört, dass in Kuba Menschen überlange Haftstrafen verbüßen, nur weil sie auf die Straße gegangen sind und Freiheit gefordert haben? Weiß sie nicht, dass in Kuba Minderjährige inhaftiert werden? Hat sie nicht gehört, dass einige politische Gefangene mehr tot als lebendig in kubanischen Gefängnissen „gehalten" werden? Hat sie noch nie von den „Damas de Blanco" gehört und wie sie drangsaliert werden? Noch nie von Maykel Castillo gehört? Von Luis Manuel Otero Alcántara? Noch nie von José Daniel Ferrer gehört? Von Aymara Nieto? Wahrscheinlich kennt sie nicht die Geschichte von Felix Navarro und seiner Tochter Saily Navarro, die zu neun bzw. acht Jahren Haft verurteilt wurden, weil sie sich auf einer Polizeistation nach dem Schicksal von Freunden erkundigt hatten, die am 11. Juli verhaftet worden waren. Wahrscheinlich kennen sie auch nicht die Geschichte des Deutsch-Kubaners Luis Frómeta Compte, der zunächst zu 25 Jahren (nach Berufung zu 15 Jahren) Haft verurteilt wurde, weil er die Proteste am 11. Juli mit seinem Handy gefilmt hatte. Oder Luis Robles, der junge Mann, der zu fünf Jahren Haft verurteilt wurde, weil er (allein und schweigend) gegen die ungerechte Inhaftierung eines befreundeten Künstlers demonstriert hatte. Hält die Linke das für gerecht?

Erkennt die Linke nicht das Unrecht, das der kubanische Staat unschuldigen Menschen und ihren Familien durch willkürliche Verhaftungen und Bestrafungen zufügt? Rechtfertigt die Linke diese massiven Menschenrechtsverletzungen und diese institutionalisierte Missachtung der Menschenwürde damit, dass Kuba zu ihrem politischen Spektrum gehört?

Gibt es unter diesen Ewiggestrigen jemanden, der mir seine Position erklären kann? Ich möchte es verstehen.

Der Titel meines Beitrags ist zweideutig. Denn einerseits schweigt die Linke zur kubanischen Realität. Und das ist schlimm. Aber noch schlimmer ist, dass die taube und blinde Linke auf der anderen Seite über Kuba spricht, die Realität ausblendet und falsch darstellt. Es wäre besser, sie würde schweigen. Im wahrsten Sinne des Wortes.

Die Linke lässt den freiheitsliebenden Kubanern keine andere Wahl, als sich der Rechten anzuschließen, denn die Linke hat sich auf die Seite der Ungerechtigkeit gestellt. Auf der Seite der Feinde der Demokratie. Auf der Seite der Unmenschlichkeit. Auf der Seite derer, die die Menschenrechte in Kuba mit Füßen treten.

Juli 2023

Ideologie frisst Hirn

Manu Pineda hat dich blockiert. Du kannst @ManuPineda nicht folgen und die Tweets von @ManuPineda nicht sehen, da du blockiert wurdest. Diese Nachricht erhielt ich von Twitter, als ich das Profil von Manuel Pineda aufrief. Ich habe seinen Account aus Neugierde aufgerufen. Ich habe in den letzten Tagen im Zusammenhang mit dem EU-CELAC-Gipfel mehr als genug über das als „Manu Pineda" bekannte Mitglied der Fraktion Die Linke, GUE/NGL im Europäischen Parlament gelesen.

Viele seiner kubanischen Kritiker berichteten, sie seien von ihm auf Twitter blockiert worden, er habe sie alle blockiert. Und ich, die sich mit Twitter-Posts und Kommentaren zurückhält, wollte es wissen. Und was für eine Überraschung: „Manu Pineda" hatte Nat Neumann blockiert. Und das gab mir Genugtuung. Denn das hieß für mich: „Manu Pineda" hat die Berichte und Meinungen von Nat Neumann über die Situation in Kuba zur Kenntnis genommen. Vielleicht durch mein Buch „Ein kleines Stück Himmel"? Denn dort erwähne und zitiere ich diesen unverbesserlichen Vertreter der spanischen Linken folgendermaßen: „Es ist mehr als zynisch, dass der spanische Europaabgeordnete Manuel Pineda öffentlich beteuert, dass es in Kuba *keine willkürlichen Verhaftungen gibt, keine Folterungen und kein Verschwindenlassen von Menschen gibt. Die Menschen, die in Kuba im Gefängnis sitzen, hätten ein Verbrechen begangen, wie in jedem Rechtsstaat,* Kuba sei *ein Beispiel für die Achtung der Menschenrechte, Kuba sei eine tief verwurzelte partizipative Demokratie"*.

Mit dieser Aussage hat Herr Pineda damals den vielen politischen Gefangenen in Kuba eine kräftige Ohrfeige verpasst. Er widersprach damit nicht nur dem, was wir Kubaner inzwischen über die Untaten der Castro-Revolution und der heutigen Diktatur wissen, sondern auch den entsprechenden Berichten der internationalen Organisationen „Amnesty International" und „Prisoners Defenders". Herr Pineda, der über die kubanischen Aktivisten sprach, die am 27. November 2021 in Kuba ihr Recht auf freie Meinungsäußerung ausüben wollten: *Die Stiefellecker, die Butler, die Lakaien der „Gusanos"*[110] *wollen unser brüderliches Volk, unser Bezugsvolk destabilisieren.* Herr Pineda, dessen üppiges Einkommen ich

110 Würmer, in Kuba: abfällige Bezeichnung für Revolutionsgegner.

indirekt mit meinen Steuern finanziere, verbreitet falsche Tatsachen. So habe ich mir die Rolle eines Europaabgeordneten nicht vorgestellt.

Ich habe aber die Möglichkeit gefunden, Herrn Pineda über Twitter zu erreichen, und habe ihm meinen letzten Beitrag „Das Schweigen der Linken" übermittelt. Ich hoffe, Herr Pineda hat meine Zeilen gelesen. Vielleicht hat er darüber nachgedacht, wie es wäre, in einem Land ohne demokratische Wahlen zu leben? In einem Land, in dem er seine politischen Unwahrheiten nicht verbreiten dürfte? Für Herrn Pineda würde es bedeuten, dass er keine Politik machen könnte, wenn zum Beispiel die spanische konservative Partei „Partido Popular" seit Jahrzehnten und ohne Wählerauftrag in Spanien regieren würden. Was wäre dann aus Manuel Pineda geworden? Wäre er auf die Straße gegangen, wie die vielen jungen Menschen in Kuba, die für Freiheit kämpfen? Dann wäre er, wie viele andere, ein politischer Gefangener.

Nicht nur ich habe Manuel Pineda mit Kubas Wahrheit konfrontiert. Im Rahmen des erwähnten EU-CELAC-Gipfels lauerten ihm kubanische Aktivisten auf, als er über einen Platz in Brüssel ging. Unter ihnen war auch der kubanische Wissenschaftler Ariel Ruiz Urquiola. Mit einem Plakat „bewaffnet" sprach er Herrn Pineda an, der kurz reagierte. Aber Herr Pineda wollte weder sehen noch hören, was Herr Ruiz Urquiola ihm zeigte und zu sagen hatte. Er ging weiter, schaute geradeaus, Brust (und Bauch) raus, ließ den Blick kurz zur anderen Seite schweifen, kurz zum Aktivisten, und lächelte sarkastisch.

Schau, wie die kubanische Diktatur mit krebskranken Frauen umgeht. Sie werden getötet, gefoltert. Ihnen wird die medizinische Versorgung verweigert, sagte Urquiola unter dem Rufen seiner Begleiter: *Libertad para Cuba, Libertad para los presos políticos* und *Viva Cuba Libre*. Sein Plakat zeigte schreckliche Bilder von Frauen mit Brustkrebs. Dr. Ruiz Urquiola muss es wissen. Seine Schwester Omara Ruiz Urquiola, Kunsthistorikerin und ehemalige Dozentin an der Hochschule für Design in Havanna – die an den Protesten der Menschenrechtsbewegung San Isidro Ende 2020 teilgenommen hatte – war an Brustkrebs erkrankt und musste zur Behandlung in die USA reisen.

Pineda, der wohl eher verlegen lächelte, griff sich mit dem rechten Mittelfinger ins Gesicht (ich sah jene Geste, die wir alle kennen), bevor ihn eine Genossin „rettete" und andere Genossen ihn schützend in ihren Kreis aufnahmen. Ein ziemlich aggressiver Genosse stellte sich den Demonstranten entgegen. Die Gruppe linker Abgeordneter zog sich in das Brüsseler Regierungsgebäude zurück, sicherlich ohne die lauten Rufe der kubanischen Aktivisten zu überhören: *Libertad, libertad, libertad …*

Es war nicht das letzte Mal während des Gipfels, dass Manuel Pineda mit kubanischen Aktivisten zusammentraf. Ein weiteres Video wurde auf Twitter veröffentlicht: *Que rico es defender el comunismo y la represión en Cuba tomándose un cafecito en Europa y alegando que viven en una democracia para evitar las críticas* (Wie schön ist es doch, den Kommunismus und die Unterdrückung in Kuba zu verteidigen, während man in Europa Kaffee trinkt und erklärt, man lebe in einer Demokratie, um Kritik zu vermeiden). Das Video wurde in einem Straßencafé aufgenommen. Man sieht gepflegtes Kopfsteinpflaster und eine stehende Person, die sich freundlich mit zwei Männern an einem Tisch unterhält. Einer der beiden ist Manuel Pineda. Er sitzt aufrecht auf einem vermutlich viel zu kleinen Stuhl, hat die linke Hand auf die Armlehne gelegt und hält mit der rechten Hand eine Zigarette dicht vor sein Gesicht (diesmal ist sein Mittelfinger in der richtigen Position). Er blickt in die Kamera bzw. zu der Frau, die plötzlich ruft:

– *Tú eres malo Pineda!* (Du bist böse Pineda).

Der stehende Freund erwidert: *El único!* (Einzigartig).

– *El único!,* wiederholt die Frau.

Wieder sehe ich die Verlegenheit in Pinedas Gesicht.

– *De verdad que es malo Pineda, digo la verdad* (Pineda ist wirklich böse, ich sage die Wahrheit).

Pineda reagiert mit einem beklommenen Lachen, als ob er wüsste, wovon die Frau spricht. Er geht auf die Frau zu und fragt, warum.

– *Yo soy una cubana activista por los derechos humanos de Cuba* (Ich bin eine kubanische Menschenrechtsaktivistin in Kuba).

Pineda murmelt etwas, nickt, lacht ungläubig und zieht an seiner Zigarette, unsicher, in der Defensive. Obwohl die Stimme seines Begleiters etwas undeutlich ist, kann man nicht überhören, dass er ihn zu retten versucht: *Esto es una democracia, que podemos estar haciendo lo que quieras … Respeta, esto es una democracia!* (Dies ist eine Demokratie, wir können tun, was wir wollen … Respekt, dies ist eine Demokratie).

Und während die Aktivistin und der Freund des Pineda sich streiten, schweigt Herr Pineda, scheint sich an seiner Zigarette festzuhalten, seine Augen wandern unruhig zu den Beteiligten (gefällt ihm das Demokratie-Argument des Freundes nicht?), bis er die Diskussion (die ihm galt) unterbricht und darum bittet, das Telefon auszuschalten (wegen des

Filmens). Dann bittet er, ihn in Ruhe zu lassen, er unterhalte sich privat mit seinem Freund. Der Freund signalisiert der Frau mit einer abfälligen Geste, dass sie gehen solle, und befiehlt ihr, zu gehen: *Andando!* (Hau ab!). Gekonnt und überlegt antwortet sie: *No andando! Cuba Libre, CUBA LIBRE! Libertad para los presos políticos!*

Und konnte sich beim Abschied eine persönliche, tendenziöse Bemerkung über Manuel Pineda nicht verkneifen: *Yo lo hacía más delgado!* (Ich dachte, Sie wären schlanker!).

Vielleicht war es dieselbe kubanische Aktivistin, die Manuel Pineda bei einer Tasse Kaffee störte, der es gelang, das Gebäude des Europäischen Parlaments zu betreten. Dort traf sie auf einen Mann in einem weißen T-Shirt mit der blau-weißen Aufschrift SOY CUBA (Ich bin Kuba), der freundlich auf ihren Gruß *Hola!* reagierte.

– *Habla español?*, fragte sie ihn.

– *Ja!*, antwortete er stolz, ging auf sie zu und verneinte ihre Frage: *Y usted es cubano?* (Sind Sie Kubaner?). *Ahh, porque veo que dice: Soy Cuba!* (Oh, weil ich auf Ihrem T-Shirt lese: Ich bin Kuba!).

– *Soy amigo de Cuba* (Ich bin ein Kuba-Freund!), verteidigte er sich.

– *Möchten Sie den zuschauenden Kubanern etwas sagen,* fragte die Aktivistin weiter.

Daraufhin erklärte der Kuba-Freund, dass er sein T-Shirt trage, um seine Freundschaft zu Kuba auszudrücken. Überaus höflich erklärte ihm die Aktivistin: *Ich würde mich freuen, wenn Sie die schönste Freundschaft dem kubanischen Volk zeigen würden, wo wir zurzeit über tausend politische Gefangene haben, weil sie um Freiheit gebeten haben.* Der Zuhörer wurde stutzig. *Mütter, die zu Unrecht im Gefängnis sitzen,* fuhr sie auf Spanisch fort. *In welchem Land?*, fragte der Herr, der bis dahin geduldig zugehört, genickt und offenbar nicht alles verstanden hatte. *In Kuba,* antwortete die Aktivistin. Er schüttelte den Kopf und sagte im Gehen, dass das nicht stimme.

Er scheint etwas aus der Fassung geraten zu sein, rennt zur ersten Tür, die er sieht, hinter der sich jedoch eine Toilette befindet, und läuft weiter den Gang entlang, das in den Farben der kubanischen Flagge bedruckte Freundschafts-T-Shirt vorzeigend, bevor er sich unter den leisen Rufen der Aktivistin umdreht und erneut ruft: *Mentiras!* (Lügen).

Ideologie frisst Hirn!

Juli 2023

26. Juli

Der 26. Juli ist sicher für viele ein wichtiger Tag. Ich wollte es genau wissen und googelte den Tag:

Der 26. Juli ist der 207. Tag des gregorianischen Kalenders, in Schaltjahren der 208.

Heute, am 26. Juli 2023, werden die Schauspielerin Sandra Bullock 59, der Schauspieler Kevin Spacey 64 und der Rolling Stone Mike Jagger 80 Jahre alt.

Stars wie Thomassen McKenzie (23), Dress Williams (53), Engin Altan Düzyatan (44) und Nana Victor (66) feiern am 26. Juli ihren Geburtstag.

Die verstorbene deutsche Schauspielerin Hannelore Elsner wäre am 26. Juli 81 Jahre alt geworden. Der Drehbuchautor, Regisseur und Produzent Stanley Kubrick wäre heute 95, der amerikanische Schauspieler Jason Robards 101, Virginia Gilmore 104 und der Maler George Grosz 130 Jahre alt geworden.

Am 26. Juli starben unter anderem der bedeutende deutsche Mathematiker Gottlob Frege und die argentinische Politikerin Eva Perón.

Am 26. Juli 2008 wurden bei Bombenanschlägen in Ahmedabad, Indien, 56 Menschen getötet und über 200 verletzt.

Am 26. Juli 1998 fanden in Kambodscha freie Wahlen statt.

Am 26. Juli 1977 beschloss das Politbüro der SED neue „Versorgungsrichtlinien für Kaffee". Dies war die Geburtsstunde des „Kaffee-Mix", der nur zu 51 Prozent aus Röstkaffee bestand und dessen Produktion nach Protesten aus der Bevölkerung wieder eingestellt wurde.

Am 26. Juli 1971 startete Apollo 15 vom Kennedy Space Center zum Mond.

Am 26. Juli 1965 erlangten die Malediven ihre volle Unabhängigkeit.

Am 26. Juli 1957 wurde die Deutsche Bundesbank durch ein Gesetz gegründet. Ihre Aufgabe ist insbesondere die Sicherung der Preisstabilität. Am 26. Juli desselben Jahres wird der deutsche Verleger Walter Janka vom Obersten Gericht der DDR wegen „konterrevolutionärer Verschwörung" und „Boykotthetze" zu fünf Jahren Zuchthaus verurteilt.

Am 26. Juli 1956, zwölf Jahre vor Ablauf der Konzession der Kanalgesellschaft, verstaatlichte Ägypten den Suezkanal, was zur Suezkrise führte.

Am 26. Juli 1956 sank der italienische Luxusliner „Andrea Doria" auf dem Weg nach New York nach einer Kollision am Vortag vor der Atlantikinsel Nantucket.

Am 26. Juli 1955 verkündete Nikita Chruschtschow die Zweistaatentheorie. Danach entstanden auf dem Gebiet des Deutschen Reiches nach dem Zweiten Weltkrieg zwei souveräne Staaten.

Am 26. Juli 1945 erklärte der britische Premierminister Winston Churchill seinen Rücktritt.

Am 26. Juli 1805 forderte ein Erdbeben in Mittelitalien etwa 26.000 Todesopfer.

Am 26. Juli 1788 wurde New York der elfte Bundesstaat der Vereinigten Staaten.

Am 26. Juli 1634 eroberten kaiserliche Truppen im Dreißigjährigen Krieg Regensburg zurück.

Am 26. Juli 1529 begann der Spanier Francisco Pizarro in Peru mit der Eroberung des Inkareiches.

Und so weiter …

Am 26. Juli ist in der katholischen und anglikanischen Kirche Namenstag für Achim, Anita, Anja, Anna, Annette, Joachim.

Der 26. Juli 2023 war der Alles-oder-Nichts-Tag. Der Tag, um das zu tun, was man schon immer tun wollte, sich aber nie getraut hat. Wahrscheinlich hat jeder so ein Unternehmen. Wir wissen jetzt, welches das des kubanischen Staatschefs Díaz-Canel ist. Er möchte eine Militärkaserne stürmen, denn: *Solange die US-Regierung uns mit ihrer völkermörderischen Blockade zu ersticken versucht, solange wir nicht für jeden Kubaner ein würdiges Wohlstandsniveau erreichen, werden wir eine Moncada stürmen müssen*[111]*, so Díaz-Canel.*

Ich werde jetzt nicht über das sprechen, was Díaz-Canel „Blockade" nennt, aber „Embargo" heißt. Ich werde nicht darauf eingehen, dass das US-Embargo gegen Kuba nicht alle Wirtschaftssektoren umfasst und beispielsweise nicht die Einfuhr von Lebensmitteln und Medikamenten betrifft. Ich werde auch nicht darauf eingehen, dass die wirtschaftliche

111 https://spanish.news.cn/20230727/4c956574cece4ef5901b16d7377e757c/c.html (10.03.2024).

Krise Kubas eher auf das Nichtfunktionieren des Wirtschaftssystems und die interne Blockade der kubanischen Regierung zurückzuführen ist, und ich werde auch nicht darüber schreiben, dass genau diese Regierung nicht die Absicht hat, den Wohlstand eines jeden Kubaners zu garantieren, wenn man die Situation der mehr als tausend Menschen und ihrer Familien betrachtet, denen man die Freiheit genommen hat, und die eines Volkes, dem man seit 64 Jahren nicht einmal die elementarsten Menschenrechte garantiert. Ich möchte heute vielmehr über das Ereignis sprechen, das an einem 26. Juli stattfand und das als Beginn der kubanischen Revolution bezeichnet wird. Das Ereignis also, mit dem Fidel Castros Plan, sich eine Insel mit Millionen von Menschen einzuverleiben, in die Tat umgesetzt wurde. Als Schülerin wurde mir die Geschichte so erzählt: Am 26. Juli 1953 stürmte eine Gruppe junger Revolutionäre um den damals 26-jährigen Fidel Castro die zweitgrößte Militärkaserne des Landes, die „Moncada-Kaserne" in Santiago de Cuba. Auf dem Weg dorthin verirrten sich die Fahrer der mit den besten Waffen ausgerüsteten Fahrzeuge und kamen nicht rechtzeitig an. Vor Ort warteten Fidel Castro und einige der jungen Männer und wurden von einer Patrouille entdeckt. Fidel Castro befahl den Rückzug. Der Angriff war gescheitert. Viele Revolutionäre verloren ihr Leben.

Viele sehen das heute mit Skepsis: Warum ging Fidel Castro ein solch abenteuerliches Risiko ein, wusste er doch, dass sie gegen Batistas Militär nicht die geringste Chance hatten? Nahm er den Tod so vieler junger Menschen in Kauf? Führte er seine Mitkämpfer aus Sensationslust in den sicheren Tod? Opferte er das Leben dieser Mitkämpfer, um die Aufmerksamkeit auf sich und den künftigen Rebellen zu lenken? Und warum kamen ausgerechnet er und sein Bruder Raúl mit dem Leben davon?

Es wird viel spekuliert, aber manche Spekulationen machen mehr Sinn als die ideologisch verpackte Geschichte, die man uns als Schüler in Kuba erzählt hat.

Heute heißt es, Fidel Castro habe damals in einem der Autos gesessen, die nicht rechtzeitig in der Kaserne ankamen, weil sich der Fahrer verfahren hatte. Aber Fidel Castro lebte schon seit Jahren in dieser relativ kleinen Stadt. Es ist anzunehmen, dass er sie kannte.

Laut dem Historiker Antonio de la Cova, der einige der anwesenden Rebellen interviewt haben soll, hätten weder Fidel noch Raúl Castro an jenem 26. Juli ihre Waffen abgefeuert[112]. Haben sie sich so geschützt? Haben die Castros die Geschichte umgeschrieben? Haben sie uns mit ihrer Version getäuscht, nach dem Motto: „Die Geschichte wird von den Siegern geschrieben"?

Weniger als eine Woche später wurde Fidel Castro in den Bergen, in denen er sich versteckt hielt, gefangen genommen. Er bestand darauf, sich selbst vor Gericht zu verteidigen, und nutzte dies als Bühne, um sich als Retter der Armen und Ausgebeuteten in Batistas Kuba darzustellen. Seine Verteidigungsrede soll er mit dem legendär gewordenen Ausspruch beendet haben: *Condenadme! no importa, la historia me absolverá*[113] (Verurteile mich!, es spielt keine Rolle, die Geschichte wird mich freisprechen). Er wurde zu 15 Jahren Zuchthaus verurteilt, kam jedoch kurz darauf im Rahmen einer Generalamnestie frei.

An einem 26. Juli heiratete mein Onkel seine erste Frau, von der er sich einige Jahre später scheiden ließ. Am 26. Juli 2023 war der Welttag des Tofu (*World Tofu Day*), der Tag des Kaffee-Milchshakes (*National Coffee Milkshake Day*) und der Tag des Bagelfests (*National Bagelfest Day*) in den USA.

An jedem 26. Juli muss ich daran denken, dass das Castro-Regime diesen Tag als einen glorreichen Tag feiert, in diesem Jahr zum 70. Aber am diesjährigen 26. Juli habe ich auch daran gedacht, wie ungerecht das Leben ist, um nicht wieder über die Ungerechtigkeit des kubanischen politischen Systems nachzugrübeln: Fidel Castro rebellierte mit Waffengewalt gegen die damalige Regierung, Menschen starben. Er wurde nach einem fairen Prozess, der ihm sogar eine Bühne für seine politischen Äußerungen bot, zu 15 Jahren Haft verurteilt und nach einem Jahr und sieben Monaten freigelassen. Die mehr als tausend politischen Gefangenen, die heute in kubanischen Gefängnissen sitzen, gingen auf die Straße, nur mit ihrer Stimme bewaffnet, der junge Luis Robles mit einem Plakat, im Glauben an das Menschenrecht auf freie Meinungsäußerung. Sie wurden nach unfairen Gerichtsverfahren zu langen Haftstrafen verurteilt und sitzen zum Teil seit mehreren Jahren unter unmenschlichen Bedingungen im

112 https://latinamericanstudies.org/academic/Libre-entrevista.pdf (10.03.2024).
113 Dr. de la Cova versichert: Ich fand dann in der oppositionellen Zeitschrift „Bohemia", vom 27. Dezember 1953, Seite 70, in einem kurzen Bericht über den Prozess von Fidel Castro, dass er sein Verteidigungsplädoyer mit den Worten beendet hatte: „Die Geschichte wird, definitiv, alles erzählen". Dies deutet darauf hin, dass Castro die Parole gefälscht hatte".

Gefängnis. Ein Regime, das den bewaffneten Kampf für ein geeignetes Mittel hält, um an die Macht zu kommen, wie an jenem 26. Juli, unterdrückt, bekämpft, inhaftiert und foltert seine andersdenkenden Bürger, die friedlich demonstrieren und ihre Menschenrechte wahrnehmen.

Nach dem Refrain eines Liedes einer einst bekannten Musikgruppe namens „Moncada" war der 26. Juli der fröhlichste Tag der Geschichte (*El 26 es el día más alegre de la historia*).

Nonsens! Er war alles andere als das.

Und nein, die Geschichte hat Fidel Castro nicht freigesprochen.

Juli 2023

Wer die Wahrheit nicht kennt ...

Ich hätte meinen heutigen Beitrag auch mit „Das Schweigen der Linken" überschreiben können. Aber wie ich in dem Beitrag mit diesem Titel geschrieben habe, schweigt die Linke nicht wirklich, zumindest nicht zu Kuba. Und da ihre Aussagen die Realität Kubas falsch darstellen, wäre es besser, sie würde schweigen.

Am vergangenen Samstag lud die kubanische Botschaft in Berlin zu einer öffentlichen Veranstaltung ein, um den 26. Juli zu feiern. Es ist gut, dass sie laut und öffentlich und gefahrlos sagen können, woran sie glauben. Glauben sie wirklich daran? Oder sind sie Opfer eines chronischen Opportunismus? Dieser Frage nachzugehen, wäre einen Beitrag wert.

Anwesend war Sevim Dağdelen, eine Vertreterin der Linken, nicht nur der gesellschaftspolitischen Strömung, sondern auch der deutschen Partei „Die Linke", deren linkem Flügel sie angehört. Die Position von Frau Dağdelen erklärt sich von selbst: links von der Mitte der ohnehin linken Partei „Die Linke". Ich habe mich bisher nicht mit dieser Dame beschäftigt. Ich hatte von ihrem verbalen Angriff auf die Politikerkollegin Katrin Göring-Eckardt vor einigen Jahren gelesen. Dann hörte ich genauer hin, als sie als Vertraute der viel bekannteren Sara Wagenknecht bezeichnet wurde und sich im Russland-Ukraine-Konflikt ausdrücklich als „Putin-Versteherin" outete[114]. Sie lehnte Sanktionen gegen Russland ab und stellte sich de facto auf Putins Seite. So wie Kubas Staatsoberhaupt Díaz-Canel.

Als ich diese Zeilen schrieb, las ich über sie: Sie studierte Jura ohne Abschluss; sie ist seit 2005 Mitglied des Bundestages; sie ist stellvertretende Vorsitzende der Fraktion „Die Linke" im Bundestag; sie ist Sprecherin für Internationale Beziehungen und Mitglied des Auswärtigen Ausschusses. Ihre Äußerungen sind geprägt von blindem Antiamerikanismus. Und Frau Dağdelen wurde im April 2013 wegen „öffentlicher Aufforderung zu Straftaten" zu einer Geldstrafe verurteilt. Sie ist Mitglied der Gewerkschaft „Verdi" und des Vereins „Rote Hilfe e.V.",

114 https://www.tagesspiegel.de/politik/abgeordnete-der-linken-zeigen-verstandnis-fur-den-kreml-5997169.html (10.03.2024).

der politisch Verfolgte aus dem linken Spektrum unterstützt. Die gebürtige Duisburgerin ist Gründungsmitglied des „Bundesverbandes der Migrantinnen". Und sie ist eine der Erstunterzeichnerinnen des Gründungsaufrufs der ihrem Parteiflügel nahen innerparteilichen Strömung „Antikapitalistische Linke". Darüber hinaus ist sie journalistisch tätig.

Ihre Teilnahme an der „Solidaritätsveranstaltung" mit der kubanischen Regierung hat mich wieder einmal über die Doppelzüngigkeit eines linken Politikers bzw. einer linken Politikerin erstaunt. Frau Dağdelen vertritt als Berufspolitikerin ihre Partei, dank der demokratischen Verhältnisse, in denen sie lebt, kann sie gewählt werden und ihre politischen Ansichten laut artikulieren. Und wie bei dem Vertreter der spanischen Linken, Manuel Pineda, frage ich mich: Hat sie sich schon einmal Gedanken darüber gemacht, wie es wäre, in einem Land zu leben, in dem es keine demokratischen Wahlen gibt? In einem Land, in dem sie ihre politische Meinung nicht äußern dürfte? Für Frau Dağdelen würde es bedeuten, dass sie keine Politik mehr machen könnte, wenn in Deutschland eine Partei, die nicht ihrem politischen Spektrum angehört, ohne Wählerauftrag über Jahrzehnte und auf unabsehbare Zeit regieren würde. Was würde Frau Dağdelen heute machen, wenn wir in Deutschland ein Einparteiensystem hätten? Was wäre aus Frau Dağdelen geworden, wenn sie wie die vielen jungen Menschen in Kuba, die für Freiheit kämpfen, auf die Straße gegangen wäre? Dann wäre sie eine politische Gefangene, wie viele von ihnen.

Ich lese, dass Frau Dağdelen sich für andere einsetzt: *Die Ampel muss sich endlich für die Freilassung von Julian Assange einsetzen … Es ist eine Schande für den Westen, dass der Journalist und Wikileaks-Gründer Assange seinen fünften Geburtstag in Folge im Hochsicherheitsgefängnis Belmarsch, dem britischen Guantánamo, verbringen muss … Es ist ein Armutszeugnis für die Bundesregierung, dass sie zu diesem schweren Angriff auf die Pressefreiheit durch die NATO-Partner USA und Großbritannien schweigt, statt sich für die Freiheit von Assange einzusetzen. … Julian Assange soll offenbar lebendig begraben werden.*

In der Berliner Zeitung schrieb sie einen Gastbeitrag über Erdoğans Chancen auf eine Wiederwahl: *Eine 180-Grad-Wende in der Türkei-Politik ist überfällig.*

Sie hat auch einmal gesagt: *Angriff auf die Freiheit der Kunst ist purer Wahnsinn …* oder posierte mit dem Schild „Journalismus ist kein Verbrechen".

Frau Dağdelen ist eine Kritikerin des türkischen Präsidenten Erdoğan, dem demokratisch gewählten Staatsoberhaupt des Heimatlandes ihrer Eltern (so wie ich eine der Regierung meines Geburtslandes bin). Als Kritikerin der türkischen Regierung setzte sie sich für die Freiheit des deutsch-türkischen Journalisten und Publizisten Denis Yücel ein und gegen die Urteile gegen Menschenrechtsaktivisten: *Die Urteile gegen Yücel, aber auch gegen Peter Steudtner und andere Menschenrechtsaktivisten zeigen in ihrer Widersprüchlichkeit, dass die Türkei kein Rechtsstaat ist. Es handelt sich um eine Willkür-Justiz, es sind politische Urteile.*

Wie bereits erwähnt, nahm Frau Dağdelen an der oben genannten Feier der kubanischen Botschaft teil. Als Bundestagsabgeordnete und Vertreterin der Partei „Die Linke" war sie sicherlich ein prominenter Gast. Und als solcher nutzte sie ihre Stimme, um Werbung für das totalitäre Regime von Díaz-Canel zu machen.

Und genau das meine ich mit Doppelzüngigkeit: Wie kann sich Frau Dağdelen für die Freiheit von Assange einsetzen, wenn sie sich mit dem kubanischen Regime solidarisiert, das so viele „Assanges" aus politischen Gründen in Haft hält?

Hochsicherheitsgefängnis? Davon können kubanische Aktivisten ein Lied singen. Wiederholt Geburtstag im Gefängnis? Einige politische Gefangene in Kuba haben und werden unzählige Geburtstage im Kreise ihrer Zellengenossen verbringen. Angriff auf die Pressefreiheit? Pressefreiheit kennen die Kubaner, die nach Castros bewaffneter Machtübernahme geboren wurden, nicht, und Castro selbst hat keinen Hehl daraus gemacht, dass er die Pressefreiheit – wie so vieles – stranguliert hat. Julian Assange lebendig begraben? Haben Sie noch nichts von José Daniel Ferrer gehört, Frau Dağdelen? Und von Lázaro Yuri Valle Roca? Auch für den gilt übrigens: Journalismus ist kein Verbrechen. Warum also für Julian Assange und nicht für die kubanischen politischen Gefangenen? Warum Demokratie für die Türkei und nicht für Kuba? Warum für den legitim gewählten Erdoğan und nicht für den nicht vom kubanischen Volk gewählten Díaz-Canel? Ist die Türkei kein Rechtsstaat? Ist Kuba einer? Willkürjustiz und politische Urteile in der Türkei sind inakzeptabel. Und in Kuba? Das kubanische Unrechtssystem kann man nicht Gerechtigkeit nennen. Haben Sie von Luis Manuel Otero Alcántara und Maykel Castillo gehört, Frau Dağdelen? Offensichtlich nicht: Das sind kubanische Künstler, die unschuldig im Gefängnis sitzen, weil ihre Kunst dem kubanischen Regime nicht gefällt. Sie wurden wegen ihrer politischen Kunst zu langen Haftstrafen verurteilt. Übrigens nichts Neues seit 1959, dem Jahr der bewaffneten Machtübernahme Castros. Um es mit Ihren Worten zu sagen: *Der Angriff auf die Freiheit der Kunst ist der blanke Wahnsinn.* Auch für die kubanischen Künstler.

Und während mehr als tausend Menschen in kubanischen Gefängnissen sitzen, weil sie anders denken als vorgeschrieben, genossen die Fans des Díaz-Canel die Berliner Sonne: die Freunde der repressiven kubanischen Polizei. Die alten Anhänger der ungerechten kubanischen Justiz, die hierzulande mit einer unabhängigen Justiz rechnen können. Die in einer Demokratie lebenden Nichtdemokraten mit vollen Bäuchen, Würstchen und Bier. So lässt sich leicht *Patria o Muerte* rufen. *Patria* für sie, *Muerte* für das kubanische Volk.

Also warum messen Frau Dağdelen und ihre Kuba-Freunde mit zweierlei Maß?

Der Wortlaut ihrer sicherlich laut beklatschten Rede liegt mir leider nicht vor. Ich habe lediglich auf Fotos eine Frau Dağdelen als Rednerin unter der Überschrift *Diputada alemana expresa su apoyo a Cuba en fiesta de solidaridad* (Deutsche Abgeordnete drückt ihre Unterstützung für Kuba auf Solidaritätsfest aus) gesehen. Ich kann mir vorstellen, was ihr Publikum hören wollte und was sie dort gesagt hat. Es ging nicht um Solidarität mit dem kubanischen Volk, nicht um Solidarität mit den Unterdrückten, nicht um Solidarität mit den Dissidenten, nicht um Solidarität mit den politischen Gefangenen, sondern um Solidarität mit den Machthabern und ihrer Entourage. Es war keine Rede für die Kubaner in Kuba. Frau Dağdelen hat ihre Stimme sicher nicht für die Menschenrechte in Kuba eingesetzt.

Ich gehöre nicht zu den Naiven, die an das Gute im Menschen glauben. Dazu geschieht zu viel Böses von Menschenhand und im Namen der Menschheit. Bei so viel Diskrepanz unterstelle ich aber Frau Dağdelen zu ihren Gunsten, dass sie nicht weiß, was in Kuba wirklich passiert (und passiert ist). Vielleicht ist sie, wie so viele, der Idealisierung der kubanischen Revolution, der Version der kubanischen Regierung und deren Desinformation aufgesessen. Sicher ist auch sie ein Opfer ihrer Ideologie. Aber Frau Dağdelen: Wir leben in neuen Zeiten und die Wahrheit ist ans Licht gekommen. Wir kennen sie jetzt. Sie nicht? Lesen Sie die Berichte von „Amnesty international", „Prisoners Defenders" und anderen unabhängigen Menschenrechtsorganisationen. Informieren Sie sich über die Erfahrungen der kubanischen „Damas de Blanco“, der Demonstranten vom 11. Juli 2021, der politischen Gefangenen und ihrer Familien. Erkundigen Sie sich, wie die kubanische Polizei mit ihren Bürgern umgeht. Lassen Sie sich erzählen, was mit Ihnen passieren würde, wenn Sie in Kuba Ihre Meinung äußern würden, die dem Repressor in Uniform gerade nicht passt. Lesen Sie über die kubanische Revolution und hören Sie, was Fidel Castro und Ernesto Guevara in den ersten Jahren der Revolution gesagt haben. Lesen Sie, wer Ernesto Guevara, bekannt als Che, wirklich war. Sie finden ihn, wenn Sie nach „Carnicero de La Cabaña“ suchen. Finden Sie heraus, wie eine so genannte Wahl in Kuba abläuft. Lesen Sie die kubanische Verfassung, in der die Herrschaft der kommunistischen Partei über das kubanische Volk auf ewig festgeschrieben ist. Erkundigen Sie sich, wie ein Gerichtsverfahren gegen Sie wegen „öffentlicher Aufforderung zu Straftaten“ in Kuba verlaufen wäre und zu welcher Haftstrafe Sie verurteilt worden wären. Hätten Sie in Kuba die Straßenproteste vom 11. Juli 2021 mit dem Handy gefilmt, wären Sie zu 25 Jahren verurteilt worden, wie der Deutsch-Kubaner Luis Frómeta Compte. Fragen Sie. Informieren Sie sich über das wahre Kuba. Und tun Sie das alles, ohne sich von Ihrer Ideologie vernebeln zu lassen.

Ich gebe Ihnen, Frau Dağdelen, einen letzten Rat aus meiner Kindheit. Meine Klassenlehrerin hat uns geraten, wenn wir Schwierigkeiten hatten, etwas öffentlich auszusprechen, dann sollen wir es abends im Bett unserem Kopfkissen anvertrauen. Also, Frau Dağdelen, reden Sie mit Ihrem Kopfkissen, wenn es sein muss, diskutieren Sie mit ihm. Seien Sie ehrlich zu ihm – und zu sich selbst – und dann kommen Sie (hoffentlich) zum richtigen Schluss. Wenn Ihnen das nicht gelingt oder Sie nicht über Ihren Schatten springen können, dann schweigen Sie lieber. Denn Sie kennen ja die Worte von Bertolt Brecht: „Wer die Wahrheit nicht weiß, der ist bloß ein Dummkopf. Aber wer sie weiß und sie eine Lüge nennt, der ist ein Verbrecher!“[115]

August 2023

115 Mit dem Zitat griff Fr. Dağdelen ihre Kollegin Göring-Eckardt (Bündnis 90/Die Grünen) während einer Bundestagsdebatte im Jahre 2014 an, https://www.dielinke-lippe.de/start/aktuell/news/die-spinnen-die-linken/.

Kubas anderes Modell

„Ich bin empört über die Doppelzüngigkeit, mit der andere gezwungen werden, unter sozialistischen Bedingungen zu leben, während sie die Freuden des Kapitalismus genießen“[116], bekundete der Schriftsteller Mario Vargas Llosa. Diesen Gedanken verbinde ich mit meinem Diskurs in dem Beitrag „Wer die Wahrheit nicht kennt“. Kaum habe ich diesen veröffentlicht, lese ich in der linken deutschen Presse „Kuba steht für ein anderes Modell“. Und das kann ich natürlich so nicht stehen lassen.

Der entsprechende Artikel ist am 02. August 2023 in der Zeitung „Neues Deutschland“ erschienen[117]. Darin hieß es: „Delegation von Linkspartei und Cuba Sí macht Havanna rund um Revolutionsfeierlichkeiten ihre Aufwartung“. Der Bundesgeschäftsführer der Linkspartei, Tobias Bank, und die (vor wenigen Tagen zurückgetretene) Fraktionsvorsitzende der Linkspartei im Bundestag, Amira Mohamed Ali, hätten das Land anlässlich der Feierlichkeiten zum 70. Jahrestag des Sturms auf die Moncada-Kaserne am 26. Juli 1953 besucht. Die Delegation hatte ein straffes Programm in Havanna und Santiago de Cuba. Herr Bank war *positiv überrascht von dem, was er in Kuba vorfand. Nach allem, was er im Vorfeld gehört und gelesen habe, habe er mit einer größeren Knappheit und längeren*

116 https://www.sotodelamarina.com/Javier_Ubeda/Art%C3%ADculos/20200227Javier_Ubeda_Iba%C3%B1ez1.htm (10.03.2024).

117 https://www.nd-aktuell.de/artikel/1175240.kuba-kuba-steht-fuer-ein-anderes-modell.html (10.03.2024).

Schlangen vor den Geschäften gerechnet. Er räumte ein, *in der Kürze der Zeit nur einen Ausschnitt gesehen zu haben.*

Herr Bank war positiv überrascht. Er hatte einen größeren Mangel erwartet. Liegt das an den Erfahrungen, die seine Delegation in den Hotels gemacht hat, in denen sie untergebracht waren? Weil er Seife im Bad hatte und Fleisch auf den Tellern der Restaurants, die er besucht hat? Der Ausschnitt, den Herr Bank gesehen hat, scheint winzig gewesen zu sein, kein Wunder, dass er überrascht war. Wie wäre es gewesen, wenn Herr Bank und seine Delegation bei kubanischen Familien untergekommen wären? Bei Familien, die keine Verwandten im Ausland haben, die sie finanziell unterstützen. Bei Familien, die gezwungen sind, Tag für Tag umherzuziehen, in der Hoffnung, etwas zu essen zu finden. In Familien, in denen die Eltern auf das rationierte Brot verzichten (wenn es denn eines gibt), um den Kindern ein Pausenbrot zu garantieren. Bei Familien, deren Kinder keine gesunde Mahlzeit bekommen können. Herr Bank rechnete mit langen Schlangen vor den Geschäften. Hat niemand Herrn Bank gesagt, dass die Regale in den Geschäften, in denen die rationierten Lebensmittel verkauft werden, fast leer sind? Hat man Herrn Bank verschwiegen, dass man in Kuba in den Geschäften, in denen es regelmäßig etwas zu kaufen gibt (nicht unbedingt das, was man braucht), nur mit konvertierbarer Währung bezahlen kann? Ich gehe davon aus, dass Herr Bank das nicht wusste, sonst wäre er nicht überrascht gewesen. Oder ist Herr Bank an Geschäften vorbeigegangen, als der Strom stundenlang ausgefallen war?

Der Ausschnitt, den Herr Bank gesehen hat, ist offensichtlich so klein, dass er nicht geeignet ist, sich eine Meinung über die Lage des Landes zu bilden, geschweige denn, sich dazu zu äußern. Größere Ausschnitte hätte er im Internet gesehen, veröffentlicht von Kubanern, die auf der Insel leben. Die tagtäglich sehen und erleben, wie ihre Mitmenschen in endlosen Schlangen um ein gefrorenes Hähnchen oder ein paar Würstchen kämpfen, manchmal mit Waffengewalt. Sind Herr Bank und seine Delegation nicht an den Müllbergen Havannas vorbeigefahren, in denen alte Menschen nach Essbarem suchen? Oder hat Herr Bank gar aus dem Anblick der riesigen Bäuche der Regierungsmannschaft um Díaz-Canel geschlossen, das Volk habe genug zu essen?

Wir haben diesen Zeitpunkt ausgewählt, weil die US-Blockade weiterhin intakt ist und Präsident Joe Biden sein Wahlkampfversprechen, Sanktionen abzubauen, noch nicht geliefert hat, so Herr Bank weiter. Und: *Im Zweifelsfall sterben hier Menschen, weil medizinische Versorgungsgüter nicht ins Land gelangen.*

Ich habe den Eindruck, dass die Desinformation über Kuba die gesamte Partei „Die Linke" betrifft. Ich brauche eine Erklärung, warum Politiker sich anmaßen, öffentlich über etwas zu reden, von dem sie keine Ahnung haben. Es sollte sich inzwischen herumgesprochen haben, dass es sich bei diesen Maßnahmen, von denen Herr Bank gesprochen hat, um ein Embargo handelt.

Blockade, Herr Bank, das ist die Wirtschaftspolitik, die Fidel Castro 1959 in Kuba eingeführt hat, als er glaubte, mit seinen absurden Ideen die Wirtschaftsgesetze neu schreiben zu können. Blockade ist sein sozialistisches Experiment mit einer blühenden Wirtschaft, wie sie Kuba vor 1959 war. Blockade ist das, was er geschaffen hat, als er die Privatinitiative erstickte und glaubte, der Staat könne ein Volk ernähren, während er seine Hände gebunden hält. Blockade ist das, was das totalitäre kubanische Regime geschaffen hat, indem es blind den falschen und gescheiterten Kurs von 64 Jahren von Castro fortsetzte, der in Wirtschaftsfragen inkompetent war. Die Blockade ist das, was sie aus meiner schönen Insel gemacht haben: ein armes, bankrottes, elendes Land, in dem das Leben nicht lebenswert ist.

Was Sie meinen, Herr Bank, nennt man Embargo. Als Historiker wissen Sie das sicher. Und obwohl es in der Tat Auswirkungen auf den Wirtschaftsverkehr zwischen den USA und Kuba hat, ist es keineswegs der Grund für den katastrophalen Zustand der kubanischen Wirtschaft. Was das US-Embargo gegen Kuba beinhaltet, darüber können Sie sich selbst informieren, bevor Sie wieder Ihre Meinung dazu äußern. Ich kann Ihnen heute kurz sagen, was es nicht umfasst, nämlich den Export von medizinischen Produkten, Lebensmitteln und anderen Artikeln zur Unterstützung der kubanischen Bevölkerung nach Kuba. Seit Anfang des Jahres haben die Vereinigten Staaten fast 900 Millionen Dollar an medizinischen Exporten nach Kuba genehmigt, und im Jahr 2022 werden es mehr als 800 Millionen sein, doppelt so viel wie im Jahr 2021. Nein, Herr Bank, in Kuba sterben keine Menschen, weil keine medizinischen Güter ins Land kommen. Menschen sterben, weil es wegen der kubanischen Misswirtschaft an Medikamenten fehlt. Weil die kubanische Wirtschaft von Dilettanten regiert wird. Weil sie brach liegt, weil aus dem einst fortschrittlichen Kuba ein Land geworden ist, das kaum noch etwas produziert. Weil Kuba Medikamente und Ärzte exportiert, die im Land fehlen. Weil die kubanische Misswirtschaft falsche Prioritäten setzt und statt in Krankenhäuser und Gesundheitsversorgung in Hotels und ihre Repressionsorgane investiert.

Deutlicher als der spanische Europaabgeordnete Javier Nart kann ich es nicht sagen: *Es gibt keine Blockade: Alle Schiffe und Flugzeuge, egal unter welcher Flagge, können ungehindert in alle kubanischen Häfen und Flughäfen ein- und auslaufen, mit Ausnahme der Vereinigten Staaten, die zwar ein Nachbarland sind, aber sicher nicht das universelle Universum (...) es ist auch nicht angebracht, die von den Vereinigten Staaten verhängten Sanktionen als „Blockade" zu bezeichnen, wenn man bedenkt, dass dieses Land seit der Aufhebung des US-Embargos für landwirtschaftliche Produkte und Medikamente im Jahr 2000 der wichtigste direkte ausländische Fleischlieferant Kubas ist. Obwohl Kuba ein Land mit äußerst fruchtbaren Böden ist, ist sein „System" nachweislich nicht in der Lage, seine Bevölkerung zu ernähren. Sicherlich leidet die kubanische Bevölkerung unter akutem Mangel, aber man kann nicht, ohne zu lügen, die Ausrede der „amerikanischen Blockade" aufrechterhalten. Sie existiert als solche nicht, vor allem, wenn der größte ausländische Fleischlieferant des Landes die Vereinigten Staaten sind, das gleiche Land, das beschuldigt wird, die Insel zu blockieren. Die Schwierigkeiten der Insel sind das Ergebnis von 63 Jahren Inkompetenz der Regierung.*[118]

Herr Bank bestätigte dies gegenüber der Zeitung „Neues Deutschland": *Wir stehen an der Seite der kubanischen Bevölkerung und seiner Revolution.* Und: *Aber Kuba ist ein Land, das für ein anderes Gesellschaftsmodell steht, und das unterstützen wir.*

Woher wissen Sie überhaupt, auf welcher Seite das kubanische Volk steht, Herr Bank? Ist Ihnen schon einmal in den Sinn gekommen, dass es nicht die Seite der gescheiterten Revolution ist? Auf welcher Seite das Volk steht, ließe sich durch Wahlen feststellen, aber in Kuba hat es in 64 Jahren sozialistischer Herrschaft keine legitimen Wahlen gegeben. Viele ältere Kubanerinnen und Kubaner haben erkannt, dass diese Revolution sie jahrzehntelang belogen und betrogen hat. Sie haben ihr Leben für dieses unfruchtbare System geopfert, um am Ende nicht zu wissen, wie sie den Tag überleben sollen, getreu dem armseligen Mantra „Patria o Muerte", das die Linke so gerne nachplappert.

Und die Jugend, Herr Bank, die Jugend identifiziert sich nicht mit diesem System, das sie nicht gewählt hat und das Sie (Sie hier als Vertreter der Linken) aus der Ferne von einem vollen Tisch und aus demokratischen Verhältnissen loben. Viele junge Kubaner wollen in Freiheit leben. Sie vermissen ihre Menschenrechte. Sie haben es satt, die Ideologie über

118 https://www.prisonersdefenders.org/2022/12/15/eurodiputado-javier-nart-responde-a-la-carta-de-la-ex-embajadora-de-cuba-en-bruselas/ (10.03.2024).

das Leben zu stellen. Sie wollen nicht die Enkel von Fidel Castro sein. Sie fühlen sich nicht vertreten von der Bande alter Männer mit dicken Bäuchen um Díaz-Canel, die Sie unterstützen.

Diese Revolution und dieses Regime, die Sie unterstützen, haben diese jungen Kubaner zu Geiseln gemacht. Sie werden nicht gefragt, wie sie leben wollen, sie werden von der Polizei beschimpft und misshandelt, ihnen wird die Luft zum Atmen genommen. Diese Jugend, die heute den hoffnungsvollen Slogan „Patria y vida" ruft, sieht sich gezwungen, auszuwandern, weil das Leben in unserem Heimatland ein Leben ohne Perspektive ist. Wissen Sie, wie viele Kubanerinnen und Kubaner in wenigen Jahren ihr Land verlassen haben? Wissen Sie, dass sie dafür alle möglichen Strapazen auf sich nehmen, um irgendwo anzukommen, Hauptsache weg von dem Land, das uns Fidel Castro und die Seinen gestohlen haben? Dass sie lieber im Meer ertrinken, als in dem Land zu bleiben, in dem sie geboren wurden? Der Massenexodus nimmt kein Ende, und das verdanken wir dem totalitären Unrechtsstaat, auf dessen Seite Sie stehen.

Und nein, Herr Bank, Kuba steht nicht für ein anderes Modell. Dafür steht die totalitäre Regierung, die von großen Teilen der internationalen Linken unterstützt wird. Kuba stand traditionell für das Modell von Demokratie und Fortschritt, bis Fidel Castro nach seiner Machtergreifung einen anderen Weg einschlug als versprochen und erwartet, seinen Sozialismus installierte und sich nach dem Sturz des Diktators Batista selbst zum Diktator krönte. Es ist ein gescheitertes System, an dem die Weltgemeinschaft kein Interesse zu haben scheint und das von linken Idealisten romantisiert wird. Es ist leicht, von einem demokratischen Deutschland aus ein System zu verteidigen, in dem die Menschen von den Rechten, die wir hier haben, nur träumen können.

Das ist die Doppelzüngigkeit, die nicht nur Mario Vargas Llosa empört.

August 2023

Ohnmacht und Resignation

Zu den Mythen, die die kubanische Misere bis heute relativieren, gehört die Behauptung, Kuba sei eine *Potencia Médica*, eine „medizinische Macht“[119]. Dies ist unter anderem auf die Selbstbeweihräucherung des kubanischen Regimes hinsichtlich der kostenlosen Gesundheitsversorgung für alle Bürger zurückzuführen. Kostenlose Gesundheitsversorgung ist zweifellos eine gute Sache. Aber der „Comandante“ und seine Nachfolger haben vergessen, dass diese große Errungenschaft der kubanischen Revolution nur mit einer funktionierenden Wirtschaft möglich ist. Sie ruinierten mit ihren sozialistischen Dogmen die Wirtschaft und damit ihr Vorzeigeprojekt. Denn alles, was davon übrig geblieben ist, ist … nichts! Wer einmal Patient in einem der Volkskrankenhäuser Kubas war oder dort einen Angehörigen aufgrund des miserablen Gesundheitssystems verloren hat, weiß, wovon ich spreche.

Ich will nicht (mehr) Ärztin sein. Ich kann nicht mehr heilen und lindern, weil mir die Mittel dazu fehlen. Ich kann nicht einmal in Schmerz und Krankheit trösten und begleiten, weil ich selbst voller Trauer und Verzweiflung bin. Trauer und Verzweiflung. Und man kann nicht geben, was man nicht hat. ICH KANN ANDEREN NICHT MEHR HELFEN. Selbst als praktizierende Ärztin kann ich nicht mit einem Mindestmaß an Würde und Anstand leben. Ich bin erschöpft von so viel Leid, meinem eigenen und dem der anderen. Es ist egal, ob ich noch im Krankenhaus bin oder Kranke behandle. So sollte man es nicht machen. Es ist, als würde man etwas Heiliges verletzen. Ich entschuldige mich bei meinen Patienten … für das, was ich ihnen immer gegeben habe und nicht mehr geben kann.[120]

Diese Nachricht einer kubanischen Ärztin habe ich im Internet gelesen. Es ist mehr als ein Hilferuf. Es ist Resignation, Empörung, Verbitterung.

So wie dieser Ärztin geht es vielen.

Heute weiß man, dass Kuba, das Land, das Ärzte „exportiert“ (die es übrigens auch ausbeutet), im Jahr 2022 mehr als 10.000 Ärzte und

119 http://www.cubadebate.cu/especiales/2022/05/22/cuba-salud-y-solidaridad/ (10.03.2024).
120 https://hypermediamagazine.com/actualidad-noticias-prensa-sucesos-cuba/cuba-noticias-analisis-actualidad/alina-arcos-fernandez-brito-medico-abandona-profesion-cuba-falta-recursos/ (10.03.2024).

medizinisches Personal verloren hat. Diese Zahlen wurden vom kubanischen Nationalen Amt für Statistik und Information bestätigt. Während das Land im Jahr 2021 über 312.406 Ärzte und anderes medizinisches Personal verfügte (davon 106.131 Ärzte, 20.903 Zahnärzte und 86.983 Krankenpfleger), waren es im Jahr 2022 nur noch 281.098 (davon 94.066 Ärzte, 17.657 Zahnärzte und 79.569 Krankenpfleger)[121]. Der Rückgang erklärt sich dadurch, dass viele dorthin ausgewandert sind, wo sie ihren Beruf unter besseren Bedingungen für sich und ihre Patienten ausüben können. Oder sie gehen im Land berufsfremden Tätigkeiten nach, mit denen sie ihre Familien ernähren können, oder sie sind, wie die Verfasserin dieser Meldung, durch chronische Hilflosigkeit seelisch am Ende.

Solange Fidel Castro das Volk „in der Hand" hatte, eingelullt von seinem Charisma und seinen stundenlangen Reden, solange die kollektive Ignoranz dieses Volkes die Stütze seiner Herrschaft war und die Massen sich mit den Krümeln von Castros Tisch zufrieden gaben, solange funktionierte das kubanische Gesundheitssystem. Aber mit den neuen Zeiten ist der Kubaner aufgewacht. Er weiß jetzt, was er als Fachmann wert ist, welche Chancen er mit einer vernünftigen Ausbildung hat und dass man anderswo bessere Aussichten auf eine hoffnungsvolle Zukunft hat.

Die Situation ist dramatisch, wenn man bedenkt, dass vor allem junge Menschen das Land verlassen. Zurück bleiben die Alten, Kranken und Mittellosen. In einem Land, das sich eher mit dem Titel „Impotencia médica" rühmen muss. Ein Land wie ein sinkendes Schiff.

August 2023

121 https://www.14ymedio.com/cuba/Cuba-pierde-sanitarios-ano-medicos_0_3584641502.html (10.03.2024).

Was Hänschen nicht lernt ...

Mein Hänschen heute ist Fidel Castro als Vertreter des kubanischen Regimes. Ihm ist das wirtschaftliche Fiasko anzulasten, unter dem das Land seit 1959 leidet und das sich von einer chronischen zu einer tödlichen Krankheit entwickelt hat. Mir fallen sofort zwei Großprojekte des größenwahnsinnigen Fidel Castro ein, der sogenannte „Cordón de La Habana" und die unsinnige „Zafra de los diez Millones". Im sozialistischen Großlabor namens Kuba folgte Castro seiner Phantasie und seinem Instinkt, mischte, was zu mischen war und schüttelte, was zu schütteln war, um sein Experiment auf gut Glück durchzuführen. Seine Kritiker hatten keine Chance, das Land vor den Folgen seiner Fehlversuche zu retten, denn wenn jemand es wagte, ihm zu widersprechen, wurde er zum Schweigen gebracht. So setzte sich der „Laborant" Castro Ende der 60er Jahre in den Kopf, Kuba mit dem Anbau und Export von Kaffee wirtschaftlich zu sanieren, und ließ ohne Rücksicht auf Verluste Tausende von Kaffeepflanzen zwischen Obstbäumen rund um Havanna pflanzen. Sein damaliges Experiment schlug fehl. Jahre später versuchte er es mit Zucker, Kubas Exportgut Nr. 1. Ganze Felder von Obstbäumen wurden dafür in Zuckerrohrplantagen verwandelt, im Glauben, der siegessichere Castro würde Kubas Wirtschaft endlich voranbringen. Wie Jorge Edwards in seinem Buch „Persona non grata" versichert, sagte er einmal im kleinen Kreis: *Wir haben es vielleicht nicht so mit dem Produzieren, aber kämpfen können wir gut*[122]. Der Misserfolg gab ihm Recht.

Kubas Wirtschaft, ein ganzes Land und seine rund elf Millionen Einwohner leiden bis heute unter den katastrophalen Folgen von Castros wirtschaftspolitischem Irrweg. Manche meinen heute, Kubas Misere sei nur eine, *wenn man Kubas Wirtschaft fälschlicherweise mit dem Lebensstandard im globalen Norden, also Industrieländer und ehemaligen Kolonisatoren, vergleiche. Das sei aber falsch, weil das historisch und strukturell völlig andere Ausgangspunkte seien. Ein etwas realistischer Vergleich wäre der zum Lebensstandard auf Haiti.* So konterte eine Leserin ein Kommentar zu Kuba im Internet.

122 Jorge Edwards, Persona non grata, erschienen am 21.07.2008 im Piper Verlag Deutsch ISBN: 9783492250092.

Ja, auch dieses Bild Kubas, das sich in der jungen Welt durchgesetzt hat, verdanken wir Fidel Castro und seiner Misswirtschaft.

Kuba, ein Land, in dem – theoretisch – Kaffee und Zuckerrohr angebaut werden, hat nach jüngsten Angaben seine Kaffeeimporte aus den USA, deren Embargo für die kubanische Misere verantwortlich gemacht wird, im Zeitraum Januar bis Juni 2023 auf 1,9 Millionen US-Dollar erhöht. Laut Statistiken des US-Landwirtschaftsministeriums, die vom „US-Cuba Trade and Economic Council" (USCTEC) ergänzt wurden, kaufte Kuba dort im vergangenen Juni Zucker im Wert von 30.241 US-Dollar, nachdem die Zuckerernte 2022/2023 nur knapp 350.000 Tonnen gegenüber den prognostizierten 455.198 Tonnen erreicht hatte[123].

Fidel Castro ist seit Jahren tot. Und als würde er seinem Nachfolger tatsächlich regelmäßig wie ein Dämon erscheinen und ihm die nächsten Schritte des sozialistischen Experiments im kubanischen Großlabor einflüstern, werden die Versuche, zu retten, was nicht mehr zu retten ist, immer absurder.

Kurzum: Der Präsident der „Banco Nacional de Cuba" hat vor wenigen Tagen verkündet, dass Kuba das Bargeld abschafft. Wir hätten es ahnen können, denn seit Wochen soll das Bargeld aus den Geldautomaten knapp geworden sein.

Die kubanische Regierung hat eine forcierte Bankarisierung und eine rasche Digitalisierung des Zahlungsverkehrs beschlossen[124]. Dafür hat sie sich eine Frist von sechs Monaten gesetzt. Für ein Land mit einer rückständigen Telekommunikationsinfrastruktur und einem der am wenigsten entwickelten Bankensysteme und Zahlungsinstrumente in der Region ist dies eine echte Herausforderung. Stromabschaltungen und -ausfälle dürften ihr Übriges tun. Es ist davon auszugehen, dass auch dieser Versuch scheitern wird.

Als hätten die Kubanerinnen und Kubaner nicht schon genug mit der unaufhaltsamen Inflation und dem Mangel an allem Lebensnotwendigen zu kämpfen, wird ihnen durch die schlechte Regierung Díaz-Canel noch mehr zugemutet.

123 https://www.cubatrade.org/blog/2023/8/15/tvwiq2c3wt6qi345rn51q6k7uvziex (10.03.2024).
124 https://www.gacetaoficial.gob.cu/sites/default/files/goc-2023-ex55.pdf (10.03.2024), https://periodismodebarrio.org/2023/08/la-bancarizacion-cubana-explicada/ (10.03.2024), https://oncubanews.com/opinion/columnas/contrapesos/el-alto-precio-de-una-bancarizacion/ (10.03.2024).

Ein Kubaner auf der Insel berichtet: *Seit einer Stunde versuche ich, den Strom mit Transfermovil* (kubanische staatliche Zahlungs-App) *zu bezahlen. Die Geldautomaten haben nie Geld und die, die Geld haben, haben keine Verbindung. Was für ein katastrophales Land! Aus diesen Gründen konnte ich den Hungerlohn, den sie mir zahlen, nicht kassieren.*

Heute rufen die Verteidiger der Revolution: *Fidel vive!,* Fidel lebt! So scheint es.

Was Hänschen nicht lernt, lernt Hans nimmermehr.

August 2023

No milk today

Das alte Lied von Herman's Hermits könnten kubanische Eltern ihren Kindern jetzt jeden Tag vorsingen, wenn sie nach dem gehaltvollen Getränk fragen. Für diese aktuelle Nachricht aus Kuba kann ich auf mein Buch „Ein kleines Stück Himmel"[125] verweisen, obwohl es bald ein Jahr alt ist und ich darin von Zeiten erzähle, die zum Teil Jahrzehnte zurückliegen. Das heißt, die neuen Nachrichten aus Kuba sind auch die alten. Nachrichten aus Kuba sind keine *News*. Das zeigt die Kontinuität der so genannten sozialistischen Revolution. „Wir sind Kontinuität", rühmen sich das kubanische Regime und seine kommunistische Partei. So meinen sie es sicher nicht, aber angesichts des politischen und wirtschaftlichen Desasters, das dieses System uns Kubanern von Anfang an beschert hat und bis heute anhält, stimmt der Slogan. Ja, sie sind Kontinuität. *Son continuidad.*

In meinem Buch „Ein kleines Stück Himmel" habe ich einen Fall aus dem Leben eines Bauern in Kuba erzählt, der als eines der vielen Paradebeispiele sozialistischer Absurdität bekannt geworden ist: *Im Jahr 2020 wurde in Kuba ein Bauer verhaftet, der privat Käse herstellte und verkaufte. Er hatte weder Milch noch Kühe gestohlen, sondern seine eigenen Kühe gemolken und aus deren Milch selbst Käse hergestellt. Der Bauer wurde von der staatlichen Presse wie ein Krimineller dargestellt. Sein Besitz wurde konfisziert. … Der Bauer soll zweiundvierzig Kühe besessen haben. Der kubanische Staat hatte ihn verpflichtet, täglich einhundertfünfzig Liter Milch abzuliefern. Er erfüllte diese Verpflichtung. Der kubanische Staat verbot dem Bauern jedoch, Milch, Butter oder Käse zu verkaufen. Er durfte seine Tiere nur mit dem Gutachten eines staatlichen Beauftragten schlachten, der auch dafür sorgte, dass das Fleisch an den Staat abgeliefert wurde.*

Das kubanische Regime hat den Anspruch, die wirtschaftliche Entwicklung des Landes voranzutreiben und die Versorgung der Bevölkerung zu gewährleisten, kann aber beides nicht. Die jüngsten Lockerungen für private Unternehmen sind nicht die Lösung. Die Lösung scheint das System vor 1959 gehabt zu haben.

125 erhältlich bei https://www.natneumann.net/Shop bzw. Amazon, libros.cc, Tagus, Casa del Libro, Agapea, Libelista und im Rahmen von Präsentationen.

Seit Fidel Castro Batista stürzte, Tabula rasa machte und Kubas Wirtschaft unbeirrt mehr zerstörte als aufbaute, gehören Milch und Milchprodukte zu den Luxuslebensmitteln. Milch gab es, solange ich mich erinnern kann, rationiert, in meiner Kindheit für Kinder unter sieben Jahren meist als Kondensmilch, auch gezuckert, oder als Milchpulver. Und meine Kindheit muss im Vergleich zu heute die „goldenen Jahre" der kubanischen Revolution gewesen sein.

Ich kann nicht mit Sicherheit sagen, wer dafür verantwortlich ist, dass das traditionell agrarisch geprägte Kuba heute nicht in der Lage ist, Viehbestände zu halten, um die Milchproduktion zu sichern.

Die kubanische Regierung führt dies auf die sogenannte „US-Blockade" zurück. Außerdem gäbe es Importschwierigkeiten, weil es an Schiffen für den Transport und an Geld für die Finanzierung fehle. Allerdings sind Lebensmittel vom US-Embargo ausgenommen, Kuba importiert – wie bereits in früheren Beiträgen erwähnt – seit Jahren beispielsweise Hühnchen, Kaffee und mittlerweile sogar Zucker aus den USA. Doch diese zu importierenden Lebensmittel müssen im Voraus, bar und ohne Finanzierung bezahlt werden, für Kuba kein Pappenstiel. Allerdings stellt sich die Frage, wie zum Beispiel der Transport von Hühnern finanziert werden kann? Wird statt der benötigten Milch nun Zucker importiert? Wie werden die vielen Hotels finanziert, die in Havanna ständig neu gebaut werden? Warum reicht das Geld dafür und für die übrige touristische Infrastruktur, nicht aber für Milch für die kubanischen Kinder? Trinken die Touristen die Milch kubanischer Kinder?

Und warum starb Kubas Vieh mit der Revolution? Einige Bauern sagen, dass die Amerikaner mit ihrem Embargo die Hauptschuld tragen, nicht ohne der kubanischen Regierung eine Mitschuld zu geben. Es sei bedauerlich, dass es kein Futter für das Vieh und keine Betriebsmittel für die Milchkühe gebe.

Da frage ich mich wieder: Wie werden die vielen Hotels finanziert, die in Havanna ständig gebaut werden? Warum investiert man in Hotels statt in die Landwirtschaft und damit in die Ernährung des Volkes?

Wenn sie es sich leisten können, bleibt den kubanischen Eltern oft nur der Schwarzmarkt, wo sie zu horrenden Preisen Milchpulver kaufen können, das oft zuvor in den Hotels gestohlen wurde, in denen sich die Kuba-Freunde am Strand sonnen und das Leben genießen.

Ich habe erfahren, dass der kubanische Staat, der wie ein (mittelloser) Vater unbedingt für die Ernährung seiner Kinder aufkommen will, den Bauern so wenig für die Milch bezahlt hat, dass diese die Produktion eingestellt haben. Es lohnte sich nicht. Hatte das (Vater-)Regime auf die bedingungslose Arbeit seiner (Bauern-)Kinder gesetzt, in der Hoffnung, sie würden – wie in den besten Familien – ohne Gegenleistung arbeiten? Man könnte es vermuten, denn nicht selten mussten die Bauern lange auf die Bezahlung der Milch warten, die sie an den Staat zwangsweise verkauften. Aber an bedingungslose Arbeit denkt der Bauer logischerweise gar nicht, der eine oder andere verkauft die magere Leistung seiner Milchkühe inzwischen auf dem Schwarzmarkt.[126]

Im Jahr 2020 importierte Kuba Milchpulver aus Neuseeland (18.470 Tonnen), Belgien (6.628 Tonnen) und Uruguay (3.695 Tonnen), und produzierte selbst lediglich 455.000 Liter Frischmilch.[127]

Und während wir uns hierzulande (auch die Anhänger des kubanischen Unrechtssystems) um eine gesunde Ernährung bemühen und Zucker aus dem vernünftigen Ernährungsplan verbannen, wird er in Kuba zum Grundnahrungsmittel. In Guantánamo erhalten Kinder zwischen sieben und dreizehn Jahren im Rahmen der Lebensmittelrationierung Zuckersirup statt Milch. In der Fabrik, die den Sirup herstellt, heißt es, es fehle an raffiniertem Zucker für die Herstellung des süßen Produkts, deshalb werde jetzt brauner Zucker verarbeitet, was bedauerlich sei, da der Sirup nicht lange haltbar sei. Der Fabrikleiter beruhigt: *Die Kinder müssten sich keine Sorgen machen. Für sie gäbe es Sirup*. Also Zucker statt Kalzium. In einer Reportage des regierungsnahen Fernsehsenders „Solvisión" über das Engagement der Arbeiter dieser „Empresa de Bebidas y Refrescos" wurde erklärt, sie hätten sich verpflichtet, die Bevölkerung zu ernähren[128]. Zu ernähren? Mit Zuckersirup?

Wie will man Karies und andere Zahnprobleme, Diabetes und andere durch akute Unterernährung bedingte Krankheiten in einem Land behandeln, in dem es an medizinischer Versorgung mangelt? Offensichtlich haben Díaz-Canel und Co. nicht in ihrem ideologischgetrübten Blick, was auf das ohnehin kränkelnde kubanische Gesundheitssystem zukommt.

Son continuidad!

126 https://www.periodico26.cu/index.php/es/principal/6363-impago-a-los-ganaderos-en-mlc-deficiencias-con-nombre-y-apellidos-fotos (10.03.2024).

127 https://webmediums.com/actualidad/se-cumplen-60-anos-del-bloqueo-estadounidense-y-cuba-se-queda-sin-leche-kg1g6es1bvyu (10.03.2024).

128 https://www.cibercuba.com/noticias/2023-08-28-u1-e207888-s27061-ninos-siete-trece-anos-tomaran-sirope-vez-leche-guantanamo (10.03.2024).

Mitte 2020 haben wir übrigens eine der unsäglichen Äußerungen von Díaz-Canel gehört: *Saftproduktion für die Bevölkerung. Das muss man auch im Zusammenhang mit der Gastronomie sehen. Ich glaube … es gab mehrere Orte im Land, die Saftläden hatten, einen Ort, wo man nur hinging, um Saft zu kaufen. Wann werden wir in diesem Land frei verkäuflichen Guarapo* (Saft aus Zuckerrohr) *haben? In diesem Zuckerrohr produzierenden Land gibt es keinen Guarapo, der die …, die …, die …, die …, äh …, ich würde sagen, die am meisten verbreitete Flüssigkeit in Kuba sein könnte. Wir müssen Zitronen im Land haben. Limonada ist die Grundlage von allem. Du, jede Limonada* (Getränk aus Zitronensaft, Zucker und Wasser) *auf der Basis von Zitronenlimonade, du fügst etwas anderes hinzu und es ist ein Refresco, äh, äh … super … schön und super gut. Das haben wir auch nicht. Das muss man … das muss man sehen. Pizzateig machen, damit die Leute ihn mit nach Hause nehmen können, denn wir müssen auch … es gibt schon eine nicht unbedeutende Gruppe von Leuten in Kuba, die Mikrowellen haben, die andere Arten zu kochen haben, dass das, was die Leute brauchen, Fertiggerichte sind, damit sie es zu Hause schneller machen können.*[129] …

August 2023

129 https://www.youtube.com/watch?v=R49sw94Vb78 (10.03.2024), https://www.cubanet.org/noticias/miguel-diaz-canel-la-limonada-es-la-base-de-todo/ (10.03.2024).

Boleros

Heute, wo man das Gefühl haben könnte, unsere schöne Insel drohe unterzugehen, hat Kuba mehr zu bieten als Elend, Unterdrückung und Totalitarismus, vor allem uns Kubaner, die im Ausland leben. Die kubanische Ärztin, die nicht mehr weiter weiß, die kubanischen Alten, die im Müll nach Essbarem suchen, die kubanischen politischen Gefangenen, denen das Regime das Leben nimmt, die kubanischen Eltern, die nicht wissen, wie sie ihre Kinder ernähren sollen, werden keine Muße haben, in kubanische Musik einzutauchen und sie zu genießen, vielleicht schon deshalb, weil sie keinen Strom haben. Denn die stundenlangen „Apagones" sind zurück. „Apagones" bedeutet Stromausfall, *Blackout*. In Kuba nennt man das „geplante Stromabschaltung". Das Wort gehört zum normalen Wortschatz der Kubaner, die *Apagones* zum tristen Alltag.

Dennoch möchte ich heute über Musik schreiben.

In meinem Buch „Ein kleines Stück Himmel"[130] erzähle ich folgende Anekdote aus längst vergangenen Jahren: Ich besuchte mit meiner Mutter, die uns in Deutschland besuchte, eine kubanische Freundin. Sie unterhielten sich, und ich hörte meine Mutter sagen: *Ich höre sehr gerne „El Bolero de Ravel"* („Bolero" von Maurice Ravel). *Ja, ja, Kuba hat sehr gute „Boleristas"*, antwortete meine Freundin, die das Stück mit dem populären, schnulzigen kubanischen Musikstil „Bolero" in Verbindung brachte und damit auch dessen Komponisten meinte, darunter Maurice Ravel, der blitzschnell zu ihrem Landsmann wurde.

130 erhältlich bei https://www.natneumann.net/Shop bzw. Amazon, libros.cc, Tagus, Casa del Libro, Agapea, Libelista und im Rahmen von Präsentationen.

Meine Mutter war etwas schockiert über die Antwort meiner Freundin. Heute wäre sie stolz auf mich, wenn sie hören könnte, was ich jetzt alles über den kubanischen Bolero erzählen kann. Gelernt habe ich das bei einer Veranstaltung, die ich an einem der letzten Wochenenden im Berliner „Taller d' Luis" in Kreuzberg besuchte. Dort lernten wir an zwei Abenden etwas Theorie über den „Bolero", den in Kuba entstandenen Musikstil, und hörten einige passende Titel, vorgetragen vom kubanischen *Trovador* José Aquiles.

Wenn man „Bolero" googelt, findet man vor allem Einträge zum „Bolero de Ravel". Wikipedia zitiert aus „Bolero: Historia de un siglo de emociones" von Juan Montero Aroca. Demnach ist der „Bolero" eine geradtaktige Musikform im 2/4-Takt mit einem typischen Rhythmus und unterschiedlichen Tempi. Im Internet habe ich auch eine Liste der zwölf schönsten Boleros gefunden, darunter auch den durch „Buena Vista Social Club" bekannt gewordenen Titel „Dos Gardenias".

Wie wir von José Aquiles erfuhren, komponierte der legendäre Pepe Sánchez 1883 den ersten „Bolero", den er „Tristezas" nannte, und den wir nach der Interpretation von José Aquiles hörten, der Zeilen, wie diese enthält: *Un beso me diste un día, y lo guardo fiel en mi corazón* (Eines Tages gabst du mir einen Kuss, und ich bewahre ihn treu in meinem Herzen auf). Mit der Zeit wurde der „Bolero" reicher und, wie Herr Aquiles sagte, überquerte er Felder und Berge, Flüsse und Meere. Durch verschiedene Prozesse und Entwicklungen gelangte er in verschiedene Regionen. So stammen einige Variationen des ursprünglichen „Bolero" aus den karibischen Regionen Mexikos, Venezuelas, Kolumbiens und Panamas. Dort gibt es Menschen, die ihre jeweilige Region als eigentlichen Ursprung des „Bolero" angeben und sich die von kubanischen Autoren komponierten „Boleros" zu eigen machen.

Jedenfalls war der Bolero „Tristezas" die Geburtsstunde dieser Musikrichtung, die bald nicht nur in Lateinamerika, sondern weltweit Beachtung fand.

An diesem Abend nahm ich die Aufforderung des großen *Trovador* José Aquiles an das Publikum, mitzusingen, ernst und sang den „Bolero" von Eusebio Delfín „Y tú qué has hecho" mit. Ich erinnerte mich an die Zeit, als ich diesen Bolero in ein Kinderlied umgeschrieben hatte und es meinen kleinen Töchtern vorsang: *En el tronco de un árbol una niña, gravó su nombre enchida de placer, y el árbol conmovido allá en su seno, a la niña una flor dejó caer* (Auf dem Stamm eines Baumes ritzte ein Mädchen voller

Freude ihren Namen und der Baum, tief bewegt, ließ eine Blume für das Mädchen fallen). Ein wunderschönes Lied.

Wir erfuhren, dass sich die Strukturen des „Bolero" im Laufe der Zeit verändert haben und dass man der Einzelstimme einen Chor hinzufügte, wie es Miguel Matamoros in seinen Liedern tat. Von den Liedern, die die Form des traditionellen Boleros mit Chor und Refrain hatten, sang Herr Aquiles „Lágrimas negras". Wie gerührt waren wir! Mit Gänsehaut und leicht verstimmten Stimmen begleiteten wir den Meister und die Akkorde seiner Gitarre: *Aunque tú me has echado en el abandono, aunque ya han muerto todas mis ilusiones, en vez de maldecirte con justo encono, en mis sueños te colmo, en mis sueños te colmo de bendiciones …* (Obwohl du mich verlassen hast, obwohl alle meine Illusionen gestorben sind, anstatt dich mit gerechtem Zorn zu verfluchen, überschütte ich dich in meinen Träumen mit Segen).

In den 1940er Jahren entwickelte sich aus dem traditionellen kubanischen „Bolero" unter dem Einfluss des amerikanischen Jazz und Blues ein neuer Musikstil. Neue Harmonien und Melodien ließen das Genre „Feeling" entstehen. Laut José Aquiles drücken diese Lieder Gefühle aus, die aus der Seele kommen. Die Bewegung erlebte ihre Blütezeit in den Jahren 1960-1970. Es entstanden wunderschöne Lieder, die kubanische Interpreten exportierten und weltweit bekannt machten. José Aquiles erzählte uns, dass er selbst seine erste Begegnung mit dieser Musik als Kind hatte, als seine Großmutter ihn mit Liedern des „Feeling" in den Schlaf sang. Er nannte uns einige der bekanntesten Vertreter des „Feeling" wie César Portillo de la Luz, José Antonio Méndez und Frank Domínguez und sang uns das Lied „Contigo en la distancia", dessen Akkorde mir so kompliziert erschienen, dass ich nicht mitsingen konnte.

Aber als er die Aufforderung zum Mitsingen wiederholte und auf meine Frage, ob es laut sein dürfe, antwortete: *Siéntete como en familia* (Fühle dich wie in Familie!), nahm ich ihn beim Wort.

Aber Herr Aquiles hatte noch ein paar Worte zur Geschichte der Trova zu erzählen. Ende der 60er, Anfang der 70er Jahre entwickelte sich die Bewegung der „Nueva Trova", die 1972 in Manzanillo endgültig gegründet wurde. Namen wie Pablo Milanés, Silvio Rodríguez und Noel Nicola sind aus dieser Zeit bekannt. Und nun auch José Aquiles, denn die „Nueva Trova" war sein Zuhause.

Leider waren beide Abende nur mäßig besucht. Wer hätte kommen können und nicht gekommen ist, hat zwei grandiose Konzerte verpasst.

Wir, die dabei waren, haben unserem Egoismus freien Lauf gelassen und die Veranstaltungen als eine Art Privatkonzerte genossen. Mich persönlich hat es sehr berührt, einen der großen Vertreter der „Trova" live zu erleben, Musik aus meiner Heimat zu hören und für ein paar Stunden dorthin zurückversetzt zu werden. José Aquiles hat uns ein Stück unseres vergangenen Lebens in Kuba nach Berlin gebracht. Mein lachendes Auge dankte es ihm, das andere weinte, denn das verloren geglaubte Heimweh meldete sich während des Konzertes.

Gemeinsam mit José Aquiles sangen wir alte Lieder.

Wir träumten, als er „Yolanda" von Pablo Milanés oder das bezaubernde Lied „Te perdono" von Noel Nicola sang, wir lauschten gespannt dem schönen Titel „Arca de Amor" seines spontanen Begleiters Ernesto und den Titeln des neuen Albums von José Aquiles „Otro abril", für das er Preise von „Cuba Disco", „Adolfo Guzmán" und „NOSSIDE" (Italien) erhielt.

Wer authentische kubanische Musik liebt, hat ein Konzert der Meisterklasse verpasst. Das sollte man nach Möglichkeit nachholen. José Aquiles war sicher nicht zum letzten Mal in Berlin.

August 2023

Große Belohnungen?

Vor wenigen Tagen meldete die „Frankfurter Allgemeine Zeitung“: „Russen sollen illegal Kubaner für Ukraine-Krieg angeworben haben“. Nach Angaben des Außenministeriums in Havanna sei *ein mutmaßliches russisches Netzwerk zur illegalen Rekrutierung von Kubanern für „Militäroperationen in der Ukraine“ aufgedeckt worden.*[131]

Die FAZ kam mir zuvor, denn seit einigen Wochen kursiert im Internet das Video einer kubanischen Mutter, die den Fall ihres Sohnes schildert.[132]

Die Frau ist die Mutter eines 19-jährigen Jungen, der in Russland festsitzt und keine Möglichkeit hat, nach Hause zurückzukehren. Sie berichtet, dass er mit einem angeblichen Vertrag, mit dem er sich verpflichtet habe, in Russland im Baugewerbe zu arbeiten, betrogen worden sei. Der junge Mann habe die entsprechende Stellenanzeige in den sozialen Medien gefunden; für die Gegenseite habe er mit einer russischen und einer kubanischen Frau in Kontakt gestanden. Im Vertrag seien alle Vergünstigungen sowie die Art der zu verrichtenden Arbeit festgehalten worden, die sie als „Zwangsarbeit“ bezeichnete, wobei sie vermutlich „Schwerarbeit“ meinte. Sie selbst habe sich vor Unterzeichnung des Vertrages vergewissert, dass die Tätigkeit nicht mit dem Krieg zu tun habe. Dies sei ihr versichert worden. Ihr Sohn habe keine militärische Ausbildung gehabt. Da er über einen Pass verfüge, sei er kurzfristig (über den Flughafen Varadero) nach Russland ausgereist.

In einem weiteren Video kommen der junge Mann und sein Kamerad zu Wort. Sie bestätigen die Angaben der Mutter. Über *Whatsapp* seien sie auf das Jobangebot aufmerksam geworden. *Angesichts der Situation in Kuba haben wir nicht lange gezögert und uns dafür entschieden,* bestätigen sie. Sie seien nach Russland gereist, um dort Bauarbeiten zu verrichten, vor allem Wiederaufbau- und Aufräumarbeiten in kriegszerstörten Ortschaften. Stattdessen seien sie nach ihrer Ankunft in Moskau in eine Kaserne

131 https://www.faz.net/aktuell/politik/ausland/havanna-illegales-russisches-netzwerk-rekrutiert-kubaner-fuer-krieg-in-ukraine-19151658.html (10.03.2024).
132 https://www.cibercuba.com/noticias/2023-08-31-u1-e129488-s27061-habla-madre-jovenes-cubanos-retenidos-rusia-guerra-ucrania (10.03.2024).

gebracht, als Soldaten für den Krieg gegen die Ukraine ausgerüstet und später an die Front geschickt worden. Als sie dann nach Hause zurückkehren wollten, wurden sie als Deserteure behandelt und inhaftiert. Sie seien am Ende ihrer Kräfte und wüssten nicht mehr weiter. Sie hätten Angst und seien in einem schlechten psychischen Zustand. Sie versichern, dass sie sich für diese „Arbeit" in Russland entschieden haben, um Geld zu verdienen und damit die finanzielle Situation ihrer Familien zu verbessern.[133]

Im Internet finden sich weitere Zeugnisse für die Rekrutierung junger kubanischer Männer für den Krieg Russland-Ukraine.[134] Dazu gehört ein Foto, das zwei in die Kamera lächelnde Kubaner zeigt. Der eine, in Armeeuniform, streckt seinen rechten Daumen in die Höhe, eine kleine russische Fahne „schmückt" den Ärmel seiner Uniform. Der zweite soll ein kubanischer Armeeangehöriger sein, der die ankommenden kubanischen Söldner am Flughafen begrüßt. Es werden Dokumente gezeigt, die das Ziel der Reise belegen, die mit einem regulären kubanischen Reisepass angetreten wird, einschließlich der entsprechenden Bordkarte. Diese weist als Abflughafen Varadero (VRA) und als Ankunftsflughafen Moskau-Scheremetjewo (SVO) aus. Die Dokumente sollen den Eindruck erwecken, dass es sich bei den Reisenden um Touristen handelt. Eine Nachricht über *WhatsApp*: ... *Es handelt sich nicht um Kubaner, die im Ausland leben. Die russische Fluggesellschaft Aeroflot habe vor einigen Wochen ihre Flugroute nach Varadero bekannt gegeben. Auf dieser scheinbar touristischen Route werden die Kubaner nach Russland ausgeflogen. Mit Flugzeugen vom Typ Airbus werden so zwischen 220 und 250 „Passagiere" außer Landes gebracht, in einem Monat zwischen sechs- und siebentausend Männer.*

Ein anderes Foto zeigt eine Gruppe junger Kubaner in russischer Armeeuniform. Sie posieren in voller Militärausrüstung, einer mit einer Waffe in der Hand, ein anderer mit dem Victoryzeichen in beiden Händen. Andere Bilder zeigen Kubaner, die sich angeblich auf einem Militärstützpunkt in Russland befinden.

Laut FAZ erklärte Außenminister Bruno Rodríguez, Kuba *werde gegen jeden vorgehen, der sich in irgendeiner Form am Menschenhandel beteilige, um kubanische Bürger zu rekrutieren oder als Söldner für den Einsatz von*

133 https://www.youtube.com/watch?v=4838DPW9ETo (10.03.2024).
134 https://www.youtube.com/watch?v=5RnS-AYQYJY (10.03.2024).

Waffen gegen ein Land zu gewinnen[135]. Im Juni habe ich in meinem Blog darüber geschrieben, dass – laut Informationen im Internet – viele Kubaner, die sich illegal in Russland aufhalten, als Söldner an der Seite russischer Soldaten im Krieg gegen die Ukraine kämpfen. Es scheint, dass Herr Bruno Rodríguez meinen Beitrag „Wo es große Belohnungen gibt, gibt es mutige Menschen" nicht gelesen hat.

Ich war gespannt auf die „Kraft des kubanischen Gesetzes", mit der die (kubanische) Regierung nach seinen Worten gegen den illegalen Menschenhandel vorgeht. Wie wir heute erfahren haben, hat das kubanische Regime die Verhaftung von 17 Personen bekannt gegeben, die in den Menschenhandel verwickelt sein sollen. Wie hoch werden die Strafen ausfallen, wenn man bedenkt, mit welch drastischen Strafen Kubanerinnen und Kubaner belegt werden, wenn sie ihr Recht auf freie Meinungsäußerung und Demonstrationsfreiheit wahrnehmen?

September 2023

135 https://www.faz.net/aktuell/politik/ausland/havanna-illegales-russisches-netzwerk-rekrutiert-kubaner-fuer-krieg-in-ukraine-19151658.html (10.03.2024).

Große Belohnungen!

Wir haben nichts gegen die Kubaner, die nur einen Vertrag unterzeichnen und legal an dieser Operation der russischen Armee teilnehmen wollen. Kuba hat nichts gegen die legale Teilnahme seiner Landsleute an der russischen Militäroperation in der Ukraine, obwohl es illegale Aktivitäten verurteilt, erklärte der kubanische Botschafter in Moskau, Julio Antonio Garmendía Peña, gegenüber dem russischen Nachrichtenportal Sputnik.[136]

Seine Aussage steht vermutlich im Zusammenhang mit der Verhaftung von 17 Personen in Kuba wegen Rekrutierung für den Russland-Ukraine-Konflikt. Er bestätigt, was viele vermutet haben, das kubanische Regime hat sich nicht nur auf die Seite Russlands geschlagen, es hat offensichtlich von den Rekrutierungen gewusst und auch kubanische Söldner in diesen unsäglichen Krieg geschickt.

September 2023

136 https://sputniknews.lat/20230914/cuba-no-se-opone-a-que-sus-compatriotas-participen-en-el-conflicto-ucraniano-del-lado-ruso-1143717087.html (10.03.2024).

El Caballero de París

Jeder Habanero und jede Habanera meiner Generation kennt ihn, nicht nur vom Hörensagen. Auf den Straßen von Havanna ist er schon lange nicht mehr zu sehen, so lange, dass manche ihn für ein Hirngespinst halten. Aber ich kann bestätigen, dass es ihn gab. Denn ich habe ihn gesehen.

Man nannte ihn „El caballero de París", den Gentleman von Paris, wohl wegen seiner aristokratischen Allüren. Der gebürtige Spanier wird als vornehmer und eleganter Vagabund beschrieben. Er war ein ruhiger Zeitgenosse, der auf der Straße lebte. Damals sah man in Havanna kaum Obdachlose, deshalb fiel er auf und man kannte ihn. Er fiel durch sein ziemlich verwahrlostes Äußeres auf: Er trug immer einen ehemals eleganten dunklen Anzug mit einem langen Umhang. Seine Kleidung war so schmutzig, dass man die ursprüngliche Farbe nicht mehr erkennen konnte. Ob er Sandalen trug oder seine Schuhe kaputt waren, weiß ich nicht mehr, aber ich erinnere mich an seine überlangen, schmutzigen, verdickten Zehennägel. Seine Haare konnte man nicht mehr Haare nennen, sie waren zu einem langen, dichten, grauen Zopf gewachsen, der mit Staub und Schmutz bedeckt war. Sein grauer Bart war ebenso zerzaust. Er trug immer Gepäck bei sich. Man sagt, es seien Zeitungen und Zeitschriften gewesen. Man sagt auch, dass er immer Blumen dabei hatte, die er schönen Frauen schenkte, die vorbeikamen, und Bonbons, die er Kindern schenkte, die sich ihm näherten. Das kann ich nicht bestätigen, denn ich wechselte immer die Straßenseite, wenn ich seine seltsame Erscheinung sah.

Heute, 50 Jahre später, erinnere ich mich an das letzte Mal, als ich den „Caballero de París" auf einer Straße in Havanna sah. Es war in der Nähe der majestätischen Treppe der Universität von Havanna. Damals wusste ich noch nicht, dass er José María López Lledín hieß, dass er 1899 im galicischen Lugo geboren wurde und im Alter von zwölf Jahren mit drei Brüdern auf dem deutschen Passagierschiff „SS Chemnitz" in Havanna gelandet war. Dass er als Schneider, in einer Buchhandlung und als Kellner in verschiedenen bekannten Hotels Havannas gearbeitet hatte. Dass er 1920 sechs Jahre lang unschuldig im „Castillo del Príncipe" inhaftiert war und danach psychisch an einer Paraphrenie mit Symptomen wie Halluzinationen und Wahnvorstellungen erkrankte.

Der „Caballero de París“ wurde in den 1940er Jahren in Havanna berühmt. Er soll höflich und kultiviert gewesen sein. Er nahm nie Almosen an, nur etwas zu essen, aber nur von Leuten, die er kannte oder die ihm gefielen. 40 Jahre lang streifte er durch die Straßen Havannas. Er starb 1985 in der psychiatrischen Klinik von Havanna.

Der „Caballero de París“ wurde zu einer Kultfigur. Besungen wurde er von dem bekannten kubanischen Sänger Barbarito Diez, der ihn in einem *Danzón* verewigte: *Mira quien viene por ahí, el caballero de París …* (Schau, wer da kommt, der Gentleman von Paris …). Quasi unsterblich wurde er in „Habana Vieja“ (Alt-Havanna). Dort, in der Nähe des Klosters San Francisco de Asís, wo seine Gebeine ruhen, steht er als lebensgroße Bronzestatue und wartet auf Passanten, die auf Fortuna hoffen. Denn wem es gelingt, von der Rückseite der Statue aus mit einer Hand die Spitze seines Bartes und mit der anderen einen seiner Finger zu berühren, dem lacht das Glück zu.

September 2023

Zeitdiebin

Ich hatte gestern einen sehr schönen Tag gehabt. Ich besuchte ein Konzert im Berliner Bode-Museum, ein Konzert der Extraklasse mit Mitgliedern der Orchesterakademie bei der Staatskapelle Berlin, die Stücke von Francis Poulenc, Astor Piazzola, Wolfgang Amadeus Mozart, Krzysztof Penderecki und Johann Sebastian Bach meisterhaft interpretierten. Anschließend sah ich mir die aktuelle Ausstellung „Spanische Dialoge: Picasso aus dem Museum Berggrün zu Gast im Bode-Museum" an. Acht ausgewählte Meisterwerke Picassos sind dort zu bewundern, und wie dort eingangs erklärt wird, *soll die Ausstellung die Auseinandersetzung mit einer von hierarchischen Bezügen befreiten Kunstgeschichte anregen.*

Aber ich konnte nicht nur die Ausstellung bewundern, denn meine Herkunft holte mich ein. Ich kam mit einer Dame ins Gespräch. Es ging um eine andere Ausstellung, die von Gerhard Richter in der Neuen Nationalgalerie. Woher ich denn käme, wollte die Dame wissen. *Aus Kuba,* outete ich mich. *Viva Cuba,* war die Antwort, deren Hintersinn ich sofort verstand und erwiderte: *Aber nicht so!*

Die nächsten fünf Minuten zeigten mir einmal mehr, wie wirksam die Desinformation des kubanischen Regimes immer noch ist. Ein anderes System in Kuba sei keine Alternative, die jungen Leute wüssten nicht, worauf sie sich einließen, davon ist die schätzungsweise Mittsechzigerin überzeugt. Sie schaute mich ungläubig an, als ich ihr in aller Eile die Missstände des kubanischen Systems erklärte, aber die Zeit reichte nicht, um sie alle aufzuzählen. *Wollt ihr den Kapitalismus?*, fragte sie eher rhetorisch. *Diese Frage müssten die Kubaner bei den Wahlen beantworten, die sie nicht haben,* sagte ich leise in der Hoffnung, mich wieder der Kunst zuwenden zu können. *In Kuba gibt es keine Wahlen?*, fragte sie erstaunt. Als sie mir dann den Verein „Cuba Sí" empfahl, wusste ich, dass ich nicht nur die Muse für Picassos Werke, sondern auch meine Zeit verloren hatte.

Ich hoffe, die Dame liest diese Seiten oder besucht meinen Blog, um etwas über die Realität Kubas zu erfahren, wie ich ihr schließlich empfahl. Aber die romantische Vorstellung zu ändern, die ältere (und jüngere, schlecht informierte) Menschen vom kubanischen System haben, scheint eine Aufgabe für einen Zauberkünstler zu sein.

Der Unbekannten im Museum und den Lesern dieser Zeilen empfehle ich auch den Film „Ni Patria ni vida“ der mexikanischen Journalistin Carolina Rocha, der in voller Länge auf „YouTube“ (in spanischer Sprache) zu sehen ist. Vielleicht verstehen Sie dann, warum ich sage:

Cuba sí, pero aSí no!

Oktober 2023

Das schönste Gesicht der Armut

Nein, Armut ist nicht schön. Hätte Armut ein Gesicht, wäre es hässlich. Es wäre abgemagert, schmutzig, ernst und unsympathisch. Würde dieses Gesicht den Mund öffnen, hätte es ungesunde oder gar keine Zähne. Und wenn es sprechen würde, könnte es sich nicht artikulieren. So unansehnlich stelle ich mir die Armut vor, wenn sie ein Gesicht hätte. Zufällig entdeckte ich neulich im Netz ein Video über eine alte kubanische Frau, eine der vielen Frauen, die vom kubanischen Regime in die Fänge der Armut getrieben wurden, wo sie seit Jahrzehnten alternativlos leben. Eine sehr arme alte Frau. Schaut man sich das Video ohne Ton an und blendet die Haltung und die Umgangsformen der Protagonistin aus, könnte man die Frau als Teil ihrer Lebenswelt sehen, als Gesicht der Armut, die sie umgibt. Aber wenn man ihr Gesicht sieht und sie sprechen hört, kann man sicher sein, dass sie nicht in diese deprimierende Umgebung gehört.

Die Dame heißt María[137] und empfängt in ihrem Haus mit ruhiger Stimme und ausgezeichneter Diktion, eben mit einem gehobenen Spanisch, das man in Kuba nur noch selten hört und das sie als gebildete und kultivierte Person ausweist. *Was für eine Freude, dich hier zu haben!*, freut sie sich über den Besuch, *in meinem wunderbaren Penthouse,* fügt sie sarkastisch hinzu. *Das sind die reichen Früchte, die die Revolution für mich hervorgebracht hat. Für mich und wer weiß für wie viele andere Kubaner, die keine Chance auf ein besseres Leben hatten, nur weil sie nicht so dachten wie die zentrale Führung dieser Regierung …*[138]

María erzählt dann aus ihrem Leben, wie sie mit 22 Jahren von der „Universidad de Oriente“, wo sie Medizin studierte, in einer „Asamblea de depuración“ verwiesen wurde, weil sie „apathisch“ gegenüber den Aufgaben der Revolution gewesen sei. Drei Jahre später zog sie nach Havanna und setzte ihr Medizinstudium fort, obwohl man sie daran erinnerte, dass sie von einer anderen Universität ausgeschlossen worden war. So wurde ihr die Teilnahme an den Abschlussprüfungen verwehrt, sodass sie gezwungen war, ihr Studium ohne Abschluss zu beenden. Eine gerichtliche Klage brachte ihr nichts; ihr, die das neue kubanische

137 https://havanatimes.org/features/poverty-and-old-age-in-cuba-an-earth-shaking-reality/amp/ (10.03.2024).
138 https://youtu.be/17odyJqgh6Y (10.03.2024).

System nicht verstand und nicht an Castros Revolution, wohl aber an soziale Gerechtigkeit glaubte, wurde gesagt, dass die Entscheidung der Universität die Entscheidung des Gerichts sei. Auch ein weiterer Versuch, das Studium aufzunehmen, wurde ihr nicht erlaubt. So lebte sie fortan mit ihrem Wissen, aber ohne ihren Traum, Ärztin zu werden. Das Leben bot ihr schließlich die perfiden Spiele, die es oft bereithält, inklusive privater Horrorszenarien. Und ein mehr als bescheidenes Leben im Elend.

Sie hat sich entschlossen, ihren Leidensweg öffentlich zu erzählen, um die Realität in unserem Land bekannt zu machen.

Bevor sie durch ihr Reich führt, sagt sie ohne Groll, dass *sie glücklich sein kann, weil ihr Leben funktioniert, trotz der Knappheit, des Elends, der Mittelmäßigkeit, des Mangels an Respekt, Ehrlichkeit und gesundem Menschenverstand unserer Führer.* Und auch im Alter, mit über 75 Jahren, könne sie zufrieden sein. Zufrieden, weil sie es trotzdem genießt. Sie, die nicht nur intellektuell und wissenschaftlich völlig ruiniert worden sei – eine Ärztin, die ihren Beruf nie ausüben durfte –, sondern auch gesellschaftspolitisch in allen Lebensbereichen immer geächtet gewesen sei. So genieße sie *ihre Unabhängigkeit, ihre Einsamkeit, ihre Abgeschiedenheit in vollen Zügen.*

Ihr wunderschönes Penthouse, wie sie ihr armseliges Zuhause nennt, war vor Jahrzehnten eingestürzt, das Dach kollabiert. Von den staatlichen Institutionen erhielt sie keine Unterstützung. Seitdem lebt María in einer Ruine, unter menschenunwürdigen Bedingungen, in einem Raum, der schon vor Jahren offiziell für unbewohnbar erklärt wurde. *Das ist das Ergebnis eines verlorenen Lebens*, sagt sie im gleichen Erzählrhythmus, um gleich klarzustellen: *Obwohl ich nicht zu der verlorenen Generation gehöre … Mit meinen 75 Jahren habe ich die Genugtuung, mich zumindest geistig verwirklicht zu haben, ein Mensch zu sein, der sein Dasein in vollen Zügen genießt, der die Möglichkeit hat, zu sehen, wie er ein Mensch geworden ist, selbst inmitten eines Regimes, das darauf abzielt, das ganze Volk wie Tiere zu behandeln … Ich bin eine vollkommene Frucht der Revolution. Der Revolution, die die fünf Punkte der Apokalypse in sich trägt: Hunger, Elend, Zerstörung, Unglück und Tod (…) ich gehe mit einer außerordentlichen Freude, weil ich in der Lage war, ein Mensch zu sein, ungeachtet dessen, was das System diesem Volk antut. Denn ich habe überall, wo ich war, Samen der Liebe gesät, und wissen Sie, auch wenn ich die Veränderungen* (im Land) *von hier aus nicht sehen kann, werde ich trotzdem zufrieden sein: Ich werde sie von oben sehen.*[139]

139 https://www.youtube.com/watch?v=5RJnYuHjdhA (10.03.2024).

Trotz der materiellen Not, in der María den größten Teil ihres Lebens verbringen musste, strahlt sie Ruhe, Zuversicht und Zufriedenheit aus. Sie trägt keine feinen Kleider und ihre Haare sind nicht von einem Coiffeur zurechtgemacht, aber ihre Ausstrahlung und ihre Manieren machen sie zu einer Dame.

Habe ich am Anfang geschrieben, dass María eine arme alte Frau ist? Ich nehme das zurück, sie ist eine reiche arme Frau, das schönste Gesicht der Armut.

November 2023

De los humildes, con los humildes y para los humildes

Wer sich für Kuba interessiert und die Geschichte der kubanischen Revolution nicht kennt, sollte mein Buch „Ein kleines Stück Himmel" lesen. Wer sie kennt, wird sich an Fidel Castros Auftritt im Jahre 1961 erinnern, als er den sozialistischen Charakter seiner Revolution erklärte und bekräftigte, dass seine Revolution eine Revolution für die einfachen Leute sei: *Genossen Arbeiter und Bauern, dies ist die sozialistische und demokratische Revolution der einfachen Leute, mit den einfachen Leuten und für die einfachen Leute …* (O-Ton: *… de los humides, con los humides y para los humides*[140]).

Das einfache Volk, in Kuba *cubano de a pie* genannt, hat das schon lange geglaubt. Doch bis heute hat das kubanische Regime die Worte seines „Comandante en Jefe" nicht ausdrücklich revidiert. Aber die Realität hat es getan: Es ist bekannt, dass in Kuba, jenseits der Haushalte, die von Verwandten im Ausland reichlich mit Dollars und Euros versorgt werden, Hunger herrscht. Hunger, nicht Appetit, wie der „Befreiungstheologe" Frei Betto vor nicht allzu langer Zeit behauptete[141]. Castros Revolution zerstörte die kubanische Wirtschaft, nachdem sie den Totalitarismus auch ökonomisch implantiert hatte. Heute leben viele der einfachen Menschen, die damals an Castros Versprechen von sozialer Gerechtigkeit glaubten, unter dem Existenzminimum mit allem, was dazu gehört: Hunger, Elend, Not, Krankheit.

Zuletzt hörte ich von zwei deutschen Touristinnen, die trotz aller Empfehlungen, dies nicht zu tun, weil sie damit das totalitäre Regime von Díaz-Canel unterstützten, ihren Urlaub in Kuba verbrachten. Unter der Sonne Havannas ließen sie sich auf ein Gespräch mit einem Passanten ein, der ihnen erzählte, wie schlecht es ihm und seiner Familie wirtschaftlich gehe. Er bat um etwas Geld. Die Touristinnen zeigten Mitgefühl und griffen in ihre Handtaschen, um dem Mann aus dem einfachen Volk eine Spende zu geben. Gleichzeitig kam der Kellner und stellte die bestellten

140 https://www.youtube.com/watch?v=MnFa7K3Ysl4 (10.03.2024).

141 https://www.granma.cu/cuba/2021-12-24/cuba-y-el-pan-nuestro-de-cada-dia-24-12-2021-20-12-03 (10.03.2024). https://www.14ymedio.com/cuba/problema-apetito-excesivo-cubanos-Frei-Betto_0_3229477027.html (10.03.2024).

Speisen auf den Tisch, unter anderem je einen Teller mit einem Stück Fleisch. Kaum standen sie, griff der Mann plötzlich in die Teller, nahm mit jeder Hand ein Stück Fleisch und rannte davon. Ich kann mir gut vorstellen, wie sein Gehirn, vom Hunger gelenkt, ihm in Sekundenschnelle befahl, auf das Geld zu verzichten und lieber diese verlorene Delikatesse zu nehmen, nach dem Motto: „Besser den Spatz in der Hand …".

Anstatt nach vernünftigen Wegen zu suchen, um die Mindestbedürfnisse ihrer Bürger zu befriedigen, tappt die Regierung Díaz-Canel im Dunkeln und bietet nur groteske Lösungen und absurde Parolen an, ohne Anzeichen oder Hoffnung auf Besserung. Mal wird vorgeschlagen, zu Hause Teiche anzulegen, um sich der Aquakultur zu widmen und Fische für den Eigenbedarf zu züchten. So wie vor Jahren empfohlen wurde, Küken in den eigenen vier Wänden aufzuziehen, um sie später als ausgewachsene Hühner gebraten auf den Tisch zu bringen. Die Regierung versichert, dass die Nachfrage nach Fisch nicht befriedigt werden kann, weil in den Gewässern der Insel Kuba nicht genügend Fische schwimmen.

Alle Waren des Grundnahrungsmittelkorbes in Kuba werden importiert[142]. Dazu gehören sicherlich gelbe Erbsen, von denen wir in Kuba vor Jahrzehnten mehr als genug hatten (nicht nur mengenmäßig). Heute sind sie Mangelware, *weil die Flüsse in Kanada, woher sie importiert werden, von Januar bis Mai zugefroren seien,* wie die kubanische Ministerin für Binnenhandel versichert.

Wer mein Buch „Ein kleines Stück Himmel" gelesen hat, weiß, dass in besseren Zeiten sogar in manchen kubanischen Gärten Kaffee wuchs. Heute ist Kaffee für die Kubaner zu einem Luxusgut geworden, vor allem für die einfachen Leute. In Guantánamo zum Beispiel, einer der wichtigsten Kaffeeanbau-Provinzen der Insel, fürchten die Menschen, dass es keinen Kaffee mehr zu kaufen geben wird[143]. So haben manche den traditionellen täglichen Muntermacher bereits durch einen Aufguss aus einer Pflanze namens *Platanillo* ersetzt, der so gar nichts mit dem *cafecito cubano* zu tun hat.

Der stellvertretende Ministerpräsident Kubas, Alejandro Gil, bestätigt: *Wir wissen, dass es kompliziert ist, jeden Tag etwas zu essen zu finden, dass*

142 https://www.youtube.com/watch?v=r3lwnk8NIFo (10.03.2024).
https://www.france24.com/es/minuto-a-minuto/20231010-en-cuba-cada-vez-m%C3%A1s-alimentos-importados-que-cultivados (10.03.2024).

143 https://www.cubanet.org/noticias/guantanameros-preocupados-por-escasez-de-cafe/ (10.03.2024).

es kompliziert ist, acht oder zehn Stunden Stromausfall zu haben, dass es Transportprobleme gibt … aber glaubt mir, der einzige Ausweg ist die Revolution und der Sozialismus, und dafür arbeiten wir alle.

Die herrschende Kaste veranstaltet derweil pompöse Events und Feste, bei denen es an nichts fehlt. Das nächste große Event ist „Le Diner en Blanc" am 11. November 2023, angeblich ein kulinarisches Ereignis der Extraklasse für 350 Gäste. Der Ort des Events ist noch geheim, aber es ist durchgesickert, dass es von einer namentlich bekannten Firma aus Miami mitorganisiert wird, 170 Dollar kostet der Eintritt, ohne Essen und teure Champagner und Weine. Ein weiteres Essen im Zusammenhang mit der Veranstaltung soll in einem Restaurant eines Geschäftsmannes stattfinden, der indirekt mit Mitgliedern der Regierungsclique in Verbindung stehen soll.

Dort werden die einfachen Leute das Essen finden können, nach dem sie sich sehnen.

Leider kann der mutige Mann mit dem großen Pappschild nicht mehr kommen. Er ging am 11. Juli 2021 auf die Straße und hielt das Schild hoch, auf dem in großen roten Buchstaben stand: „Der Hunger war so groß, dass wir unsere Angst aßen"[144], und wurde daraufhin unter anderem wegen Angriffs und Missachtung zu acht Jahren Haft verurteilt.

November 2023

144 https://www.14ymedio.com/cuba/Dado-desaparecido-pancarta-Cuba-comimos_0_3636236345.html (10.03.2024).

Schlussverkauf

Als ich vor ein paar Tagen wieder gelesen habe, dass das US-Embargo die Ursache für die Situation in Kuba sei, habe ich darüber nachgedacht: Was wäre, wenn das Embargo fallen würde? Jedes Land könnte freien Handel mit Kuba treiben, aber umsonst? Denn womit würde Kuba seine Lieferungen und Leistungen bezahlen? Kuba, ein Land, das nichts produziert und hoch verschuldet ist.

Die Einnahmen aus dem „Verkauf" billiger Arbeitskräfte ins Ausland, insbesondere von medizinischem Personal, dürften zurückgegangen sein, da auch Ärzte versuchen, das Land zu verlassen. Viele haben ihre Heimat verlassen, um in Ländern zu arbeiten, in denen sie geschätzt werden und ihr Dienst am Menschen wirklich anerkannt wird. Viele der Ärzte, denen dies nicht gelungen ist, haben entweder ihren Beruf an den Nagel gehängt (siehe den Beitrag „Ohnmacht und Resignation") oder denken sicherlich darüber nach, erst recht nach den aktuellen Ereignissen im Land: Vor wenigen Tagen wurden sechs Ärzte eines Krankenhauses in Bayamo, im Osten der Insel, wegen „Fahrlässigkeit" zu Haftstrafen zwischen zwei und drei Jahren verurteilt[145]. Nach einem chirurgischen Eingriff verstarb der 23-jährige Patient, der bei einem Verkehrsunfall schwer verletzt worden war. Die Ärzte versuchten, das Leben des jungen Mannes zu retten, ohne über die notwendigen medizinischen Geräte im Operationssaal zu verfügen. Sie hatten weder eine Absaugung, weil die Geräte nicht funktionierten, noch die notwendigen Blasenkatheter und Levin-Sonden. Trotzdem hätten sie alles getan, um den Schwerverletzten am Leben zu erhalten, doch es sei ihnen nicht gelungen, so eine der nun verurteilten Ärztinnen. Sichtlich bewegt erklärt sie: … *Das Krankenhaus hat keine Chirurgen mehr: Es hat keine mehr, weil alle weggehen wollen, und es gibt keinen Internisten und keinen HNO-Arzt und niemanden mehr (…) Man arbeitet allein, ohne Material, man ist der Gefahr ausgesetzt, eines Tages von einem verzweifelten Verwandten erschlagen zu werden, und man ist auf sich allein gestellt. Niemand sieht das. Wie können sie uns wegen Fahrlässigkeit anklagen?*

145 https://www.cubanoticias360.com/un-juicio-6-medicos-sentenciados-y-la-presunta-mala-praxis-en-un-hospital-de-bayamo/ (10.03.2024).

Wie können sie uns das antun?[146]

Immer weniger Ärzte füllen die leeren Kassen des kubanischen Staates.

Die wichtigste Einnahmequelle Kubas sind die so genannten *remesas*, regelmäßige Geldüberweisungen von Kubanern im Ausland an Verwandte und Freunde. Der zweitwichtigste ist der Tourismus. Oder war es zumindest. Denn wie Kenner der Branche versichern: Die Insel verschwindet von der touristischen Landkarte[147] (…). *Im Jahr 2023 empfiehlt niemand mehr eine Reise nach Kuba.*

2019 zählte Kuba 4,2 Millionen Touristen, 2022 1,6. Das Regime hatte enorme Summen in den Ausbau der touristischen Infrastruktur investiert, zuletzt wurden kontinuierlich Hotels auch im Luxussegment gebaut[148]. Lebensmittel, von denen die Bevölkerung nur träumen kann, landen auf den Tellern der Touristen. Doch die Zeiten, in denen Touristen ihren Urlaub in einem derart zerrütteten Land verbringen wollen, scheinen vorbei zu sein. Die kanadische Regierung hat vor kurzem eine Reisewarnung für Kuba herausgegeben[149].

Das Bild auf den Straßen des Landes ist düster, versichern Leute, die in letzter Zeit dort waren.

Damit komme ich auf meine Frage zurück: Womit würde das bankrotte Kuba seine Lieferungen und Leistungen bezahlen, wenn morgen das US-Embargo fallen würde? Kuba, ein Land, das nichts produziert?

Vielleicht hat sich Díaz-Canel genau das gefragt, denn sein Justizminister überraschte uns dieser Tage mit der „Resolución 271/2023"[150], das es ausländischen Investoren ermöglicht, an verschiedenen Orten der Insel Grundstücke zu einem Mindestpreis von 0,34 USD pro Quadratmeter zu erwerben, um in Projekte im Bereich der erneuerbaren Energien zu investieren.

Ein Land, das seinen Bürgern seit 1959 den Besitz von Eigentum und den privaten Handel verbietet, hat 2014 im Gesetz über ausländische

146 https://www.youtube.com/watch?v=nSIKOofmpbo (10.03.2024).
147 https://www.businessinsider.es/aconsejable-viajar-cuba-turismo-desapareciendo-1289760 (10.03.2024).
148 https://twitter.com/pmmonreal/status/1646232014733836310 (10.03.2024).
https://www.14ymedio.com/economia/cuentas-confirman-Cuba-construirSalud_0_3513248647.htm
149 https://www.kubakunde.de/neues/kanadische-regierung-warnt-vor-kuba-reisen-hochste-vorsicht-ist-geboten (10.03.2024).
150 https://www.periodicocubano.com/wp-content/uploads/2023/11/Gaceta-Oficial-establece-venta-de-suelo-cubano-a-inversionistas-extranjeros-por-0.34-USDm%C2%B2.pdf (10.03.2024).

Investitionen Ausländern das Recht auf Eigentum an beweglichem und unbeweglichem Vermögen und andere dingliche Rechte eingeräumt. Das scheint also die Lösung dieser unfähigen Regierung für die selbst verschuldete Zerstörung des Landes zu sein. So will man aus der Sackgasse herauskommen, in die der eigene Holzweg geführt hat. Sozialismus für die Kubaner. Kapitalismus für die Ausländer.

Kommt ihr Fremden und kauft die Insel, von der Kolumbus sagte, sie sei das schönste Land, das Menschenaugen je gesehen haben! Aber Obacht, es ist nicht mehr viel davon übrig.

November 2023

10. Dezember 2023

Heute ist der Tag der Menschenrechte. Wie jedes Jahr wird an diesem Tag der Verabschiedung der „Allgemeinen Erklärung der Menschenrechte" durch die Generalversammlung der Vereinten Nationen im Jahr 1948 gedacht.

Mit der Menschenrechtssituation in meinem Geburtsland Kuba habe ich dieses Buch begonnen. Damals wollte ich daran erinnern, dass auf der Insel, die viele mit Urlaub, Sonne und Lebensfreude verbinden, Letztere für viele verloren gegangen ist. Genau wie ihre Menschenrechte. Im wahrsten Sinne des Wortes. Sie wurden ihnen geraubt, aberkannt, entrissen. Zurück blieben rechtlose Menschen. Gedemütigt. Entwürdigt. Es sind viele Tausende, derzeit mindestens mehr als tausend Menschen, die in den letzten Jahren willkürlich verhaftet und in den Kerkern des Díaz-Canel eingesperrt wurden, dem Unrechtsstaat zum Fraß vorgeworfen, der Übermacht seiner Diener hilflos ausgeliefert, Opfer der Grausamkeit des Regimes und der Gleichgültigkeit seiner Unterstützer. Und es sind viele, viele mehr. Es sind all jene, die seit 1959 im Zuge der gelobten Revolution ihrer Rechte beraubt wurden, die darunter gelitten haben, die sogar ihr Leben verloren haben, weil sie anders dachten. Es sind Millionen. Denn viele dieser Rechte, die vor 75 Jahren in der „Allgemeinen Erklärung der Menschenrechte" festgeschrieben wurden, gelten für die Kubaner nicht, schon gar nicht für Oppositionelle und Dissidenten unter dem Regime von Fidel Castro. Ich denke an die Scheinwahlen in Kuba seit 1959, an den fehlenden Schutz vor Diskriminierung, an den institutionalisierten Rassismus, an den Umgang der kubanischen Polizei mit den Bürgern, an die Eingriffe in die Privatsphäre, an das fehlende Demonstrationsrecht. Ich denke an die vielen Ungerechtigkeiten, die Andersdenkenden angetan werden, an die Einschränkung ihrer intellektuellen und beruflichen Entwicklung, an die Trennung von Familien, an die Einschränkung ihrer menschlichen Möglichkeiten, an die Spaltung der Gesellschaft. Und das alles im Namen der Revolution.

Jeder Kubaner, ob er nun am Ufer der Ungerechten oder Ufer der Gerechtigkeit steht, weiß, dass es so ist: In Kuba gelten die Menschenrechte nur für die Erstgenannten, d.h. für die, die (möglicherweise) aus Überzeugung dort stehen, und für die Resignierten, für die Opportunisten und für die Indolenten, die dort herumlungern und die Revolution (vielleicht aus Selbstschutz) beklatschen, Augen geschlossen und Ohren taub.

Umso erstaunter war ich, als ich gestern auf „X" folgende Botschaft von Díaz-Canel las, mit der er sich auf die Eröffnungszeremonie des VI. Internationalen Kongresses „Menschenrechtsdialoge" an der Universität von Havanna bezog: ... *Ich beglückwünsche die Organisatoren, Redner und Delegierten des Kongresses und wir bekräftigen unsere Verpflichtung, den Schutz aller Rechte für alle Menschen voranzutreiben.*

Wer die reale Situation der Menschenrechte in Kuba kennt, dem geht es beim Lesen dieser Botschaft vielleicht so wie mir. Zuerst dachte ich, ich hätte nicht richtig gelesen, denn die Worte Menschen und Rechte hatte ich im Wortschatz von Díaz-Canel nicht vermutet. Wenn ich an Díaz-Canel denke, denke ich an „La orden de combate está dada" oder daran, wie er Andersdenkende „malnacidos" nannte, aber nie an Menschenrechte für alle. Aber das war seine Botschaft auf X: ... *reafirmamos nuestro compromiso de avanzar en la protección de todos los derechos para todas las personas* ... Schutz aller Rechte für alle Menschen.

Oder ist es anders zu verstehen? Hat sich das kubanische Regime wirklich verpflichtet, den Schutz aller Rechte für alle Menschen voranzutreiben? Dürfen wir hoffen? Dürfen die politischen Gefangenen auf ihre sofortige Freilassung hoffen? Können ihre Kinder hoffen, ihre grundlos inhaftierten Mütter und Väter bald wieder in die Arme schließen zu können? Können die kranken und verletzten politischen Gefangenen auf eine baldige Genesung außerhalb des Gefängnisses hoffen? Können die Hinterbliebenen der politischen Gefangenen, die in der Haft oder infolge der Haft gestorben sind, auf Rehabilitierung und Wiedergutmachung hoffen? Und können wir auf die Umsetzung der „Allgemeinen Erklärung der Menschenrechte" in Kuba hoffen? Im Hinblick darauf erinnere ich Díaz-Canel:

Alle Menschen sind frei und gleich an Würde und Rechten geboren.

Niemand darf der Folter oder grausamer, unmenschlicher oder erniedrigender Behandlung oder Strafe unterworfen werden.

Niemand darf willkürlich festgenommen, in Haft gehalten oder des Landes verwiesen werden.

Jeder hat bei der Feststellung seiner Rechte und Pflichten sowie bei einer gegen ihn erhobenen strafrechtlichen Beschuldigung in voller Gleichheit Anspruch auf ein gerechtes und öffentliches Verfahren vor einem unabhängigen und unparteiischen Gericht.

Niemand darf willkürlichen Eingriffen in sein Privatleben, seine Familie, seine Wohnung und seinen Schriftverkehr oder Beeinträchtigungen seiner Ehre und seines Rufes ausgesetzt werden.

Jeder hat das Recht auf Meinungsfreiheit und freie Meinungsäußerung; dieses Recht schließt die Freiheit ein, Meinungen ungehindert anzuhängen sowie über Medien jeder Art und ohne Rücksicht auf Grenzen Informationen und Gedankengut zu suchen, zu empfangen und zu verbreiten.

Alle Menschen haben das Recht, sich friedlich zu versammeln und zu Vereinigungen zusammenzuschließen.

Jeder hat das Recht, an der Gestaltung der öffentlichen Angelegenheiten seines Landes unmittelbar oder durch frei gewählte Vertreter mitzuwirken.

Jeder hat das Recht auf gleichen Zugang zu öffentlichen Ämtern in seinem Lande.

Der Wille des Volkes bildet die Grundlage für die Autorität der öffentlichen Gewalt; dieser Wille muss durch regelmäßige, unverfälschte, allgemeine und gleiche Wahlen mit geheimer Stimmabgabe oder in einem gleichwertigen freien Wahlverfahren zum Ausdruck kommen.

Und so weiter, und so fort.

Dezember 2023

Se es libre, pero no para ser vil:
no para ser indiferente a los dolores humanos …
El hombre no tiene la libertad de ver impasible la esclavitud y deshonra del hombre, ni los esfuerzos que los hombres hacen por su libertad y honor.

Der Mensch ist frei, aber nicht, um niederträchtig zu sein:
nicht, um dem menschlichen Leiden gegenüber gleichgültig zu sein …
Es steht dem Menschen nicht frei, ungerührt auf die Versklavung und Entehrung des Menschen zu schauen, noch auf die Anstrengungen, die der Mensch unternimmt, um seine Freiheit und seine Ehre zu erlangen.

José Martí

Danksagung

Zunächst möchte ich Ihnen, liebe Leserinnen und Leser, für Ihr Interesse an den Geschehnissen in Kuba und am Schicksal seiner Menschen danken und dafür, dass Sie die unbekannte Wahrheit über meine gequälte Insel verbreiten.

Allein hätte ich den nicht einfachen Weg des *Selfpublishing* nicht gehen können. Deshalb danke ich meinen Unterstützern, meiner Lektorin für ihre sorgfältige Arbeit und Florian von Koßmann-Buchgestaltung für den professionellen Satz und für die wertvollen Hinweise. Danke an Dr. Bosch und an Edel Rodriguez für die Einräumung von Nutzungsrechten. Danke an Loly und Frank.

Ich danke Jeannette Petrik für die wunderbare Gestaltung des Covers, es ist so geworden, wie ich es mir vorgestellt habe. So wie ich mein Kuba nicht sehen möchte, das Land, das uns gestohlen wurde.

Ich danke dem kubanischen Sänger und Liedermacher Carlos Varela für die freundliche Genehmigung, Textpassagen aus seinem Lied „La Feria de los Tontos" als Motto verwenden zu dürfen. Die Dompteure, Puppen, Zauberer und Masken, die Clowns, Feuerschlucker und Löwen seines Titels sind auch die Protagonisten meines Buches, die Hauptdarsteller des „Jahrmarkts der Narren", in den sich unser Land 1959 verwandelte.

Mit Respekt und Hochachtung blicke ich auf die mehr als tausend politischen Gefangenen in Kuba, insbesondere auf die mutigen Frauen unter ihnen, die aus ihren Familien gerissen und ihrer Kinder beraubt wurden und trotz allem ihren Prinzipien treu geblieben sind.

Literaturverzeichnis

14ymedio, 2020, La ONU expresa su preocupación por las condiciones de trabajo de los médicos cubanos en misión.
https://www.14ymedio.com/cuba/ONU-preocupacion-condiciones-medicos-cubanos_0_2797520229.html (Stand 21.02.2024)

14ymedio, 2022, The Young Cuban Brandon Becerra is in a Punishment Cell for Singing 'The Fools Fair'.
https://translatingcuba.com/the-young-cuban-brandon-becerra-is-in-a-punishment-cell-for-singing-the-fools-fair/ (Stand 21.02.2024)

ADN American Staff, 2022, Cuba tiene la mayor tasa de población penal del mundo.
https://adnamerica.com/cuba/cuba-tiene-la-mayor-tasa-de-poblacion-penal-del-mundo (Stand 21.02.2024)

ADN Cuba, adncuba.com, 2022, Régimen libera a tres menores de Matanzas tras un año de reclusión por participar en 11J.
https://adncuba.com/noticias-de-cuba/derechos-humanos/regimen-libera-tres-menores-del-11j (Stand 21.02.2024)

Allgemeine Erklärung der Menschenrechte,1948. https://www.un.org/depts/german/menschenrechte/aemr.pdf (Stand 21.02.2024)

Arenas, Reinaldo, Antes que anochezca, 1992, Tusquets Editores.

Bosch, Isora, Who Stole Your Identity?: Dare to Be the Person You Always Wanted to Be, 2015, 1., Westbow Press.

Calvo, Gastón, infobae, 2023, Prisoners Defenders denunció que hay 1.047 presos políticos en Cuba y enfatizó en que todos son torturados.
https://www.infobae.com/america/america-latina/2023/08/08/prisoners-defenders-denuncio-que-hay-1047-presos-politicos-en-cuba-y-enfatizo-en-que-todos-son-torturados/ (Stand 21.02.2024)

Carbonell, Xavier, 14ymedio.com, 2023, 'Cubadebate' exhuma el discurso de Castro que dio origen a las Umap y lo retira horas después.
https://www.14ymedio.com/cuba/Cubadebate-discurso-Castro-Umap-despues_0_3495250446.html (Stand 21.02.2024)

ddc, 2021, 'Lamebotas', llama el eurodiputado Manu Pineda, de visita en Cuba, a los organizadores del 15N.
https://diariodecuba.com/cuba/1636488143_35434.html (Stand 21.02.2024)

DW, 2022, Rusia reestructura deuda de USD 2.300 millones de Cuba.
https://www.dw.com/es/rusia-reestructura-deuda-de-usd-2300-millones-de-cuba/a-60880549 (Stand 21.02.2024)

Edwards, Jorge, Persona non grata, 2008, München, Piper Verlag.

García, Iván, 2022, Testimony of Lazaro Yuri Valle Roca Currently Being Held at Combinado del Este Prison.
https://translatingcuba.com/testimony-of-lazaro-yuri-valle-roca-currently-being-held-at-combinado-del-este-prison-ivan-garcia/ (Stand 21.02.2024)

Hansing, Katrin; Hoffmann, Bert, SDOSR, 2020, When Racial Inequalities Return: Assessing the Restratification of Cuban Society 60 Years After Revolution.
https://www.ssoar.info/ssoar/bitstream/handle/document/67282/ssoar-laps-2020-2-hansing_et_al-When_Racial_Inequalities_Return_Assessing.pdf?sequence=1&isAllowed=y&lnkname=ssoar-laps-2020-2-hansing_et_al-When_Racial_Inequalities_Return_Assessing.pdf (Stand 21.02.2024)

Infobae, 2018, Impactante revelación de Pablo Milanés: "En la Cuba revolucionaria hubo campos de concentración y a mí también me enviaron allí."
https://www.infobae.com/america/america-latina/2018/03/29/impactante-revelacion-de-pablo-milanes-en-la-cuba-revolucionaria-hubo-campos-de-concentracion-y-a-mi-tambien-me-enviaron-alli/ (Stand 21.02.2024)

Jiménez Enoa, Abraham, 2021, La Revolución No eradicó el racismo en Cuba.
https://www.washingtonpost.com/es/post-opinion/2021/08/31/sos-cuba-racismo-revolucion-protestas-raul-castro-diaz-canel/ (Stand 21.02.2024)

Luis Fuentes, Yadiris, 2022, Preso político del 11J intenta suicidarse en un hospital.
https://adncuba.com/derechos-humanos/preso-politico-del-11j-intenta-suicidarse-en-un-hospital (Stand 21.02.2024)

Martí, José, La Edad de Oro, 1889, New York.

Mesa-Lago, Carmelo, eltoque.com, 2023, El impacto social de la crisis económica en Cuba.
https://eltoque.com/el-impacto-social-de-la-crisis-economica-en-cuba (Stand 21.02.2024)

Montaner, Carlos Alberto, 14ymedio.com, 2020, Fidel Castro en la era de Lezama Lima.
https://www.14ymedio.com/opinion/Fidel-Castro-Lezama-Lima_0_2838916081.html (Stand 21.02.2024)

Padilla, Hebert, La mala memoria, 2018, Editorial Hypermedia Inc.

Padilla, Heberto, Fuera del juego, 2021, Madrid, 7., Cátedra Letras Hispánicas.

Periódico cubano, 2021, ¿Quién es El Cangrejo, el novio en las fotos filtradas de la familia Castro?
https://www.periodicocubano.com/quien-es-el-cangrejo-el-novio-de-las-fotos-filtradas-de-la-familia-castro/amp/ (Stand 21.02.2024)

Periódico cubano, 2023, ¡Absurdo! El régimen cubano cita a fallecidos y reclusos para que se den baja de la libreta de racionamiento.
https://www.periodicocubano.com/absurdo-el-regimen-cubano-cita-a-fallecidos-y-reclusos-para-que-se-den-baja-de-la-libreta-racionamiento/amp/ (Stand 21.02.2024)

Redacción Martí Noticias, 2021, Luis Robles, el joven que pidió el fin de la represión en Cuba, cumple 9 meses en prisión.
https://www.martinoticias.com/a/luis-robles-el-joven-del-cartel-cumple-9-meses-en-prisión-en-cuba/303071.html (Stand 21.02.2024)

Redacción de CiberCuba, 2023, Guantanameros preocupados por escasez de café: "Se comenta que no va a venir más".
https://www.cibercuba.com/noticias/2023-10-31-u1-e199894-s27061-guantaname-ros-preocupados-escasez-cafe-comenta-venir (Stand 21.02.2024)

Sarmiento, Pedro Pablo, 2020, Mariela Castro: discriminación con sabor caribeño.
https://www.evangelicodigital.com/rec/11730/mariela-castro-discriminacion-con-sabor-caribeno (Stand 21.02.2024)

Serra, Alfredo, 2019, El Che Guevara y su odio implacable contra los homosexuales, a los que condenó a trabajos forzados „para curarlos".
https://www.infobae.com/america/historia-america/2019/10/06/el-che-guevara-y-su-odio-implacable-contra-los-homosexuales-a-los-que-condeno-a-trabajos-forzados-pa-ra-curarlos/ (Stand 21.02.2024)

Suter Schneider, Guillermina, elcato.org, 2017, ¿Eres gay? El Che Guevara te hubiera enviado a un campo de concentración.
https://www.elcato.org/eres-gay-el-che-guevara-te-habria-enviado-un-campo-de-concentracion (Stand 21.02.2024)

The European, 2021, Wenn Fidel Castros Enkel im Luxuswagen protzt.
https://www.theeuropean.de/gesellschaft-kultur/sandro-castro-und-andere-child-ren-of-the-revolution-geniessen-luxus-im-verarmten-kuba (Stand 21.02.2024)

The New York Times, 2020, How Cubans Lost Faith in Revolution.
https://www.nytimes.com/2020/05/23/opinion/sunday/how-cubans-lost-faith-in-re-volution.html?referringSource=articleShare (Stand 21.02.2024)

Dr. Triana Cordoví, Juan, oncubamews.com, 2023, El alto precio de una bancarización.
https://oncubanews.com/opinion/columnas/contrapesos/el-alto-precio-de-una-ban-carizacion/ (Stand 21.02.2024)

Zoll, Patrick, NZZ, 2023, China versucht von Kuba aus die USA auszuhorchen.
https://www.nzz.ch/international/china-will-von-kuba-aus-die-usa-aushorchen-ld.1741853 (Stand 21.02.2024)